绿色金融支持碳减排的系统动态仿真研究

田原／著

图书在版编目(CIP)数据

绿色金融支持碳减排的系统动态仿真研究／田原著．
—上海：立信会计出版社，2022.10
ISBN 978-7-5429-7157-9

Ⅰ.①绿… Ⅱ.①田… Ⅲ.①节能减排—金融支持—系统仿真—动态仿真—研究—中国　Ⅳ.①F424.1

中国版本图书馆 CIP 数据核字(2022)第 175580 号

责任编辑	方士华
助理编辑	汪玉玲
美术编辑	南房间

绿色金融支持碳减排的系统动态仿真研究
Lüse Jinrong Zhichi Tanjianpai De Xitong Dongtai Fangzhen Yanjiu

出版发行	立信会计出版社			
地　　址	上海市中山西路 2230 号	邮政编码	200235	
电　　话	(021)64411389	传　　真	(021)64411325	
网　　址	www.lixinph.com	电子邮箱	lixinph2019@126.com	
网上书店	http://lixin.jd.com		http://lxkjcbs.tmall.com	
经　　销	各地新华书店			
印　　刷	江苏凤凰数码印务有限公司			
开　　本	710 毫米×1000 毫米	1/16		
印　　张	15.75			
字　　数	235 千字			
版　　次	2022 年 10 月第 1 版			
印　　次	2022 年 10 月第 1 次			
书　　号	ISBN 978-7-5429-7157-9/F			
定　　价	78.00 元			

如有印订差错，请与本社联系调换

序　言

现在呈现在读者面前的《绿色金融支持碳减排的系统动态仿真研究》一书是我的学生田原所著。作为她的博士研究生导师，我为此由衷地感到高兴。在我的众多学生中，田原是比较有思想、肯钻研、有上进心的一位，读博期间和毕业之后一直在绿色金融领域辛勤耕耘，有扎实的科学研究能力。工作之后她告诉我，计划写一本深入研究绿色金融的著作，并构思了著作的目标和主要内容，经历几年努力，这部著作终于和读者见面了。

我是这部著作的第一个读者，阅读后深有感触。今天国家层面绿色金融的系统建设及相关理论和实践研究与2015年她开始从事绿色金融研究已不可同日而语，该书深入探讨了不少当前绿色金融研究的热点问题及成果。

该书的主题是绿色金融和碳减排。为了人类社会的健康发展，展现大国担当，我国在"碳减排"上做出了很多努力。2020年9月，中国在联合国大会上宣布要在2030年前力争二氧化碳排放达到峰值，努力争取2060年前实现碳中和。要想贯彻实施可持续发展战略，促进经济社会发展全面绿色转型，发展绿色金融无疑是一个很重要的途径。绿色金融的发展，有利于优化资源配置、研发可再生绿色能源和产业结构升级等，从而降低碳排放，推进"碳减排"进程。

因此，就这本书所讨论的主题而言，必然会吸引众多学者，乃至绿色金融领域的实务工作者去阅读，我相信该书一定会对他们有所启示。

该书最大的特点是在提出方案和研究科学问题的同时，针对基于碳排放的绿色金融系统，回答"是什么、为什么、如何构建、如何应用"等问题，从而形成从现实问题向科学问题转化的完整理论框架。从实现"碳达峰"的角度来探索量化绿色金融系统的构建和运行问题，是一个跨学科综合性的研究，涉及经济学、管理学、统计学、系统学、计算机科学等多个学科。该书多学科相互交融的特点，有助于充实绿色金融和低碳经济管理领域的相关理论体系。

田原博士有跨学科基础和良好的教育背景，我对其寄予厚望，并严格要求。当时从事绿色金融的研究是一个颇为"苦难"的课题，她非常努力，为了取得更好的研究结果，曾在美国哥伦比亚大学交流学习一年，掌握了一定的绿色金融理论基础。回国后，她继续在其课题上潜心研究。值得欣慰的是，在家庭和学业双重压力下，她凭其乐观的心态和积极态度顺利完成了博士论文。我由衷希望她在未来的学术生涯中再接再厉，争取取得更多、更优秀的成果。

朱淑珍

2022 年 9 月 23 日

东华大学旭日楼

前　言

在全球气候变暖、极端天气频发的今天,发展低碳经济成为国际社会的重要议题,也是中国实现可持续发展的必由之路。中国的低碳经济发展当前表现为宏观经济增速放缓和资产回报率较低共同作用下的低碳资金缺乏。发展低碳经济,需要多部门、多行业的协同配合,其中金融业被公认为具有至关重要的作用,于是产生了为控制二氧化碳排放提供金融服务的"绿色金融"。近年来,构建"绿色金融系统"成为学术界和实践领域共同关注的焦点,也成为解决低碳资金缺乏问题的最佳途径,其目的是利用金融服务实现低碳资金的融通,保证经济稳定增长的同时改善环境质量。

国内外学者从不同角度对绿色金融开展了探索和研究,推动了绿色金融研究范式的发展和完善。虽然围绕碳交易和绿色金融体系设计的讨论比较广泛,但关于绿色金融系统运行的模型研究还相对滞后。"十三五"以来,中国已逐渐推行碳交易平台和绿色金融系统,中国政府更是在G20峰会上承诺力争2030年前实现碳达峰,而相应的学术研究尚处于起步阶段,亟待形成具有指导和借鉴意义的理论体系和研究成果。本书从资金来源的角度入手,建立绿色金融系统模型,以实现低碳目标为主要依据,进行模型结构分析和参数优化。全书聚焦于以下三方面问题：① 如何描述和确定金融市场与低碳发展的关系？② 如何依托多种融资模式共同协作构建绿色金融系统模型？③ 如何应用系统结构和优化参数使绿色金融系统得以实现低碳目标？本书力求在解决问题的同时，形成完整的理论和研究体系。

本书的研究内容和结论包括以下五点。

（1）相关理论、文献综述和模型框架。本书在相关理论阐述的基础上，首先，从现实情况出发，对绿色金融系统进行界定，并从实践角度分析其构成。绿色金融包括碳交易、公共财政以及金融市场三大类绿色金融工具，其中金融市场资金占比最大，包含间接融资、直接融资、金融创新和国外资金等融资模式。其次，深度分析三类绿色金融工具构建绿色金融系统的作用机制。国际公认碳交易和公共财政措施分别在绿色金融系统中形成了价格和激励机制，但目前学术界针对金融市场与低碳发展的作用关系却未形成一致的理论体系，因此在构建和应用绿色金融系统实现低碳融资之前，有必要就金融市场对低碳发展具有长期机制的假设进行验证。最后，在参考理论分析和实践经验的基础上，提出表征低碳发展的碳强度，以及金融市场的核心指标，并利用灰色关联度进行甄别，明确各指标的强关联度变量。

（2）基于 ARDL-ECM 的金融市场对低碳发展的长期机制分析。本书围绕碳强度（Carbon Intensity，CI）与外国直接投资（Foreign Direct Investment，FDI）、金融中介效率（Financial Development，FD）、金融创新度（Financial Innovation Degree，

FID)、股市流动性(Stock Turnover,ST)4 个强关联变量进行时间序列的统计性和自相关系数(ACF)分析,发现变量存在自相关与断点结构,因此采用断点单位根检验,以确保计量模型方法的适用性。结果显示,变量存在同时为水平单整或一阶单整的情况,结合自相关的问题,运用自相关分布滞后(ARDL)模型来对时间序列进行协整检验和长期关系分析。在明确数据协整的情况下,加入误差修正项(ECM),得到了变量间短期调整的动态结果。结果显示:CI 与 FD、FID 以及 ST 三个变量之间存在长期协整和短期动态调节的关系。其中 FD 代表的间接融资长期关系最为显著,在未来很长时间,信贷都将是低碳发展最大的资金来源,FID 代表的金融创新的支持力量次之,最弱为 ST 所代表的直接融资,这与早年相对不成熟的中国金融业直接融资发展密切相关。值得关注的是,FDI 的作用并不显著,在绿色金融系统模型构建中无需考虑国外资金的支持。

(3) 绿色金融系统动力学模型构建及运行。根据模型框架和长期机制的分析,本书提出构建以金融市场为主,以公共财政及碳市场为支持的中国绿色金融系统动力学模型。各子系统具体表现形式为银行低碳(绿色)信贷、PPP 项目、绿色债券、财政低碳支出、碳交易,本书以模型框架和长期机制的分析结果为动态假设,利用现实数据分析变量间函数关系并对模型进行初始值设置,构建包含 72 个变量的系统动力学模型,随后测试模型的边界、结构、量纲以及极端行为,结合真实性检验,结果显示模型的各项性能良好。经过模拟,得到了基准情景(BaU)的仿真结果,行为重复性测试对比仿真和现实数据的误差值,证明两者拟合度良好,可以用于政策模拟分析。

(4) 不同模型结构对碳减排的影响分析。BaU下的碳强度预测结果显示2030年中国政府承诺的低碳目标无法实现。本书通过设置变量及仿真实验,研究模型除BaU外的5种情景模式,对比分析各子系统结构变化对实现低碳目标的作用。研究发现:各子系统对碳强度的影响效果为,间接融资＞公共财政＞金融创新＞直接融资＞碳市场,因此应将间接融资的发展放在建设的首要位置,银行低碳化进程的完善和提高对绿色金融系统和低碳发展至关重要;金融创新的作用不仅是降低碳强度,而且还会促进其他融资活动规模的扩大;公共财政变化对金融市场融资规模产生很大的影响,充分体现了政府在低碳发展中的激励机制;直接融资和碳市场子系统,由于其体量较小,对碳强度的影响没有其他几个子系统显著。

(5) 不同模型参数对碳减排的影响及优化方案。在BaU情景下,考察模型参数变化对实现低碳目标的影响。本书选取模型5个子系统中17个参数作为敏感性分析的考察因素,将碳强度作为主要分析指标,进行单因素敏感性分析。将每个参数值分为6档,共进行了102组仿真实验。以高灵敏度和实现低碳目标为依据,系统性地得到8个参数的优化方案,除此之外,探讨了3个对实现低碳目标具有显著影响的参数,综合11个参数的分析结果,提出相关政策建议:适度降低企业间接或直接融资留余比例,即提高低碳项目的资金规模有助于实现目标碳强度;适度提高绿色信贷在信贷总量中的占比,可以实现低碳目标,并且政策层面易于实现;适当缩短贷款和债券周期,有利于吸引资本参与低碳发展;从减少碳配额发放和加强流动性方面提高碳市场的规模,促进低碳发展;提高金融创新在绿色金融系统中的地位和规模,提高社会资本比重,降低政府参资比例;未来建成统一碳交易平台后,应注重减少碳价格的波动幅度和频率。

本书的创新点包括以下三点。

(1) 以预测与优化为创新视角研究绿色金融系统的构建和运行问题。绿色金融系统融资功能和适合的模式是解决低碳资金缺乏的重要手段,但学术界对其研究未能形成系统性理论和可操作性措施建议,亟须形成有中国特色的绿色金融发展理论框架和技术分析手段。因此,本书从多种融资模式出发,创新性地构建基于金融市场长期机制、碳交易价格机制、公共财政激励机制的绿色金融系统动力学模型,而以往的研究一般仅考虑单一机制,没有解决绿色金融的系统性问题。本书着眼于"作用机制",采用系统科学的方法全面分析绿色金融构建和运行,形成完整的理论体系,既是研究视角的创新也是内容的创新。

(2) 系统地验证了金融市场对低碳发展的长期显著作用。现有文献对于两者相关性的研究较为分散,并未形成系统的研究结论。综合现有成果,形成了本书的金融市场指标体系,并提出了金融创新度这一变量,同时,与现有研究多采用二氧化碳排放量作为低碳发展表征指标不同,本书考虑环境和经济的双重改善,因此将碳强度作为衡量低碳发展的变量,既实现了研究的传承,又形成了本书的独特性。此外,计量结果分析得到了不同于传统直觉的新结论,目前看来,国外资金已不足以形成对中国低碳发展的长期显著作用,相对于《京都议定书》认为中国作为发展中国家,在低碳经济转型中需要发达国家提供资金技术支持的传统观念,提出了新的政策思考方向——依赖国内资金实现对低碳经济发展的推动。

(3) 采用随机函数对比分析碳价格变化对低碳发展的影响。现有研究多关注碳价格波动的主要原因以及碳价格的预测。而本书更多地关注绿色金融引入价格的本质即服务于低碳发展,因此在系统动力学模型中将服从随机对数正态分布的碳价格与其为常数的情景进行对比,分析价格变动幅度和频率对低碳发展的影响,形成了碳价格领域全新的研究方法。

目　　录

1 绪论 …………………………………………………………… 1
　1.1 研究背景 ………………………………………………… 1
　　1.1.1 当前状况 …………………………………………… 1
　　1.1.2 现实问题 …………………………………………… 2
　1.2 研究意义 ………………………………………………… 4
　　1.2.1 理论意义 …………………………………………… 5
　　1.2.2 实际意义 …………………………………………… 5
　1.3 研究问题 ………………………………………………… 6
　　1.3.1 相关概念 …………………………………………… 6
　　1.3.2 研究问题的提出 …………………………………… 11
　1.4 研究现状 ………………………………………………… 12
　　1.4.1 绿色金融相关理论 ………………………………… 12
　　1.4.2 绿色金融工具 ……………………………………… 18
　　1.4.3 碳交易工具研究进展 ……………………………… 23
　　1.4.4 公共财政工具的研究进展 ………………………… 39
　　1.4.5 金融市场工具研究进展 …………………………… 43
　　1.4.6 文献评述 …………………………………………… 50
　1.5 研究思路 ………………………………………………… 53
　　1.5.1 研究技术路线 ……………………………………… 54
　　1.5.2 关键技术路径 ……………………………………… 54
　　1.5.3 研究方法 …………………………………………… 56
　1.6 研究内容与结构 ………………………………………… 58

1.6.1　研究内容 ……………………………………………… 58
　　1.6.2　章节安排 ……………………………………………… 59
1.7　本章小结 …………………………………………………… 61

2　金融市场对低碳发展的长期作用机制分析 ……………………… 62
2.1　金融市场特征指标的选取 …………………………………… 63
　　2.1.1　指标的确定 …………………………………………… 63
　　2.1.2　数据统计描述 ………………………………………… 66
　　2.1.3　GM(1,1)的数据预测 …………………………………… 67
　　2.1.4　灰色关联度的计算与分析 …………………………… 70
2.2　金融市场长期相关性分析变量和方法的选取 ……………… 75
　　2.2.1　数据基本统计特征 …………………………………… 75
　　2.2.2　研究方法的选择 ……………………………………… 78
2.3　金融市场长期相关性分析方法 ……………………………… 79
　　2.3.1　平稳性检验方法 ……………………………………… 79
　　2.3.2　ARDL边界协整检验方法 …………………………… 83
　　2.3.3　ARDL-ECM长短期关系检验方法 ………………… 86
2.4　金融市场长期相关性分析结果 ……………………………… 87
　　2.4.1　平稳性检验结果 ……………………………………… 87
　　2.4.2　ARDL边界协整检验结果 …………………………… 90
　　2.4.3　ARDL-ECM长短期关系检验结果 ………………… 94
2.5　本章小结 …………………………………………………… 102

3　考虑碳排放的绿色金融系统动力学模型构建与仿真 …………… 103
3.1　考虑碳排放的绿色金融系统结构和动态假设 …………… 103
　　3.1.1　构建的方法 …………………………………………… 103
　　3.1.2　系统运行结构确定 …………………………………… 105
　　3.1.3　系统动态假设 ………………………………………… 108
3.2　绿色金融系统模型 ………………………………………… 111

  3.2.1 绿色金融系统因果关系图 …………………………… 111
  3.2.2 融资子系统和整体绿色金融系统存量-流量图 …… 115
  3.2.3 存量-流量图的数学表达 …………………………… 122
 3.3 模型的仿真、确认和验证 ………………………………… 123
  3.3.1 模型结构测试 ……………………………………… 124
  3.3.2 模型真实性检验 …………………………………… 129
  3.3.3 模型输出行为和结果的确认 ……………………… 131
 3.4 本章小结 …………………………………………………… 135

4 不同绿色金融系统模型结构对碳减排的影响 ………………… 136
 4.1 BaU 情景下碳排放相关指标的预测和分析 …………… 136
 4.2 模型结构对系统运行效果影响的预测和分析 ………… 138
  4.2.1 间接融资子系统的影响 …………………………… 139
  4.2.2 金融创新子系统的影响 …………………………… 142
  4.2.3 直接融资子系统的影响 …………………………… 145
  4.2.4 公共财政子系统的影响 …………………………… 148
  4.2.5 碳市场子系统的影响 ……………………………… 151
 4.3 模型结构对系统运行效果影响的综合比较 …………… 153
 4.4 本章小结 …………………………………………………… 158

5 不同绿色金融系统模型参数对碳减排的影响及优化方案 …… 159
 5.1 模型参数对减排影响的分析方法：敏感性分析 ………… 159
 5.2 模型参数变化对减排相关指标的影响 …………………… 160
  5.2.1 间接融资子系统参数对减排的影响 ……………… 160
  5.2.2 直接融资子系统参数对减排的影响 ……………… 164
  5.2.3 金融创新子系统参数对减排的影响 ……………… 168
  5.2.4 公共财政子系统参数对减排的影响 ……………… 172
  5.2.5 碳市场子系统参数对减排的影响 ………………… 174
 5.3 实现低碳目标的模型参数优化方案 ……………………… 183

　　　　5.3.1　基于灵敏度分析的优化方案综合比较 …………… 183
　　　　5.3.2　优化方案外部分参数对碳强度影响 …………… 187
　　5.4　本章小结 …………………………………………… 188

6　总结和展望 …………………………………………… 189
　　6.1　研究总结 …………………………………………… 190
　　6.2　研究的特色及创新 …………………………………… 196
　　6.3　研究的局限与展望 …………………………………… 197
　　　　6.3.1　研究的不足 …………………………………… 198
　　　　6.3.2　进一步研究方向 ……………………………… 198

附录1　整体流图变量 …………………………………… 200
附录2　SD模型运行文件 ……………………………… 205

参考文献 ………………………………………………… 214

表目录

表 1-1　国际利用碳金融支持低碳项目的案例 ………… 7
表 1-2　中国碳交易市场建设情况 ………… 30
表 2-1　金融市场融资模式分类及指标选取 ………… 66
表 2-2　确定变量描述与和数据来源 ………… 67
表 2-3　GM(1,1)模型模拟误差表 ………… 69
表 2-4　金融市场强相关变量的确定 ………… 75
表 2-5　变量数据统计特征 ………… 78
表 2-6　变量单位根检验结果 ………… 89
表 2-7　断点单位根检验结果 ………… 89
表 2-8　最优 ARDL 模型的选择 ………… 91
表 2-9　残差序列相关性 ………… 92
表 2-10　变量间 ARDL 边界检验 ………… 94
表 2-11　长期均衡关系 ………… 95
表 2-12　ARDL-ECM 模型短期动态均衡 ………… 96
表 2-13　金融市场变量与碳强度间长短期关系 ………… 100
表 3-1　模型基本要素的关系及其描述 ………… 105
表 3-2　SD 模型中主题分类和内部具体结构 ………… 108
表 3-3　模型中变量间主要函数关系 ………… 122
表 3-4　系统重要内生变量描述和说明 ………… 124
表 3-5　系统关键的外生变量描述和说明 ………… 125
表 3-6　系统结构参数设定与估计 ………… 127

表 3-7　真实 GDP、CO_2、GLCE、CI 和其仿真结果数值分析……… 134
表 4-1　各模型子系统作用分析的不同情景设置……………… 138
表 4-2　BaU 和 NGC 情景下碳强度仿真结果相对误差分析…… 141
表 4-3　NPPP 和 BaU 情景下主要指标仿真结果相对误差分析………………………………………………………… 144
表 4-4　NGB 和 BaU 情景下主要指标仿真结果相对误差分析………………………………………………………… 147
表 4-5　NGLCE 和 BaU 情景下碳强度仿真结果相对误差分析………………………………………………………… 150
表 4-6　NCM 和 BaU 情景下 2030 年部分变量仿真预测结果相对误差分析……………………………………………… 153
表 4-7　不同系统结构下 2030 年低碳目标仿真预测结果相对误差分析…………………………………………………… 155
表 5-1　低碳指标对间接融资子系统主要参数的灵敏度分析…… 162
表 5-2　低碳指标对直接融资子系统主要参数的灵敏度分析…… 165
表 5-3　金融创新子系统主要参数对低碳指标的灵敏度分析…… 169
表 5-4　公共财政子系统主要参数对低碳指标的灵敏度分析…… 173
表 5-5　碳市场子系统主要参数对低碳指标的灵敏度分析……… 175
表 5-6　基于敏感性分析和低碳目标的绿色金融各子系统优化方案汇总………………………………………………… 184

图 目 录

图 1-1 2006—2030 年中国低碳投资与需求预测 ⋯⋯⋯⋯ 2
图 1-2 绿色金融系统中支持低碳发展的融资模式 ⋯⋯⋯⋯ 10
图 1-3 碳排放外部性与社会最适 ⋯⋯⋯⋯ 14
图 1-4 环境库兹涅茨曲线 ⋯⋯⋯⋯ 15
图 1-5 价格机制下企业间公共物品(碳排放权)交易的 Lindhal 均衡 ⋯⋯⋯⋯ 26
图 1-6 碳市场参与者 ⋯⋯⋯⋯ 32
图 1-7 国际碳市场体系 ⋯⋯⋯⋯ 33
图 1-8 商业银行的信贷创造过程 ⋯⋯⋯⋯ 41
图 1-9 Rozenberg 等研究中的公共财政激励机制 ⋯⋯⋯⋯ 42
图 1-10 气候金融引导长期存款投向低碳投资示意图 ⋯⋯⋯⋯ 46
图 1-11 研究技术路线 ⋯⋯⋯⋯ 55
图 1-12 本书内容与结构 ⋯⋯⋯⋯ 60
图 2-1 碳强度和金融市场特征指标趋势图 ⋯⋯⋯⋯ 71
图 2-2 碳强度与金融市场相关性测度变量变化趋势 ⋯⋯⋯⋯ 76
图 2-3 变量自相关系数(ACF)衰减图 ⋯⋯⋯⋯ 77
图 2-4 AIC 准则下最优 ARDL 模型的选择(前 20 个) ⋯⋯⋯⋯ 90
图 2-5 1997—2014 年中国 FDI 实际利用情况 ⋯⋯⋯⋯ 99
图 2-6 CUSUM 和 CUSUMSQ 系数稳定图 ⋯⋯⋯⋯ 100
图 3-1 SD 建模过程的交互机制 ⋯⋯⋯⋯ 104
图 3-2 SD 模型结构框架 ⋯⋯⋯⋯ 110

图 3-3　绿色金融系统因果关系图 …………………………………… 111
图 3-4　间接融资子系统 ……………………………………………… 116
图 3-5　直接融资子系统 ……………………………………………… 117
图 3-6　公共财政和金融创新子系统 ………………………………… 118
图 3-7　碳市场子系统 ………………………………………………… 119
图 3-8　考虑碳排放的绿色金融系统模型存量-流量图 …………… 121
图 3-9　真实性检验输入输出值 ……………………………………… 132
图 3-10　真实 GDP、CO_2、$GLCE$、CI 和其仿真结果的对比 …… 133
图 4-1　BaU 情景下碳强度和二氧化碳排放量预测值 …………… 137
图 4-2　BaU 情景下化石能源消费总量和能源消费总量预测
　　　　对比 ……………………………………………………… 138
图 4-3　NGC 和 BaU 情景下主要指标运行结果对比 …………… 140
图 4-4　NPPP 和 BaU 情景下主要指标运行结果对比 …………… 143
图 4-5　NGB 和 BaU 情景下主要指标运行结果对比 …………… 146
图 4-6　NGLCE 和 BaU 情景下主要指标运行结果对比 ………… 149
图 4-7　NGLCE 情景下绿色信贷和债券运行结果对比 …………… 151
图 4-8　NCM 和 BaU 情景下主要指标运行结果对比 …………… 152
图 4-9　BaU 情景下碳交易收入与其在融资所提供资金中的
　　　　占比 ……………………………………………………… 153
图 4-10　2017—2030 年不同情景的碳强度预测值 ……………… 154
图 4-11　2017—2030 年不同情景的二氧化碳排放量预测值 …… 155
图 5-1　CI 和 CDE 对间接融资子系统主要参数的敏感性分析
　　　　………………………………………………………… 161
图 5-2　CI 和 CDE 对直接融资子系统主要参数的敏感性分析
　　　　………………………………………………………… 164
图 5-3　CI 和 CDE 对金融创新子系统主要参数的敏感性分析
　　　　………………………………………………………… 168
图 5-4　不同"政府资金比例"下的碳强度对比 …………………… 171

图 5-5　CI 和 CDE 对公共财政子系统主要参数的敏感性分析
　　………………………………………………………………… 172
图 5-6　CI 和 CDE 对碳市场子系统主要参数的敏感性分析…… 174
图 5-7　不同 CTR 对应 2030 年碳强度…………………………… 177
图 5-8　不同 CTR 对应碳强度趋势图 …………………………… 178
图 5-9　CERs 周线价格走势 ……………………………………… 181
图 5-10　不同步长下随机对数正态分布碳交易价格与对应的
　　　　碳强度 ……………………………………………… 182
图 5-11　对应碳强度的参数优化方案灵敏度 ………………… 185
图 5-12　各参数优化方案下二氧化碳排放量仿真输出值 ……… 185

1 绪　　论

1.1 研究背景

1.1.1 当前状况

目前,气候变化是全球发展的最大挑战之一。因为全球气候变暖会引发诸多无法逆转的灾难性事件,如各大城市高温屡破纪录,生物多样性遭到破坏,海平面的上升使许多岛国面临危机等。这一切的根源在于人类生产活动排出了大量的温室气体,毁坏了原本可以吸收温室气体的生态系统,使大量温室气体聚集,加大了大气对太阳射线的吸收能力,致使气候变化。温室气体最重要的来源之一就是粗放地使用化石能源燃料,从而导致了严重影响到每个人健康安全的问题——雾霾,这关乎我们每个人的切身利益,这也是中国迫切需要解决的问题。G20 杭州峰会中,中国政府分别发布了关于气候变化和绿色金融的综合报告,体现了中国在应对气候变化、实现可持续发展上的责任。在《巴黎协定》签署以后,全球也都对发展低碳经济和解决气候变暖问题有了更一致的共识。习近平在第七十五届联合国大会一般性辩论上提出,中国将提高国家自主贡献度,采取更加有力的政策措施,二氧化碳排放力争于 2030 年前达到峰值,努力争取 2060 年前实现碳中和。

资本是经济体进行低碳转型的基础[1,2],其中低碳投资尤为重要[3]。向低碳经济转型是整个经济发展过程中的系统性问题,主要围绕两个关键领域展开:一是清洁和可再生能源生产,二是提高能源效率(特别是建筑业和交通运输业)。目标是在扩大低碳投资的同时,加速污染的能耗密集型产业投资也迅速下降。

联合国环境署 2011 年计算,在 2010—2050 年,要实现低碳化经济制度目标,需要每年的额外投资约为全球年 GDP 的 2‰(1 万亿~2.6 万亿美元)[4]。据 G20 工作组测算,2016—2020 年,中国低碳融资有接近 30 亿美元的需求,至 2030 年,需求量将达到 53.1 亿美元。图 1-1 显示 2016—2030 年中国低碳预计投资与需求的差距(数据尚不包含适应气候变化以及保护生态等费用)。

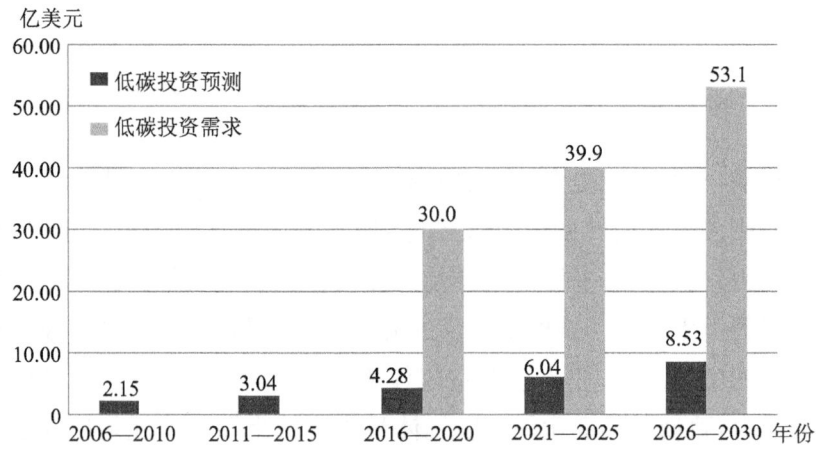

图 1-1 2006—2030 年中国低碳投资与需求预测

数据来源:清华大学《中国低碳发展报告》(2013,2015)中关于中国低碳投资"十一五"(2006—2010 年)、"十二五"(2011—2015 年)的数据,本书根据两组数据预测了 2016—2030 年的中国低碳投资额,将其与 G20 工作组对 2016—2030 年低碳资金需求的测算作对比。

1.1.2 现实问题

图 1-1 通过对比低碳投资需求和预测值的差距,显示出中国巨大的低碳资金缺口问题。目前抑制经济资源流入低碳行业的因素主要来自两个方面:

低迷的宏观经济环境是限制低碳投资的第一个因素。2008 年金融危机以来,全球经济体系特别是高收入国家,已经经历了一段时间的低迷,导致经济衰退和高失业率。发达经济体信心的普遍缺乏一直困扰着经济主体,也直接影响了投资水平。居民和企业目前正在经历一个持续的去杠杆化过程[5,6]:相比消费,居民更倾向于推迟投资,将收入进行储蓄以偿还此前累积的债务,尽可能降低未来可能的经济衰退给自身带来的负面作用①。

资金回报率偏低是限制低碳投资的第二个因素。Urom 等[7]通过对影响清洁能源投资风险的测绘,具体地阐述与预测了低碳投资中现实和未来风险。行业的相对不成熟增加了相关技术改进和市场发展的预期风险。最重要的是,低碳投资目前还在很大程度上依赖于公共部门的支持,且一直缺乏与其相应的透明性和可预测性。在受到经济危机所带来压力时,许多国家的政府还从这些行业的资金支持中釜底抽薪。鉴于这些风险的存在,目前低碳投资回报率对于投资者很难具有吸引力。但是,一直以来很少有研究以实证来说明和解释这一情况[8]。Fulton 和 Capalino[1]指出,低碳资金的回报率取决于资金所流向的资产类别的具体形式。例如,基础设施直接投资回报,大致可以满足投资者的目标。与低碳投资相关的固定收益投资工具(如"绿色债券"),一般能够提供与非低碳工具类似的息票率。然而,相比其他市场,无论是低碳投资标准化产品还是非标产品往往无法满足投资者的预期。因此,可以说低碳投资的回报率目前似乎并不能够补偿高于平均水平的预期风险。不仅是资金回报率偏低,低碳投资长周期的特征更加降低了其对追求资金效率投资者的吸引力。有些投资尤其是直接基础设施投资,都非常缺乏流动性,资金在项目结束之前都很难撤出,通常还需要非常高的初始投资成本。Nelson 和 Shrimali 等[9]估计,风能、太阳能和水能项目前期资本成本占总成本的 84%~93%(煤炭为 66%~69%,天然气为 24%~37%)。因此,许多低碳投资往往会受到相对较高融资成本的制约。

---

① 所有经济主体同时试图储蓄的情况通常被称为"节俭悖论"。这是 Keynes 于 1936 年提出的理论,从微观经济学的角度来看,这样做是明智的选择:一个家庭或一个企业试图通过减少支出、增加储蓄来减少其过度负债;但从宏观经济角度来看却有可怕后果,在危机时刻消费需求缺乏会迫使生产者退出市场、工人失业,从而进一步恶化宏观经济。

为了解决低碳投资缺口进而实现低碳目标的问题,各国经济体都将目光投向了金融系统。自1992年联合国环境署在"环境与发展"会议上发起了"环境署声明",金融与环境之间的相互作用越来越明显,多年来世界各国都关注于使用金融工具来促进经济发展,因此在气候变化问题上,各国依然将落脚点放在了金融系统对气候和经济双重促进上,尽力保障经济发展的同时实现最优的环境质量和合理的资源配置[10]。

金融是现今经济体发展的强大驱动力,同时也是支持低碳转型最有力的推手。自2014年6月起,碳排放交易体系(Emission Trading Schemes, ETS)开始在中国7个省市试点,标志着中国碳交易市场的正式成型。近年来,中国在应对气候变化问题上发挥着越来越重要的领导作用,G20杭州峰会上提出了构建中国绿色金融体系的计划,助力中国的碳达峰以及供给侧改革。可见中国已经认识到解决环境问题的核心是从资金融通的角度来促进低碳项目开展,进而实现低碳发展目标,但中国的绿色金融刚刚起步,有很多未知的问题需要去探索,其中最核心的就是如何构建绿色金融系统,以及如何利用绿色金融系统实现低碳融资和低碳经济发展目标。因此本书从融资角度入手,建立绿色金融系统模型,分析讨论内在结构和关键参数对低碳发展的影响。

1.2 研究意义

开展和激活中国的绿色金融,对于发展低碳经济、健全金融功能有着重要的意义,主要手段是以政府为主导,辅以碳交易,有针对性地通过各类金融市场构建合理有效的中国绿色金融系统[11]。从研究运行机制的角度提出解决现实资金缺乏问题的方案,构建各融资模式协作机制下的绿色金融系统,应用其系统运行,进而有针对性地实施政策,有的放矢,加速中国绿色金融系统的建设,扩大低碳融资规模,实现未来低碳目标。

1.2.1 理论意义

绿色金融是助力低碳发展并提供融资渠道的有效方式。建立和完善中国的绿色金融系统是一个中观问题，需要理论体系的构建和相关政策的制定来共同实现。目前中国的实际情况是，绿色金融实践先行，理论的发展无法满足实践的需要。从现有研究内容来看，虽然绿色金融涉及的研究点较多，且主要集中于顶层政策架构设计以及碳排放权交易研究，但是对于为低碳项目提供资金的工具的相关研究有待深入。本书从现实问题出发，提出针对问题的解决方案，将方案中的关键环节提炼为科学问题并对其进行定量研究。在提出方案和研究科学问题的同时，针对考虑碳排放的绿色金融系统，回答"是什么、为什么、如何构建、如何应用"等问题，从而形成从现实问题向科学问题转化的完整理论框架。此外，本书从解决低碳融资的角度来探索量化绿色金融系统的构建和运行问题，是一项跨学科综合性的研究，涉及经济学、管理学、统计学、系统学、计算机科学等多个学科，研究将助力多学科的相互交融，并充实绿色金融和低碳经济管理领域的相关理论体系。

1.2.2 实际意义

投融资对低碳经济发展的作用至关重要，但相关的学术研究较少，公共部门和私有部门均缺乏绿色金融的实施方法、效果和决策方面的有效借鉴。绿色金融的长期目标是依托政策驱动下低碳项目融资规模和效率的提升来实现能源结构调整、产业转型，促使更多的金融资本参与到低碳项目中，开发清洁能源，提高能源使用效率，形成新的良性资金链，最终实现环境和经济的双提高。不仅如此，中国能否实现《巴黎协定》中 2030 年碳强度达到 2005 年的 35%～40% 的目标，以及如何实现都体现了科学绿色金融系统构建和运行的紧迫性和必要性。本书针对低碳资金缺乏的问题，从多种融资模式的角度开展绿色金融系统研究，由"理论—方法—应用"的逻辑思路展开，基于理论分析提出所研究问题,利用方法解决问题,最后将结论进行应用,为实现低碳经济发展目标提供理论和实践的支持。因此,无论是从环境改善,还是从兑现承诺来看,本书都具有很强的实践指导意义。

1.3 研究问题

1.3.1 相关概念

在进一步描述所研究问题之前,我们需要对核心概念的范围进行说明。

1) 绿色金融和碳金融

绿色金融更广泛地被中国学者和政策制定者所使用。根据中国人民银行等七部委发布的《关于构建绿色金融体系的指导意见》,绿色金融是指为支持环境改善、应对气候变化和资源节约高效利用的经济活动,即对环保、节能、清洁能源、绿色交通、绿色建筑等领域的项目投融资、项目运营、风险管理等所提供的金融服务。绿色金融体系是指通过绿色信贷、绿色债券、绿色股票指数和相关产品、绿色发展基金、绿色保险、碳交易等金融工具和相关政策支持经济向绿色化转型的制度安排[12]。

碳金融的概念在国际上也有众多学者使用。多数学者认为对于碳金融的研究有狭义和广义之分,但狭义和广义的区别、界限及范围也没有形成统一。所谓狭义碳金融一般是指碳融资,是与温室气体减排相关的金融活动,是减排项目投融资的经济学表述,其本质是对《京都议定书》框架下温室气体的交易行为[13]。抑制气候变化的同时转移环境的负外部性风险,是碳金融的核心目标。以间接融资中银行信贷为例,可以为环境保护提供有效资金,并为碳排放终端用户开发创新金融产品以提供风险管理工具。而广义的碳金融则有更为宽泛的解释,即将金融工具和手段运用于减缓二氧化碳等温室气体排放的活动,以促进低碳经济发展[14],金融活动包括风投、项目融资、债权、股权融资以及环境交易等一系列金融制度、产品以及服务,相关案例如表1-1所示。

本书中的"绿色金融"与广义上的"碳金融"相似。

表1-1　　　　国际利用碳金融支持低碳项目的案例①

碳金融案例		金融工具				
		私募/风投	项目融资	股权市场	债权市场	环境市场
减排渠道	低碳化石燃料			Stanford Divestment	Green Bonds	
	非化石燃料 风能		Jersey-Atlantic Wind Farm			RPS
	非化石燃料 太阳能	First Solar	Keystone Solar	Yieldcos	Leasing	
	非化石燃料 生物燃料	Khosla Ventures Biofuels				
	能源效率 交通	Tesla/Better Place		Tesla		
	能源效率 工业	The Rockville Building				Eco Securities
	农业/废物处理					CDM

资料来源:Columbia University, Bruce Usher。

2) 碳交易和碳市场

碳交易是一项针对二氧化碳排放所引发的环境负外部性问题,基于环境市场,由"政府创造、市场运作"的制度安排。碳市场是基于碳资产和碳交易的市场,由银行、证券、保险、基金等主流金融机构深度参与,引入碳期货、碳期权、碳基金、碳回购等碳信用产品,并形成规模化交易的制度安排和金融交易活动[15],即表1-1中的"环境市场"。本书

---

① Columbia University 的 Bruce Usher 教授认为,碳金融理论上是结合了金融、政策和科技多领域的学科,实践中则是利用多种金融工具实现低碳投资的活动和服务。

中出现的"碳交易"或"碳市场"均是绿色金融系统中重要的组成部分，指代一种可以为低碳发展提供资金的融资模式。

3）低碳融资模式

图1-2分别为"十一五"和"十二五"期间中国低碳融资情况。通过对比可以发现，资金主要来源有国外资金、公共财政资金和社会资金。其中国外资金主要流向是两个方面：一是低碳投资，直接投资到低碳产业和低碳项目，二是碳交易市场购买CDM额度。社会资金分为两个领域：一是公众资金，主要是北方供暖和建筑业主的个体行为产生的资金以及企业的自筹资金，通过从公众处收取费用来进行低碳项目的投资；二是金融市场提供的资金，其中包含信贷、资本市场的股市/债券、蕴含了金融市场创新的风投/私募；财政资金主要的渠道是转移支付、专项奖金、消费者补贴、专项投资以及定额补助等方式，而公共财政对社会资金中来自金融市场融资模式的激励占比较小，绿色金融系统构建中，未来政府对融资模式的影响是解决金融市场面对低碳投资期限错配和市场失灵的主要手段，因此明确政府财政资金可激励的融资模式类型是构建绿色金融系统的基础。绿色金融的核心是利用金融手段去实现低碳经济，因此本书不考虑公众和企业自筹资金。

根据图1-2中所示的现实情况，我们可以将低碳资金分为公共财政、国外资金、碳交易、金融市场资金。其中金融市场资金分为来自银行信贷的间接融资、股市/债券的直接融资，将风投/私募视为金融创新产生的资金，因为在该领域中往往产生新的融资模式与金融工具。因此可以将目前与低碳发展相关的资金渠道作如下划分：

（1）公共财政。

（2）碳市场。

（3）国外资金。

（4）以银行信贷为代表的间接融资。

（5）以股票和债券为代表的直接融资。

（6）以风投/私募为主的金融创新产生的资金。

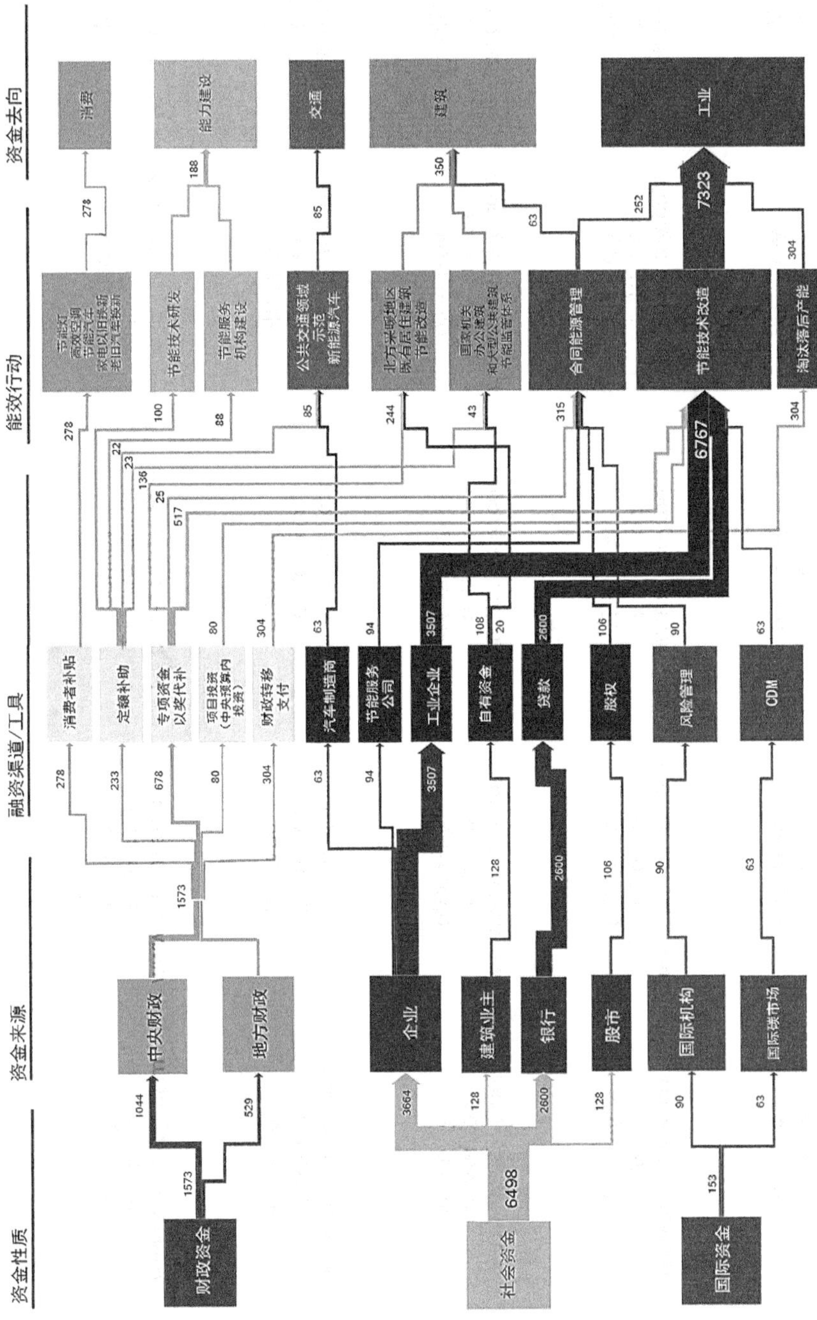

资金性质
资金来源
融资渠道/工具
能效行动
资金去向
财政资金
社会资金
国际资金
中央财政
地方财政
企业
建筑业主
银行
股市
国际机构
国际碳市场
消费者补贴
定额补助
专项资金以奖代补
项目投资（中央预算内投资）
财政转移支付
汽车制造商
节能服务公司
工业企业
自有资金
贷款
股权
风险管理
CDM
节能技术研发
节能服务机构建设
公共交通领域示范 新能源汽车
北方采暖地区既有居住建筑节能改造
国家机关办公建筑和大型公共建筑节能监管体系
合同能源管理
节能技术改造
淘汰落后产能
消费
能力建设
交通
建筑
工业

(a)

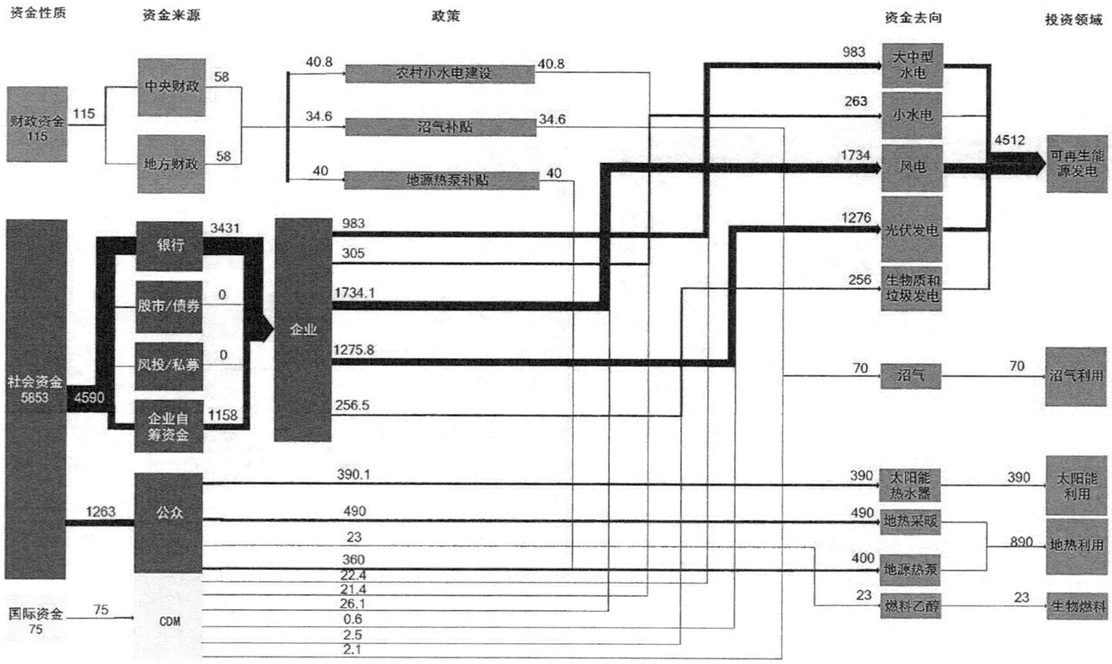

图1-2 绿色金融系统中支持低碳发展的融资模式

(a)为"十一五"期间能效融资全景图(亿元)
(b)为2013年可再生能源投融资全景图(亿元)
资料来源:清华大学《中国低碳发展报告》(2013,2015)。

其中,从占比和功能上划分,(3)~(6)为核心融资模式,占比较大,(1)~(2)为支持融资模式,即辅助(3)~(6)实现绿色金融的运行和反馈。

1.3.2 研究问题的提出

近年来,全球专注于低碳经济的发展,相关研究的侧重点也放在了"绿色金融"的发展上。至今为止,虽然对于绿色金融的定义还未形成统一的意见,但是对于其基于环境金融而衍生而来的观点都广泛认可,认为绿色金融将金融工具和手段运用于减缓二氧化碳等温室气体排放的活动,以促进低碳经济发展,金融活动包括风投,项目融资,债权、股权融资以及环境交易等等一系列金融制度、产品以及服务。随着中国向低碳和绿色发展的转型需求不断扩大,无论是在政策还是学术领域都越来越重视绿色金融。绿色金融是复杂而庞大的系统,包括文化、技术、法律、政策以及经济等多个领域的协同作用,但要解决低碳资金的缺乏问题,最核心的领域和视角应是经济领域的融资模式,因为其决定了资金的来源。

低碳领域巨额的资金需求无法仅依靠政府来满足,必须实施绿色金融,利用其多种资金来源,吸引金融资源更多地投入低碳经济增长和低碳经济转型中。低碳经济不是单纯地改善环境,而是既要减少碳排放、降低高能耗所带来的污染,又要保证经济的稳定增长,利用外部性原理,通过政策引导,使负外部性问题内生化,以最小的经济成本改善环境问题,是绿色金融的理论基础[16],因此,从作用机制出发,构建绿色金融系统,通过内部的协同作用,使资金投向低碳领域,是解决问题的最佳选择。

本书1.1.2中提出解决低碳资金缺乏问题的方法,即构建绿色金融系统,使低碳融资规模提高,推进中国低碳经济发展。绿色金融是一个复杂的系统性问题,包括文化、科技、法律、经济等多个方面,考虑到本书的关注点是从融资的角度,利用绿色金融系统运行促进实现低碳经济发展目标,因此,所构建的绿色金融系统模型着眼于多种融资模式的展开，模型构建后的分析是以低碳目标为依据的。文章在界定的研究范围内，将问题聚焦为：多种融资模式共同协作下的绿色金融系统模型构建，以及应用模型运行促进实现低碳发展的目标。

分解来看，本书主要聚焦于以下几个关键问题：①如何描述和确定金融市场与低碳发展的作用关系？②如何依托多种融资模式共同协作构建绿色金融系统模型？③如何应用模型运行为实现低碳目标提供参考？本书在展开这三个问题研究的过程中，也将逐一回答什么是绿色金融系统模型、如何构建考虑碳排放的绿色金融系统模型、如何应用绿色金融系统模型促进实现低碳发展目标，进而形成基于绿色金融系统模型的完整理论体系。

1.4 研究现状

国外关于碳市场、绿色金融的研究起步较早，研究范围广泛。而国内绿色金融的研究起步较晚，且由于处在碳市场建设过程中，以及相关政策的约束，研究范围相对局限，关于绿色金融市场宏观政策及碳价格机制的研究较多。本书通过梳理绿色金融的相关理论、实践工具和研究现状，分析绿色金融的理论脉络的研究前沿，从而对现有成果进行分析和总结，作为本书的理论基础和研究依据。

1.4.1 绿色金融相关理论

绿色金融是解决气候问题的金融创新，是经济金融高度发展的产物，也是一门新兴学科。目前，绿色金融尚未形成系统完善的理论架构，但已形成一定的理论基础，明确绿色金融的基础理论是深入了解绿色金融体系及开展相关研究的前提。

1. 低碳经济学理论

低碳经济学是环境经济学的一个分支，而环境经济学是研究环境保护与经济发展二者关系的一门交叉学科，也可以视为环境领域的经济学研究。环境经济学是随着环境问题的日益显现而生产的，早在

20世纪50年代,西方国家的环境污染问题引起了经济学家的关注,他们希望通过经济手段解决环境和生态问题。自改革开放初期环境经济学被引入中国以来,理论的推广与社会进步相得益彰,反映了时代发展的需要,具有很强的现实意义。低碳经济是指通过各种手段减少政府、企业、个人即全社会各项活动的资源消耗和对资源环境的破坏,最终目的是减少温室气体排放,保障社会的可持续发展,实现经济社会与环境保护的双赢。低碳经济学关注的重点领域是高污染、高排放行业,通过对技术进步的支持提高能源利用效率或开发清洁能源,以期实现社会碳排放量的不断下降。低碳经济学产生至今已成为全球转变经济发展方式、调整产业结构和促进环保的重要理论,更有人称低碳经济浪潮为又一次的工业革命。由于低碳经济学与环境经济学的从属关系,很多基本理论是共通的,包括可持续发展理论、外部性理论、环境库兹涅茨曲线理论等。

1) 可持续发展理论

可持续发展的理念最早见于1987年发布的著名的《我们共同的未来》报告,1992年地球高峰会议(Earth Summit),将其定义为"满足当代人基本需求的同时而不侵害后代人满足自身需求的权力"。自此"可持续发展"成为国际社会的重点努力方向。可持续发展理论的核心是如何合理利用自然资源,使经济社会可以持续发展,实现人与自然的和谐状态。根据可持续发展理论,可将自然资源及产生的废弃物(如二氧化碳)纳入经济核算体系,赋予其经济价值,从而限制人们对于资源的过度利用或改进技术提高资源利用率,以及开发清洁能源。

2) 外部性理论[17]

"外部性"(Externality)一词最早出现于马歇尔的《经济学原理》一书,该书首次提出"外部经济"(External Economics)这一概念。外部性理论是环境经济学最基本的理论,指某个经济主体的活动对另一经济主体的影响,包括正面或负面影响,而这种影响并没有给行为施加经济主体带来收益或成本,即没有形成交易市场。

碳排放具有典型的负外部性特征,排放者(例如工厂)在生产经营活动中产生了无偿或极低成本的碳排放,并造成了温室效应,而对于未参与其中的普通经济个体而言,这就是负外部性。如图1-3所示,工厂每生产一单位的产品会排放一定量的温室气体,加剧了气候变化,损害旁观者的利益,导致生产产品的社会成本高于工厂的生产成本(私人成本),之间的差额即受到排放影响的旁观者成本。而市场均衡只体现了生产的私人成本,忽视了外部成本,使得工厂的真实生产数量$Q_{均衡}$大于社会最适的生产数量$Q_{最适}$,产生了更多的碳排放。由于碳排放的外部性,碳交易及其他碳金融活动也无法避免外部性的理论框架。

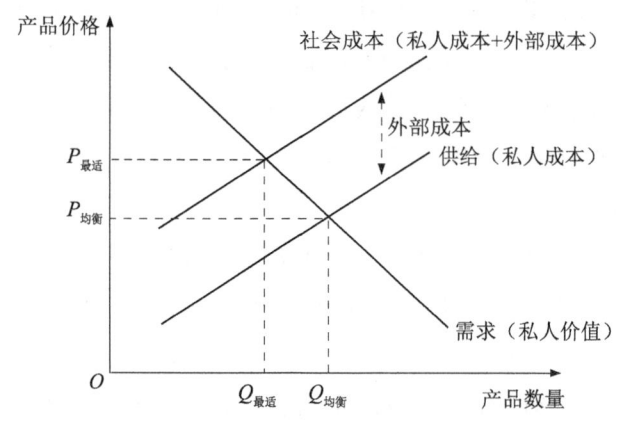

图1-3　碳排放外部性与社会最适

资料来源:根据郑宇花[18]研究整理。

3) 环境库兹涅茨曲线理论

最能说明和阐述环境与经济之间关系的理论和研究工具是环境库兹涅茨曲线(Environmental Kuznets Curve,EKC)。1991年,Grossman和Krueger[19]首次提出了环境质量与人均收入(经济增长)的长期关系表现为"倒U形"(图1-4)。因这一关系与经典的描述收入分配随经济发展长期变化的库兹涅茨曲线相似,故被命名为EKC[20]。1992年世界银行《世界发展报告》的颁布推动了世界范围内环境污染与经济发展的关系研究。经过一番论证,学术界普遍达成一致观点:

环境质量与经济发展并非简单的正向或负向关系,而是呈现随经济不断增长环境质量先恶化后改善的形态。自环境库兹涅茨曲线基本理论被提出之后,相关研究转向"倒 U 形"关系拐点的确定、修正及预测,以及从宏观经济及政策方面探究 ECK 的形成动因。进入 21 世纪之后,国内外学术界关于环境库兹涅茨曲线的研究已被拓展到碳排放强度与经济增长之间长期关系的论证阶段[19, 20]。

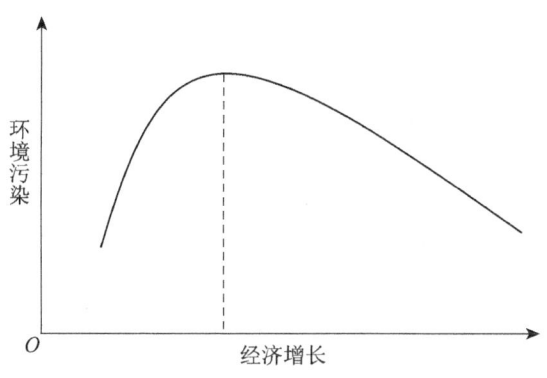

图 1-4　环境库兹涅茨曲线

2. 绿色金融支持理论

1）金融发展理论

金融发展理论可追溯到 20 世纪初期经济学家熊彼特（Schumpeter）关于金融对于经济深度发展的推动作用观点。他认为为了推广新技术而实现经济向纵深发展,企业应向银行融资而成为债务人,而银行为企业提供信贷支持,借此简单循环实现经济增长。

20 世纪 60 年代经济学家帕特里克（Patrick）提出金融发展和经济增长间的关系研究可以归结为两种方法：一是强调经济增长对金融需求促进作用的"需求追随"（demand-following）方法,二是更为重视金融供给优先性的"供给领先（supply-leading）"方法。美国经济学家 Raymond Goldsmith 提出的金融结构理论也是金融发展理论形成的基础之一,他在其代表作《金融结构与金融发展》一书中提出金融工具与金融机构组成一国的金融结构,了解了金融结构的变化和趋势就等同于掌握了一国的金融发展脉络。Goldsmith 通过实证分析得到金融相关比率和经济发展水平呈正相关,即金融相关比率愈大意味着金融发展水平愈高,从而经济增长越快,并且经济增长同样会促进金融发展。

到了 20 世纪 90 年代,资本市场对于经济的重要性更为突出,内生增长理论被借鉴到金融发展与经济增长的关系研究中,学术界广泛进行金融中介和金融市场的建模研究,规范论证了金融发展与经济增长的相互促进作用。

碳金融将具有负外部性的碳排放权转化为稀缺性商品,通过引入市场机制实现碳交易,使碳排放权及其衍生交易产品具有投资属性,不但降低了社会减排成本,还将减排行为转化为资产收益。碳金融为节能减排事业和低碳产业发展提供了融资渠道,因而碳金融的发展必然带动能源链转型和产业调整,促进经济发展方式由高碳向低碳转变,实现经济的可持续发展。有关金融发展与低碳发展之间关系的具体研究,会在后文指标选取中详细介绍。

2)功能金融理论

针对金融体系的运行机制的效率和稳定性问题,本书首先提出了机构金融理论,即从发挥金融机构作用的角度审视金融系统的效率和稳定性,该理论要求首先设定金融体系框架进而解决金融系统内部问题,一经确定体系框架即要严格恪守。然而,现代社会经济环境的快速变化导致原有的体系框架滞后而无法满足金融系统的效率要求,这就催生了功能金融理论。功能金融理论由美国经济学家 Merton 和 Bodie 于 1993 年提出,该理论认为金融功能在一定时期内是稳定的,金融机构变革和金融创新都是为了实现金融功能,所以在稳定金融体系方面金融功能要强于金融机构和组织机构。功能金融理论强调金融体系要在不同发展阶段发挥经济支持功能。根据功能金融理论,绿色金融体系建设的成功与否在于是否能够体现其功能,即实现资金融通以降低减排成本,促进经济发展方式向低碳模式转型。

3)环境金融理论

环境金融的概念随着环境问题的突出而出现,简单而言,环境金融是指通过金融业促进环境保护,又称为绿色金融或可持续金融。环境金融涉及低碳经济、循环经济、可持续发展、环保和金融学等理论,是一门尚未形成系统理论体系的交叉学科。环境金融概念最早由Salazar[21]提出,Salazar认为环境金融是为环境产业所做的金融创新。环境金融的功能是通过研发金融工具,为节能减排、生物多样性与环境改善提供资金融通渠道,发挥金融业在资金调配和杠杆作用方面的优势,强调在从事金融活动中树立环境保护意识,而不单纯以逐利为目的。所以,环境金融是减少环境污染、推动资源节约型和环境友好型社会发展的投融资活动。碳排放也可视为环境污染行为,所以绿色金融可理解为环境金融的一个分支,是环境金融的理论发展与实践创新。

3. 绿色金融配套政策相关理论

1) 信用理论

碳金融的实现是建立在信用基础上的。碳金融发展的纲领性文件《京都议定书》的实施建立在加入各国的履约信用之上。碳排放量的测算是由具备社会信用的专业第三方独立机构核定的,以确保公平公正。碳交易以国家、机构和企业信用为保障,因为许多碳金融工具如碳远期、期货都是远期交易,其交易的达成都是依靠双方的信用,包括减排项目在内,交易的买方或投资方都要承担对方不履约的信用风险。

2) 公共物品理论

萨缪尔森在《公共支出的纯理论》一文中提出公共物品具有消费的整体性,即公众对其消费并不存在此消彼长的现象。公共物品对应于私人物品,其不具有排他性和竞争性[22],最为典型的就是温室气体的排放。通过限制全球排放,《京都议定书》将人类历来视为供应无限的东西(大气吸收温室气体排放的能力)转变为有限。这种稀缺性使经济社会使用大气公共物品强加了成本。所以,在碳市场上交易的"商品",实际上不同于其他任何曾被交易过的"商品",碳排放是一种全球性的公共物品。

3) 公共管理理论

古典经济学指出,外部性和公共物品的存在会导致市场失灵,必须引入政府机制以解决市场失灵问题。公共管理是指政府以及其他社会机构通过某种方式控制公共事务,维护社会稳定和促进社会发展的行为。公共管理理论形成于20世纪七八十年代,其理论体系已基本完备,但针对具体的社会问题不断有新的研究方向出现。

在公共管理方法中,公共政策是首要控制手段。全球变暖和碳排放是一个全人类的公共问题,在发展低碳事业中,联合国、国际性组织和各国政府发挥了决定性的作用,所以低碳经济在某种程度上不属于自由经济范畴,因而它是为了解决公共问题,在公共管理制度下诞生,由政策驱动,受政策影响。政策话题由来已久,但政策分析是一个独立的研究范式。公共政策分析对于绿色金融体系构建的合理性及运行机制的评价给予了有效的研究途径。

1.4.2 绿色金融工具

目前,由于各个国家和地区绿色金融的发展状况不一,对于绿色金融的理解不尽相同,因而绿色金融的定义尚未统一。但对绿色金融的从属和作用形成了一定的默契。学术界普遍认为绿色金融隶属于环境金融,与低碳经济息息相关,其作用是为温室气体减排和缓解气候变化提供资金支持。环境金融是金融和环境领域之间的交叉,关于其内容、研究和应用有很多争论,但可以肯定的是,环境金融主要研究利用金融手段解决环境问题。由此及彼,绿色金融就是研究通过金融手段来解决环境问题中的气候变化问题。绿色金融的主要作用在于凭借金融资本的跨期调配促进实体经济向低碳化发展,引导经济增长方式从"高碳"向"低碳"转型[4]。

绿色金融通过市场机制下的金融手段(资本)促进资源利用由高排放向低排放转变,其主要有三方面的作用:一是具有将减排成本转化为碳资产收益的功能,二是具有促进节能和清洁能源发展的功能,三是具有快速扩大国际投资的功能[23]。通过提供和运用市场机制,绿色金融利用金融手段,有效促进了各种资源和资本由高碳排放领域向低碳排放领域流转,促进了各种资源在碳市场中的优化配置。

1. 碳交易工具

碳交易工具是指在碳市场中可以交易的金融资产或金融负债,可分为基础碳金融工具与衍生性碳交易产品两大类。

1) 基础碳金融工具

基础碳金融工具即存在于现实减排活动中证明债务或所有权关系的合法书面凭证。其主要功能是:碳金融市场资金使用基础碳金融工具获取借贷或投资的机会和利益。基础碳金融工具主要为碳信用交易。

碳信用交易主要包括计划型(项目型)和配额型交易,是基于《京都议定书》的最基本的碳金融工具。计划型的碳信用交易包括清洁发展机制(CDM)、联合履约机制(JI)以及其他自愿性减排计划,所以也有学者[24]将计划型又分为项目型和自愿型。具体而言,买卖双方的交易标的物是《京都议定书》约定的清洁发展机制(CDM)和联合履约机制(JI)项目所产生的 CERs 和 ERUs,交易标的物为自愿碳减排量(VERs)。配额型的碳信用交易是通过欧盟碳排放交易体系、澳大利亚新南威尔士交易所等排放交易市场,买卖碳权额度(Allowance),这些是政府部门在《京都议定书》总量管制和交易制度(Cap-and-Trade)下创建和分配(或竞拍)的许可配额,其中较为代表性的有基于《京都议定书》交易机制的排放配额(AAUs)以及基于欧盟碳排放交易体系的欧盟排放配额(EUAs)。配额交易在完成减排责任的同时提供了一定的灵活性,使得法定参与者有机会降低减排成本。

2) 衍生性碳交易产品

在基础碳金融工具上衍生的金融商品即为衍生性碳交易产品,主要包括碳远期、碳期货、碳期权、碳结构性商品与碳互换等。衍生性碳交易产品的价格由相关基础碳金融产品的价格及其波动情况决定,其主要功能并不仅是引导市场资金投向减排活动,而是对基础碳金融工具所产生的相关风险进行管控。

(1) 碳远期。碳远期同普通金融类远期产品相似,只是在未来约定时间,以约定数量、价格成交的标的物是碳信用额度,以实现买卖双方投机、保值或风险管理的需求。碳权交易如 CDM 本质上是一种远期交易,项目成功实施后产生的 CERs 为投资的远期回报,该模式的缺陷是投资回报周期长且缺乏流动性,而通过碳远期这种资产证券化的方法可以有效提升资产流动性。

(2) 碳期货。碳期货是指以碳排放权现货为基础的,以碳期货标准化合约为标的物,在未来特定时间进行清算交割的碳金融工具。碳期货除了投资以及价格发现作用,利用其进行套期保值还能够实现对未来碳信用额度价格风险的规避和转移。碳期货还具有价格发现功能,会反作用于碳现货价格,其价格参考作用也会平抑现货价格的波动。芝加哥气候交易所和伦敦国际原油交易所合作成立的欧洲气候交易所(The European Climate Exchange,ECX)最早联合洲际气候期货交易所(Intercontinental Exchange,ICE futures,美国洲际气候交易所英国子公司),使欧盟碳排放配额期货合约(EUA futures)得以在 ICE 的电子平台上交易。随着 CDM 市场需求的不断增长,欧洲气候交易所在 ICE futures 推出了 CERs 期货合约,针对 CERs 价格波动进行避险或套利。而 ICE futures 已成为最大的碳期货交易平台。此外,由于能源业在碳权交易中也扮演重要角色,北欧电力交易所(Nord Pool)亦推出 EUA 期货合约。

(3) 碳期权。碳期权有看涨或看跌期权两种模式,是可以使参与主体在将来某一个确定日期以合同的约定价格买入或卖出碳排放权的一种权利。碳权期权与普通期权类产品相似,以期货为基础,因此期权价格和交割价格均受到碳期货价格的影响。与碳期货相似,碳期权也具有投资、保值以及规避风险的作用。当前全球交易较为活跃的是由欧洲气候交易所推出的基于 EUA 期权合约(EUA Options)。

(4) 碳结构性产品。碳结构性产品是指与气候变化及减排活动关联的固定收益证券和衍生性产品组合的投资产品。不少外资银行都有发行此类产品,如汇丰银行、德意志银行及东亚银行先后推出了气候变化结构性产品。

(5) 碳互换。碳互换是指买卖双方在未来特定时间之内,按照约定条件交换不同类型碳权额度交易产品的行为。EU ETS 的参与者可以从《京都议定书》CDM 和 JI 机制下获取 CERs 和 ERUs,以抵消 EU ETS 下的减排义务。碳互换不仅增强了碳交易的灵活性,也助推了国际碳权交易市场的一体化进程。

(6) 其他类型碳交易工具。如碳资产证券化,将缺乏流动性的碳资产,在金融市场发行证券进行销售,进而获得融资及提高资产流动性。碳担保,是指银行等金融机构向低碳项目的债权人或债务人保证该项目未来存在可控风险且保证其履行义务。碳拍卖,即碳权额度的拍卖,如 BlueNext 的碳权额度拍卖业务。

2. 公共财政工具

公共财政为低碳项目提供融资渠道主要是以补贴或投资为主,其中绿色补贴亦称环境补贴,是指为了保护环境及自然资源,政府采取必要的政策干预将环境成本内部化,对本土企业在环保方面的投入进行补贴,如环境治理成本、产品加工工艺改进等,进而提高本国产品竞争力的一种产业政策。

1) 上网电价补贴(FIT or Standard Offer Contract)

上网电价补贴又称强制性上网电价补贴、保护性分类电价制度、可再生能源回购电价或政府电力收购制度,该政策制度的推行是为了加快可再生能源的普及应用。政策基本机制是:政府先与采用可再生能源发电的企业及个人签署长达 20 年的合约,在合约期间政府给予向公共电网输电的发电者除原本获得电价外的额外补贴。

2) PPP 模式

政府与社会合作模式是公共服务民营化的深入推进,基本特征就是以项目为基础。如国家发改委成立的 PPP 项目库,包括交通、水利、市政设施、生态环境、公共服务等,而这些领域目前都是中国公共服务严重供给不足的领域。因为这些都是大型项目,且要求成立 SPV 公司(Special Purpose Vehicle,特殊目的机构),即政府和社会资本共同出资建立一个项目公司,共同运营项目。

3) 绿色金融贴息

绿色金融贴息是指财政有针对性地向提供低绿色信贷、绿色债券等工具的项目提供利息的优惠,以鼓励更多的社会资本参与到低碳投资中。

3. 金融市场工具

金融市场工具主要涉及间接、直接融资工具,以及创新类产品,具体有绿色信贷、绿色债券、绿色基金、绿色概念股和绿色保险等。

1) 绿色信贷

绿色信贷是将贷款申请者的环境改善能力作为决策依据的融资制度,即向具备良好减排、环保水平的减排项目或贷款申请者优先发放贷款,延缓不能达到环境保护标准的项目或企业的放款速度或取消贷款申请,甚至收回这些项目或企业的已发放贷款。目前全球范围内的绿色信贷产品主要针对低碳交通、低碳建筑信贷、绿色项目融资以及绿色信用卡申请等领域。

2) 绿色债券

绿色债券指的是政府或企业为了募集低碳专案资金而发行的债务凭证,与一般债券一样,绿色债券承诺在一定期限向投资者支付利息和到期还本。按照发行方的身份,绿色债券可分为绿色国债或企业绿色债券。各国政府、金融机构相继出台了许多低碳债券品种,随着发行量的不断扩大,低碳债券被认为是吸引私人资本投资减排项目的重要途径。

3) 绿色基金

绿色基金是由政府或金融机构为绿色信用交易融资而成立的基金形式,具有专款专用的特征。绿色基金根据投资市场差异、取得碳权额度目的、投资者类型、管理方式等不同,来决定其基金营运模式及获利类型。绿色基金已成为绿色金融市场主要的金融工具,其中世界银行是绿色基金的积极推动者,其凭借绿色基金资助有潜质的国家或企业参与减排行动。

4) 绿色概念股

绿色概念股泛指证券市场中具备低碳环保概念的股票,低碳产业涵盖工业节能与减排、清洁能源开发、建筑节能、新能源汽车(如油电混合车、电动车)、资源回收、环保设备、节能材料等等。

5) 绿色保险

绿色保险是针对低碳项目开发风险以及与普通消费者的低碳消费相关的一类特定保险产品,主要是为参与减排项目的各方提供风险保障。绿色保险主要包括:碳交易违约保险、绿色项目开发建设保险、新能源汽车保险、绿色建筑覆盖保险、小企业绿色商业保险、环境损害保险等[25],绿色保险具有广阔的发展空间。

1.4.3 碳交易工具研究进展

1992年国际提出了《联合国气候变化框架公约》(The United Nations Framework Convention on Climate Change,UNFCCC),进一步完善1997的《京都议定书》。对于发展中国家而言,《京都议定书》的历史性意义是确立了清洁发展机制,它准许发达国家通过向发展中国家的清洁项目购买碳信用额(核证减排量)来实现它们的减排义务,有超过200多种的合法项目,包括开发利用可再生能源、提高能源效率、林业及工业排放捕获。基于项目的碳交易是中国参与国际碳市场的主要途径且不断发展,而国内自愿碳市场(CCER)也已初步成型。随着中国碳市场的快速发展,中国碳金融涉及的范围不断扩大,碳金融涵盖的金融工具不断创新、参与的行业不断增加,影响力也不断加强,其自身具有缓解气候变化的特性使之成为社会各界关注的焦点。

1. 碳交易的价格机制

在建设碳金融系统方面,国际上已有初步经验以及实践积累,但还没有形成系统性方案。其中最早提出的方式就是基于《京都议定书》的碳交易价格机制。

为了解决气候变化的负外部性问题以及低碳资金缺乏问题,《京都议定书》设计了碳市场,通过交易引入价格机制[26, 27]。碳价格①的实

---

① 碳价格通常被定义为是排放1吨二氧化碳到大气中需要支付的价格。

施主要有两种方式:第一种是通过对产品和服务引入固定价格的碳含量税——碳税,这个方法是通过协调整个财政系统,以引导经济体的资金对低碳投资和支出产生激励[28],碳税的策略还能逐步取消对化石燃料的资助,进而对可再生能源进行补贴;第二种方式是通过创建排放配额的总量—交易制度[29]来形成碳价格。在这种情况下,排放量的配额是固定的,价格由市场的供求关系决定。一直以来市场定价体系缺乏对相关环境商品的定价,一个全面的价格体系是有能力在经济决策中内生化环境外部性,把居民、企业和金融机构都吸引到低碳投资中。碳价格的提出正是为了将环境成本内生化,同时将社会资金引入低碳领域。

引入价格机制可以使市场实现新的均衡,其原理可以简化成如下的形式[30, 31]。假设存在两个碳市场交易企业,分别为 $i=1,2$。每个企业均生产两种产品:私有物品 x 和公共物品 a,x 的产出需要消耗化石能源来实现,而其中公共物品 a 代表的是排放权。生产越多 x 会引起越多的碳排放,因此,在 x 和 a 之间存在一种产生碳排放和消耗碳排放权的关系,在方程中即表现为每个企业 i 的生产斜率为负:

$$x_i = g_i(a_i), \quad g'_i < 0 \tag{1-1}$$

每个企业的效用方程依赖于其私有物品 x 的消费和 a 所处环境的总体质量,总体质量取决于总体二氧化碳排放水平,两个变量的增加会使效用整体提高:

$$u_i(x_i, a)$$
$$a = \sum a_i \tag{1-2}$$

排放总量 a 在碳金融系统中受到"总量控制"(Cap),即存在 $\bar{a}$,每个交易企业获得适当的环境权益资产,即排放二氧化碳的权益资产 $\bar{a}_i$,则:

$$\sum_{i=1}^{2} \bar{a}_i = \bar{a} \tag{1-3}$$

当形成碳市场,允许企业之间的排放权进行交易的时候,企业将利用排放权益 a_i 生产 x_i,将剩余的权益拿到市场中交易。完全市场均衡能够确定使企业效用最大化以及市场出清的权益价格 π 和排放水平 $\bar{a}$。

假设私有物品 x 为单位价格产品,即 $p_x = 1$,那么供需均衡下的相关排放权价格为 π。完全竞争市场均衡中,假设技术为 g_i,效用为 $u_i(x_i, a)$,排放权为 $\bar{a}_i$,均衡由 π、用于生产的排放权 a_i、用于交易的排放权 $(a_i - \bar{a}_i)$ 共同决定,则企业效用最大化及其约束条件为:

$$\begin{cases} \text{Max} u_i(x_i, a) \\ x_i = g_i(a_i) + \pi(a_i - \bar{a}_i) \end{cases} \quad (1\text{-}4)$$

同时,市场出清条件为:

$$\sum_{i=1}^{2} a = \sum_{i=1}^{2} a_i = \sum_{i=1}^{2} \bar{a}_i$$

由碳交易完全竞争市场均衡模型可以得出以下结论:

定理 1.1 当给定排放总量 $\bar{a}_i$,两企业间存在有限方法来配置其排放权。当存在有限排放权 $\bar{a}_1$、$\bar{a}_2$ 的情况下,$\sum_{i=1}^{2} a_i = \sum_{i=1}^{2} \bar{a}_i$ 时,经济体的资源配置 a_1, a_2, x_1, x_2 达到帕累托最优。当两个交易企业具有相同偏好时,应该减少对生产更多私有物品的企业提供公共物品的权益。

其中定理 1.1 可以由图 1-5 来说明。在公共物品可交易的完全竞争市场中,价格机制可以提高社会总体减排量。

无论是基于《京都议定书》的实践,还是基于外部性原理和公共物品经济学的理论分析,国际上学者[26-31]普遍认为碳交易所提供的碳价格机制会吸引更多的社会资金,通过金融市场的多种融资工具,投入低碳领域,利用交易使碳排放形成新的市场均衡,对低碳发展具有明确的积极作用。

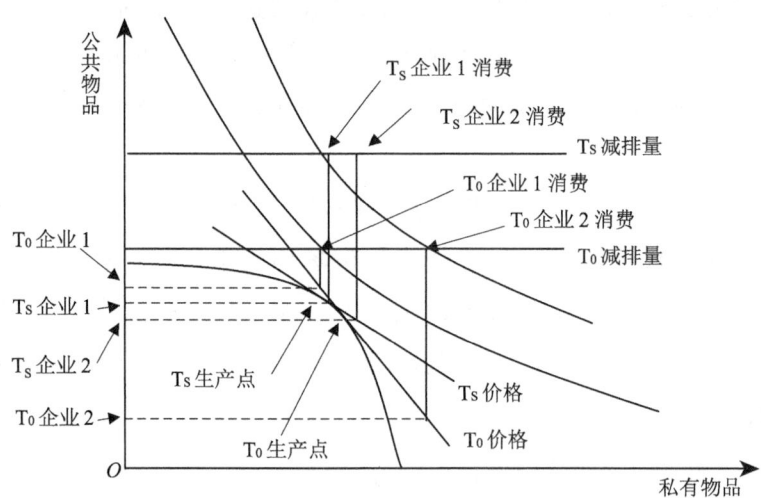

图 1-5　价格机制下企业间公共物品（碳排放权）交易的 Lindhal 均衡[31]

2. 碳交易及价格机制的形成与发展

1) 碳市场的形成

随着全球经济的发展，气候变化问题逐渐引起全社会的关注。1979 年，首次世界气候大会（The First World Climate Conference）举行，号召世界各国预先准备和提防潜在的气候灾害。气候问题的政治关注达到高峰，是在 1985 年奥地利的菲拉赫会议后，当时在世界气候计划会议上科学家们严重警告温室气体浓度上升将显著提高地球表面平均温度。1987 年，布伦特兰委员会（Brundtland Commission）发表著名的《我们共同的未来》报告，向国际社会宣告了可持续发展的理念，气候问题引起了更加广泛的关注。

1990 年联合国政府间气候变化专门委员会（Intergovernmental Panel on Climate Change，IPCC）提交了其第一份气候变化状态评估报告，预测 21 世纪每 10 年气温将上升 0.3℃（0.54°F），该报告促使公众舆论转向认同气候变化的严重性。1992 年，联合国环境与发展会议（United Nations Conference on Environment and Development）又称地球高峰会议（Earth Summit）在里约热内卢召开，会上绝大多数国家一致认为，国际社会的重点努力方向是"可持续发展"，其被定义为满足当代人基本需求的同时而不损害后代人满足自身需求的发展能力。共有 154 个国家(包括欧盟)签署了《联合国气候变化框架公约》(UNFCCC),标志着全球第一次共同努力解决全球变暖问题。1995 年,政府间气候变化专门委员会在其第二次评估报告中证实了气候变化源自人为。通过《联合国气候变化框架公约》的努力,在 1997 年第三次公约缔约方(3th Conference of the Parties to the Convention, COP3)大会上,160 个国家投票赞成《京都议定书》,工业化国家同意降低六种主要温室气体的排放。

根据 UNFCCC 第 3.3 条规定,温室气体减排必须符合成本有效性原则(Cost-Effective),《京都议定书》提出了四种温室气体减排弹性机制:国际排放贸易机制(International Emissions Trading,IET)、联合履约机制(Joint Implementation,JI)、清洁发展机制(Clean Development Mechanism,CDM)、污染泡(Bubbles)。

2001 年,政府间气候变化专门委员会的第三份评估报告宣称,有证据表明由人类活动导致的过去 50 年的全球变暖比之前任何时候都显著。同年,《京都议定书》的规则在摩洛哥马拉喀什召开的第七次公约缔约方大会上确定。马拉喀什协定(Marrakech Accords)规定碳排放交易没有数量限制、重要的森林和耕地管理信用额度(清除单位)、清洁发展机制上限或碳汇活动的信用额度以及避免森林滥伐不享有信用额度。

2005 年,在 2004 年 11 月俄罗斯批准之后,《京都议定书》成为具有法律约束力的条约。澳大利亚也于 2007 年 12 月批准《京都议定书》,截至 2007 年,175 个国家(不含美国)批准了《京都议定书》。政府间气候变化专门委员会第四份报告指出"气候变暖是毋庸置疑的",而且 21 世纪温度和海平面上升的水平将取决于未来几年排放的程度或限制。

根据《京都议定书》的规定,2008—2012 年缔约方国家必须以 1990 年的碳排放为基础减少 5.2%,即为《京都议定书》的第一承诺期,其截止时间为 2012 年 12 月。在 2011 年底的德班气候大会上,194 个参会方同意将延续《京都议定书》的法律效力,即为《京都议定书》的第二承诺期,会上同时启动了绿色气候基金,其构想是在2020年前发达国家每年出资1 000亿美元帮助发展中国家应对气候问题。2012年的多哈世界气候大会最终确定第二承诺期为8年(2013—2020年)。

2) 碳市场的基本交易机制

《京都议定书》中设立了IET、JI、CDM与Bubbles等四种弹性机制,协助议定书缔约国通过国际合作方式,以降低达到减排目标的实施成本。若缔约国同意参与此类弹性机制,则必须取得规定资格并遵守登记制度,包括排放配额的核算、建立国家温室气体排放与吸收盘查系统,以及碳排放权国家登记系统,并每年向联合国秘书处提交温室气体排放相关资料。

(1) 国际排放贸易机制(International Emissions Trading, IET)。国际排放贸易机制列于《京都议定书》第17条,该条款规定:某个附件一国家(主要是发达国家)可将其超过完成减排义务的超额排放量,以贸易形式出让给另一个未能实现减排承诺的附件一国家。严格来说,该贸易形式应局限于国家与国家之间,但目前的规则也准许附件一国家政府授权其法律实体(如企业)参与此类贸易,该机制下的减排量称为配额排放单位(Assigned Amount Units, AAUs)。

(2) 联合履约机制(Joint Implementation, JI)。《京都议定书》第6条叙述了联合履约,是附件一国家之间的一种合作机制。在该机制下,某一附件一国家以投入技术和资金的形式,与另一个发达附件一国家合作实施温室气体减排或吸收的研究,如清洁能源技术开发项目,而林业碳汇(Carbon Sinks)活动也可认为是广义的联合履约项目。该机制所产生的减排量称为减排单位(Emission Reduction Units, ERUs)。

(3) 清洁发展机制(Clean Development Mechanism, CDM)。清洁发展机制位于《京都议定书》的第12条,该条款规定:附件一国家可通过资金援助或技术移转的方式,在非附件一国家(发展中国家)开展温室气体减排项目,获得核证减排额量(Certified Emissions Reductions,

CERs),以抵销其本国的减排义务。此机制与联合履约机制的区别在于:清洁发展机制的减排活动发生在减排成本较低的发展中国家,因而附件一国家可以凭借较低的成本获得排放额度,在实现其减排责任的同时也能为发展中国家提供减排的技术和资金,实现全球碳排放的降低,所以被认为是一种双赢的模式。有证据表明清洁发展机制促使发展中国家致力于减缓气候变化,有利于降低全球减排成本[32]。

(4) 污染泡(Bubbles)。污染泡(也有意译为"集团方式"[33])列于《京都议定书》第4条,此条文允许附件一国家通过联合行动达成减排义务。根据此条款,欧盟各国于1998年通过重新分配排放限额的《欧盟国家排放权分配协定》(EU Bubble Commitment),欧盟各国构成一个集团。欧盟更于2003年成立欧盟排放交易体系(EU Emissions Trading Scheme, ETS),其25个会员国可以进行排放交易。集团形式成为多国联合进行碳排放交易的配套措施。

根据《京都议定书》的弹性机制建立碳排放交易体系已成为各国实施减排的主要手段,全球碳交易量增长迅速,从2005年的108亿美元,到2008年的1 259亿美元,再到2011年的1 760亿美元,英国新能源财经有限公司(New Energy Finance Ltd)曾预测,2020年,全球碳排放权的交易规模逾3.5万亿美元①。碳交易设计的基本思路为:政府或管理当局在确定总的排放目标之后,将排放权以配额或竞拍的形式分配给企业,通过构建灵活的交易机制使超额完成排放义务的企业可以出售排放权,而减排成本较高的企业可以凭借购买排放权的方式实现减排义务。所以就经济和产业效益而言,运行良好的碳交易机制能够促进资金的融通以降低社会的减排成本。目前,碳排放交易机制启动较早且具有重要地位的国家,如:美国、欧盟、英国、澳大利亚及亚洲的印度、日本,已形成各具特色的交易机制。

3) 中国碳市场建设

中国是全球最大的发展中国家和经济增长最快的经济体之一,也

---

① 中国碳交易网 http://www.tanjiaoyi.com/article-12186-1.html.

是世界上最大的温室气体排放国。中国作为负责任的大国,在《京都议定书》产生之初就积极参与到国际减排事业中,虽然经济的高速发展和资源的消耗对环境造成了影响,但中国早已把可持续发展作为国家战略,进行供给侧改革、转变经济发展方式,发展绿色经济已成为国策。在2015年《巴黎协定》中,中国明确提出了减排目标,即2030年实现碳排放强度(即单位GDP碳排放)较2005年降低60%~65%。为了实现这一目标。中国必须加快碳市场的建设步伐,建立和完善中国绿色金融体系。

中国参与国际碳市场交易主要通过CDM方式,中国最早的CDM项目始于2005年,之后呈迅猛发展的态势,2006年即成为全球第一大国。到了2012年11月,中国注册的CDM项目已近2600项,约占全球总数的一半。截至2015年,中国所认证的CERs占全球累计总量的60%以上,截至2017年4月底,已签发项目高达1544项[①]。但值得注意的是,自2012年开始,中国CDM项目的审批呈现下降。

在国内碳交易市场建设方面,到2014年底,中国在北京、上海、深圳、天津、湖北、重庆、广东建立了7个区域性交易平台,覆盖企业2975家。2015年底数据显示,7个试点平台碳配额累计交易量约4800万吨,累计交易额超过14亿元。2017年建立全国统一的碳排放权交易市场(表1-2)。

表1-2　　　　　　　中国碳交易市场建设情况

时间	碳交易市场建设进展
2012.06	《中国温室气体自愿减排交易活动管理暂行办法》正式颁布
2013.06	深圳启动碳排放权交易试点
2013.11	北京、上海启动碳排放权交易试点
2013.12	广州、天津启动碳排放权交易试点
2014.04	湖北启动碳排放权交易试点

① 中国清洁发展机制网 http://cdm.cchina.gov.cn。

(续表)

时间	碳交易市场建设进展
2014.06	重庆启动碳排放权交易交易试点,上海、深圳开始履约
2014.07	北京、广州、天津开始履约
2014.09	国家发改委发布《国家应对气候变化规划(2014—2020年)》
2014.11	国内首批CCER项目减排量获得签发
2014.12	国家发改委正式公布《碳排放权交易管理暂行办法》
2015.01	国家温室气体自愿减排交易注册登记系统正式上线
2015.03	全国首单CCER在广州碳交易所完成
2015.05~06	碳排放权7个试点省市全面履约
2017	建立全国统一的碳交易市场

资料来源:根据相关资料综合整理。

目前,中国碳交易市场仍局限于CDM项目和在发展初期的自愿减排市场,碳交易产品只有现货未推出期货,而在国际上碳期货产品的交易额占据整个市场的大半份额。尽管中国现已成为仅次于欧盟的第二大碳交易市场,但身为全球温室气体第一排放国,中国的碳市场成交量与中国的碳排放相比仍然很小,市场不够活跃,碳交易市场仍处于探索和雏形阶段,根据联合国发展计划署统计,中国若要实现到2050年碳排放5.5%的涨幅,需在2010—2050年额外增加14.2万亿美元的投资,平均约占每年GDP的7%[34]。可见中国未来碳市场融资需求旺盛,投资空间巨大。

4)碳市场结构

碳市场是指温室气体(GHG)排放权标准化商品及其衍生品买卖市场,是碳排放成本效益化的实施工具。碳市场必须遵循既定的规章和协议,如《京都议定书》的联合履约机制(JI)、清洁发展机制(CDM)、欧盟的碳排放交易体系(EU-ETS)。

碳市场是环境与金融领域的创新联合,仍处于不断发展之中,碳市场内的参与者较过去金融市场的成员更加复杂。纵观碳市场价值链,从最初的碳减排执行及碳权认证机构,到最终端的碳资产买家,其参与各方环环相扣,紧密关联,如图1-6所示:①政策及法规架构:最顶层为政府的政策与法规,如欧盟的碳排放交易体系(EU-ETS),澳大利亚、加拿大、日本也有政府主导的减排体系,负责确定总量、核准配额、主管监督及审查工作等。②供给方:包括拥有盈余配额可出售的企业或国家、执行减排计划而获得可出售碳权的企业(如 Ecosecurities、MGM)、收购碳排放权的碳基金(如世界银行原型碳基金、日本温室气体减排基金)、协助减排而取得碳权的咨询公司、协助减排技术开发及转让的企业等。③需求方:在强制减排体系下,需求方为需要购买配额以实现减排义务的企业;在自愿减排体系下,则为重视企业形象和企业社会承诺减排的企业、政府或非营利组织。④中介机构:为减排活动提供资金融通的金融机构或国际性组织,包括经纪商(如 Cantor CO2e、Evolution Markets)、交易商、交易所、银行业,以及兼营

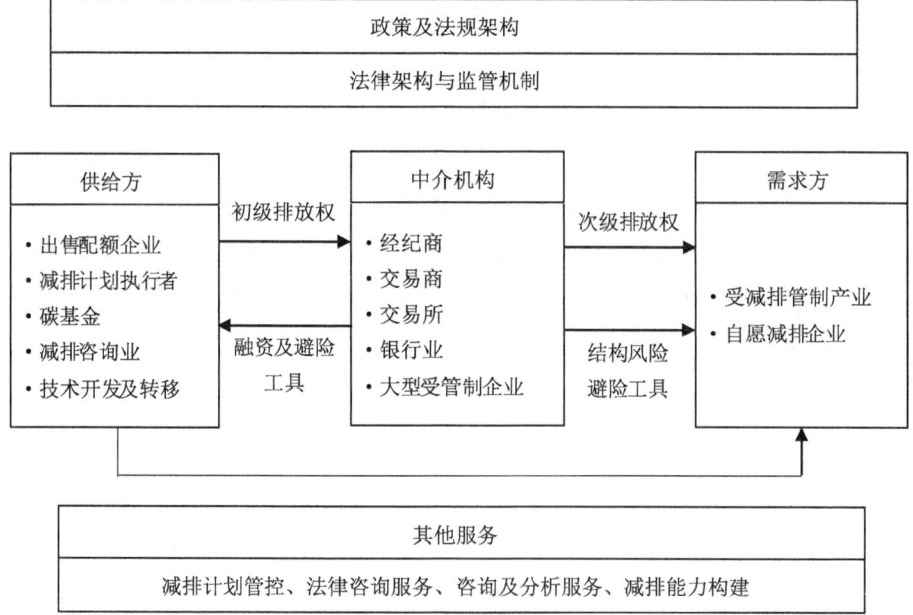

图 1-6 碳市场参与者

资料来源:Word Bank Annual Report 2008。

中介的大型受管制企业。⑤其他服务：包括减排计划品质管控、信息及分析服务机构（如 Bloomberg、Point Carbon、Reuters、Ecosystem Marketplace）、法律咨询服务，以及减排能力建构等机构。

如图 1-6，依据碳市场的交易原理，国际碳排放交易市场可分成基于项目的交易市场和基于配额的交易市场[18]。但也有学者将碳金融市场按照强制履约或自愿原则分为强制履约交易市场和自愿交易市场[35]。

5）碳交易所概况

碳交易所是碳排放权及其衍生金融工具的交易平台，为进行碳交易的各方提供交易场所及提供相关服务，具有设计碳排放权交易产品和规范市场运行的职能，是碳金融发展的重要支撑。图 1-7 简要介绍了主要经济体的碳交易所概况。

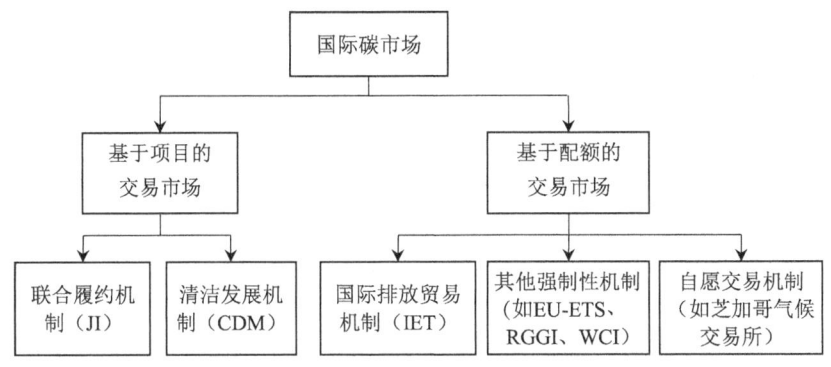

图 1-7　国际碳市场体系[18]

（1）欧盟碳交易所。欧盟是全球减排行动的积极倡导者，欧盟碳排放交易体系（EU-ETS）是当前最大的强制排放交易体系，由各欧盟国家在总量控制的原则下对企业发放欧盟排放配额（EU Allowance, EUAs），EUAs 可使用于第一期（2005—2007 年）、第二期（2008—2012 年）及第三期（2013—2020 年）减排承诺，或于欧盟成员国之间移转。EU-ETS 于 2005 年 1 月正式实施，欧盟境内能源企业及高能耗产业共约 12 000 个排放设施（Installations）受到约束，市场规模约

1 500 百万吨,约占欧盟温室气体总排放量的 45%,具有划时代的意义。EU-ETS 建立之后的几年之内,欧盟陆续在多家交易所开展碳交易业务,包括伦敦能源经纪协会(LEBA)、德国的欧洲能源交易所(EEX)、奥地利能源交易所(EXAA)、总部位于伦敦的欧洲气候交易所(ECX)、北欧电力交易所(NP)、法国的 BlueNext 交易所、荷兰的 Climex 交易所,ECX 是最大的碳期货交易所,NP 是最大的碳现货交易所。这些碳交易所多由原本的能源交易所转型或兼营,如欧洲能源交易所、奥地利能源交易所、北欧电力交易所,及 Bluenext 的前身法国电力交易所(Powernext),主要归因于能源业是主要的 CO_2 排放源。

各交易所均向产品多样化发展,除 EUAs 现货、期货、期权外,2008 年后又接连推出 CERs 现货、期货,发布碳价格指数,并酝酿发展碳权 ETFs,各交易所之间的竞争也日趋激烈。

(2) 美加澳碳交易所。美国、加拿大、澳大利亚尚未签署(美国)、签署后退出(加拿大)或较晚(澳大利亚)签署《京都议定书》。因此,除美国的芝加哥气候交易所(CCX)成立较早外(2003),其余碳交易所比欧盟的碳交易所成立时间晚约 2 年(多成立于 2007 年底或 2008 年初),且多为企业自愿参加。与欧盟强制履约机制核发的碳配额(绝对总量控制)不同,美加澳自愿减排体系下交易所交易的配额,来源于以基线(Baseline)为准超出的减排量。

芝加哥气候交易所是由企业发起,自行主导的碳交易平台,是全球首家自愿减排交易机构,交易所规定自愿参与企业的减排基线、排放量由 FINRA 验证。芝加哥气候交易所最早从事碳交易业务,因其丰富的交易经验,在《京都议定书》正式生效之后发展迅速。但 2010 年之后,受政策影响,芝加哥气候交易所影响力已严重下滑。

在加拿大与澳大利亚政府的减排政策驱动下,两国成立了碳交易所,如加拿大 Green 交易所、蒙特利尔气候交易所(MCX),以及澳大利亚气候交易所(ACX)。因两国政策环境和国家减排体系的不同,两国碳交易所的运营模式也各有特点。受制于《京都议定书》的参与程度,与欧盟的碳交易所相比,美加澳碳交易所目前的成交量和成交价格都相对较低,但美加澳境内的各交易所同样热衷于碳金融工具的创新,除推出自愿减排体制下的碳权现货、期货、期权外,计划与欧盟碳市场产品 EUAs、CERs 联合,可见自愿减排体系下的碳交易所未来还有很大的发展空间。

3. 碳交易的相关研究

解决低碳投资风险首先运用同时也是最重要的手段是碳定价[36]。实现碳定价主要有两种方式:一是通过对产品及服务的碳含量征税,即碳税,目的是以金钱刺激金融体制向低碳投资及支出[37];二是基于碳排放配额的总量限制交易系统,该模式下碳排放配额是固定的,价格由市场自由决定[38]。当前,碳价格研究聚焦于价格影响因素和价格模型研究。

1) 碳价格影响因素研究

碳价格影响因素主要从两个方面展开:一是宏观环境、能源价格等碳金融产品的外部因素对碳价格的影响。二是碳金融产品之间价格的相互影响。对碳价格影响因子的定性与定量分析对于政府、市场主体以及学术研究均具有重要的指导意义[39]。

碳金融产品的外部因素包括政策法规、经济环境、能源价格等,不少学者研究了这些因素对碳价格不同程度的影响程度。Lovcha 等[40]认为,碳交易价格波动的影响因素主要包括经济发展、能源价格、政策设计、信息披露、极端天气等。经济发展决定了碳市场运行的宏观环境,学者们一般选取股票指数或经济景气指数(Economic Sentiment Indicator)作为代表,研究结论一般具有显著性,即碳市场的价格运行受到宏观经济环境变化的影响。Haites[41]建立了经济活动与能源价格之间的碳价格模型。将宏观经济和能源市场之间的相互作用通过马尔可夫分析法捕获,并转换成模型。研究表明:宏观经济与碳价格之间存在一定的联系,在经济衰退过程中,工业生产对碳交易市场产生了消极的影响。Jiang 和 Chen[42]针对煤价、碳价和电价之间的关系采用小波分析法进行了研究,发现煤价会导致碳价的波动,而碳价又会导致电价的波动,研究结果显示碳价变化与经济发展呈正相关。

Sato等[43]采用OLS法分析了基本面因素对EUA期货价格的影响程度,发现风能、太阳能的价格变动以及经济波动会引起EUA期货价格波动,煤价变动的作用不显著。Hintermann等[44]认为对于控排单位而言,由于短期之内无法实现减排技术的突破,最主要的减排方式是能源转换,因而能源价格的变动是该阶段碳价格波动的主要驱动因素。Wu等[45]重点分析了三类不同信息对于EUA期货价格的影响,发现国家分配计划(Nation Allocation Plan,NAP)、经济发展的现状及前景对碳价格的影响显著,具体而言,宽松的NAP将增加EUA的供给,进而导致EUA价格下跌,该影响显著且持续期较长;德国、美国未来经济的发展趋势以及当前经济的发展状况对EUA期货价格的影响显著。张晨等[4]认为商业银行参与碳金融业务时主要面临碳价波动和汇率两类风险的共同影响,并且利用Copula函数刻画二者间的相关性。

Rittler[46]采用VECM模型与UECCC-GARCH模型,分析了EU-ETS市场第二阶段的EUA现货与期货合约价格之间的关系,发现现货与期货市场紧密联系,期货市场是价格发现的先行者,它将信息整合后再将信息转移到现货市场。Arouri等[47]采用VAR模型和STR-EGARCH模型研究EUA第二承诺期期货与现货价格的收益率以及波动性之间的关系,结果均显示二者呈现非对称性、非线性的特征。Friedrich等[48]以市场占有量额为标准,考虑到远期市场的交易份额占交易总体的90%,且更具流动性,因此研究了远期合约的价格。Zhang等[49]研究了期货和现货价格之间的关系,认为期货市场价格具有价格发现功能。在市场存在套利机会的同时,期货市场更能捕捉碳市场所释放的各种信息,反应更加敏感,因此,当出现套利机会时,现货市场价格会逐渐向期货市场靠拢。Nazifi[50]建立模型模拟EUA和CER之间的价格波动。研究发现,欧盟配额(EUA)与核证减排量(CER)价格之间确实存在影响关系。通过应用随时间变化的参数模型,模拟动态的结构变化。研究表明:两个市场之间的规则不同导致两市场价格波动的不一致。单独凭借碳价格不足以刺激碳金融项目,国家的政策经济表现比预期更重要。尤其是低的碳价格导致了令人不满的反事实监管,因为碳价格难以从其他的项目实施驱动因素中剥离出来[51]。

2) 碳价格模型及预测研究

利用数学建模技术对碳价格的波动情况进行建模仿真,预测碳价格的未来趋势以及设计合理的价格管控机制。

Kim 等[52]通过对韩国市场的碳排放价格的最优估计,提出最优碳排放价格可使碳减排的边际成本等于碳排放对气候造成的边际损失,在此价格上可确定最优排放量。Ma 等[53]使用线性规划估计参数化的二次型方向性产出距离函数,测算各省 2001—2010 年二氧化碳的影子价格,发现全国平均价格由 2001 年 1 000 元/吨上升至 2010 年 2 100 元/吨。Wu 等[45]对比分析四类 GARCH 模型,发现 FIAPGARCH 更适用于碳价格日内高频数据的分析,并发现 EUA 期货价格波动在日内具有季节性特征。为了控制碳价格波动所带来的弊端,不少研究将目光转向价格安全阀的设置,即通过价格变化上下限的设置促进市场更好地发展。Feng 等[54]构建了基于蒙特卡洛模拟与动态规划技术实物期权模型,研究显示在竞争市场中,设置碳期权价格波动下限可以保障减排投资的收益,因而更能激励电力企业投资低碳技术。与价格下限不同,价格上限的设置是一把双刃剑,虽然可以在短期内控制碳交易的剧烈波动,但是价格上限会阻碍资本投向低碳领域[55, 56],并且可能会被具有强势市场地位的企业所利用,进一步推动碳价格超过上限,迫使政府增加碳市场的供给以降低成本[57],造成碳排量超过既定目标[58]。

碳价格预测是碳交易决策的一个重要指标,如何预测价格,也是学术界关心的问题。Zhang[59]利用卡尔曼回归进行了碳金融市场价格的预测。Chevallier 和 Sévi[60]阐述了 21 世纪初欧洲期货气候交易所期货的分配和流动方式,并将其应用在动力学波动模型,预测现实波动率。Koop 和 Tole[61]采用 DMA(Dynamic Model Average)统计法,得到了 EU-ETS 市场大幅动荡的有力证据,并预测了现货和期货在 EU-ETS 碳市场中的价格。Suk Byun 和 Cho[62]比较了 GARCH、K 近邻算法与隐含波动率对于碳期货价格的波动性预测能力,结果显示

GARCH 模型优于 K 近邻算法与隐含波动率。García-Martos 等[63]建立了一个多元 GARCH 模型预测碳排放配额价格,模型结果表明预测区间的改进可利用普遍的价格波动因素。Zhu 和 Wei[64]建立了 ARIMA-LSSVM 混合模型,旨在改进传统 ARIMA 模型在预测非线性特征下碳期货价格的不足之处,以欧盟碳排放交易体系下的两种碳期货价格作为实证算例,研究结果进一步证明了该模型的计算优势。张云[65]分别从价格形成机制、价格运行机制和价格监管机制系统分析了中国的碳交易价格机制。

3)碳金融开展状况研究

Zhang 等[66]采用欧盟配额(European Union Allowance)的极高频数据评估未来欧盟碳市场的发展,通过对信息同化过程、流动性和市场效率的探讨,研究碳市场的微观结构和交易行为。Fowlie 等[67]对全球不同区域的碳交易体系进行了对比研究得出结论,碳排放权的供需双方直接进行交易要比通过银行等中介服务机构效率更高、成本更低;而且当碳排放权跨区域交易时,交易价格能够较好地随边际减排成本变动,提高供需双方的交易效率。Michaelowa 等[68]的研究发现,设计良好、规模较大的抵消项目能够激励发展中国家投资该项目进而提高减排的整体效率,贴现以及碳交易中抵偿额与配额的换算比例虽然一定程度上降低了运行效率,但有助于吸引工业化国家参与该类项目,即虽然扩大规模与严格基准线并非占优策略,但短期内能够推动该类项目的发展。Zhang 等[69]以中国的碳排放权交易为研究对象,肯定了中国碳交易所的创新行为,对其制度设计提出了新的思考,如市场准入限制不明确,法律、法规等监管机制缺乏,经济发展的不平衡使得各省市之间竞争激烈。随后 Zhang 等[70]又指出中国的碳交易市场是政府主导型的市场,私人投资的调动和利用不足,因此和国际碳交易市场存在一些差距。中国商业银行的碳金融业务表现为规模递增效应,表明在当前技术水平下碳金融领域产出增加,长期平均成本下降,但目前的主要问题仍是银行碳金融业务的投入规模较小[71]。王扬雷和杜莉[72]采用分形市场理论对北京碳市场的有效性进行实证分析,研究表明该地区的市场效率还未达到弱势有效的水平。Verde 和 Borghesi[73]指出目前对 CERs 和 ERUs 的需求低于供给,使得两种资产价格呈下降趋势,应进行改革,短期内坚持 CDM 项目和 JI 项目的正常运转,中长期内继续挖掘市场需求。Ibikunle 和 Gregoriou[74]探讨了欧盟碳配额与经核证的减排量(CER)合约下与交易规模、交易成本、价格影响和收益可预测性相关的一系列问题。

在公共承担责任的范式下解决气候变化问题,《巴黎协定》成员国已经设定了全国范围内的减排目标。随着各国开始将减排目标转化为具体的减排行动,气候金融可以在塑造气候行动方向上起到重要作用[75]。向低碳能源系统过渡是全球可持续发展的要求,而对于发展中国家而言,这种过渡挑战非常复杂。然而随着经济的快速增长,低碳能源系统可以有效解决能源需求问题所导致的一系列问题,而向低碳能源系统转变,金融工具是非常有效且效率很高的手段[76]。

1.4.4 公共财政工具的研究进展

1. 公共财政的激励机制

尽管碳交易的价格机制在理论上获得了充分的证明,但实践中单纯利用碳价格也并没能从根本上解决低碳行业资金缺乏的问题。究其原因,主要有两个方面:第一,碳价格的推出并没有得到全球的广泛认可,因为给碳排放设置一个价格会对原本投资体系内的产业造成损害并加重其能源支出①。第二,即使碳价格的制度顺利地推行,可能也不足以引导所需数量的经济资源流向低碳投资领域。这是由于在产生和分配信贷的过程中,存在市场失灵的情况,导致银行和其他投资者无法如预期那样对价格信号做出反应。这种"信贷市场失灵"的原因是商业银行的逐利目标与全社会发展目标之间的不匹配和不一致,货币动态很可能是从社会次优的角度来供应。特别是在经济扩张阶段,银行都愿意对经济体的其他行业发放大量信贷,即使是在一个很高的

---

① 例如美国繁荣协会与美国能源联盟组织的大型媒体运动。

风险程度上,因为银行有信心贷款可以被偿还或者可以回收标的资产。这种"群体兴奋"的行为会导致过度债务的形成,最终变得不可持续,进而引发金融危机和信贷市场流动性恐慌的螺旋式上升[77]。银行接下来即使在有利可图的情况下也会停止向企业投放贷款,而只关注高安全性、高流动性资产,而不是提供可用于实体经济生产性活动的信贷[78,79]。中国政府近期密集出台的"三套利"(46号文)、"防风险"(6号文)、"四不当"(53号文)等监管文件,表明政府对金融业去杠杆、限制信用无度扩张,把资源引向实体经济的决心,印证了政府在金融体系建设中的核心作用。

我们从对现实中碳交易价格机制效果的介绍中可以看出,目前希望通过自由市场经济运行机制来为低碳经济发展提供资金,单纯通过碳市场价格机制来实现可持续经济是极具挑战的,或者说是难以很好实现的。因此人们将目光转移到了政府,希望利用公共财政手段纠正金融市场失灵的情况[80,81],引导金融市场资金进入对社会经济长期发展有利的领域中去。例如2016年G20峰会上中国政府提出了调动社会资金、构建绿色金融系统的思路。有效的绿色金融系统可以使有限的财政资金激励巨大的金融市场资本投入低碳产业,创造新的增长点,加速经济结构的低碳转型。

所谓"激励机制"是指公共财政通过对金融市场提供资金鼓励政策,利用杠杆作用,引导金融市场资金参与低碳投资。目前中国的政府公共财政支出中,一般与低碳相关的项目包括节能环保支出、农林水支出、能源效率改造和可再生能源开发支出等。近年来,中国政府不断加强节能环保领域的支持力度,出台了一系列财政补贴等支出政策,主要包括中央环保专项资金、重金属污染防治专项资金、可再生能源电价附加补助资金等13项财政补贴政策。但可以看到,政府的低碳资金并没有过多地从激励金融市场、为低碳项目提供融资服务的角度来开展。因此,在绿色金融系统的构建中,我们需将其未来的建设放在国家政策层面,通过把政府引导和市场运行相结合,使政策起到激励和杠杆作用,针对金融市场,吸引更多的社会资本进入绿色金融系统中,进而实现利用金融工具、解决气候问题的同时兼顾经济发展。

其中以对信贷的激励为例,信贷产生于借贷行为(图1-8)。当银行决定给客户增加授信,会选择同时增加资产负债表的资产项和负债项:资产端创造新的贷款,而在负债端也为客户的户头加入了新的储蓄。换句话说,为了扩大资产和业务规模,银行不必等待存款,银行本身就创造新的存款[82]。此操作扩大了货币供应量的存量或"广义货币量",在现有经济体系中,银行扩大现有货币供应量的能力对经济系统运作产生至关重要的影响,银行信贷的提供通常是实现增长的最重要的前提条件。财政激励手段可以出现在创造新的信贷阶段,例如采用贴息的手段吸引企业对低碳贷款的需求,同时通过贴息降低银行风险;财政激励也可以出现在央行释放货币阶段,商业银行利用碳额度凭证抵质押向央行申请更大额度的低碳信贷(图1-9)。

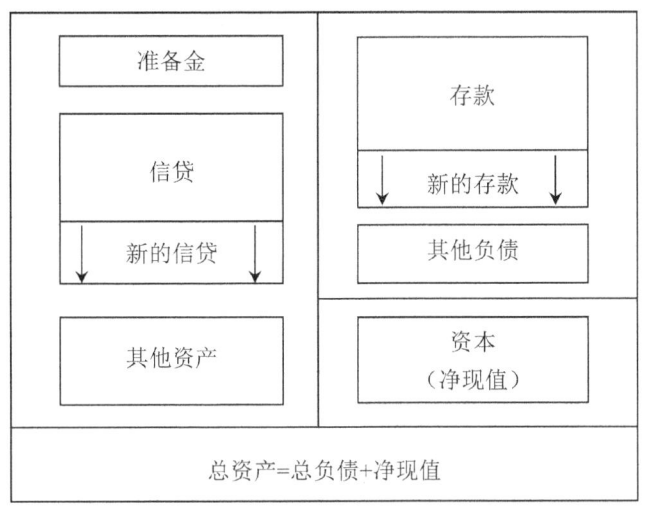

图1-8　商业银行的信贷创造过程[82]

国内外学者[84,85]研究一致认为,在低碳发展中,引入公共财政的激励机制,可以降低参与主体风险,利用杠杆作用,引导金融市场以多种融资模式为低碳投资提供资金,达到促进低碳发展的目的,是全球解决低碳资金不足问题的有效途径[86]。

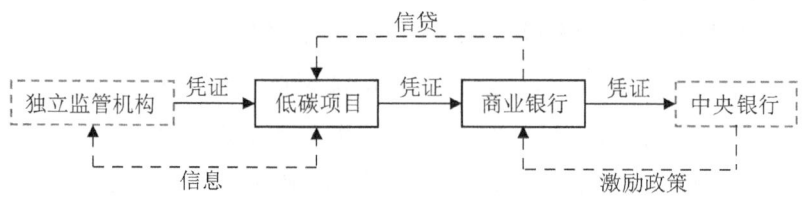

图 1-9 Rozenberg 等研究中的公共财政激励机制[83]

2. 公共财政在绿色金融中作用的相关研究

除了碳价格机制和绿色金融发展相关研究,不少学者还对绿色金融的制度和配套政策进行了深入探讨,绿色金融的制度框架和相关政策是市场发展方向的决定性因素之一,配套政策的完善可以不断提高市场的效率。

武俊松[87]通过比较研究发现,金融监管可以有效降低单位 GDP 增长对能源的消耗,即随着经济增长,单位 GDP 的碳排放逐步降低,所以金融监管对绿色金融发展具有有效性。李阳[88]探讨了支持绿色金融发展的货币政策和监管制度,并提出了绿色金融实施的财政政策和产业发展政策。正确的制度框架对低碳发展极其重要,为了吸引私人部门的投资,法律措施必须高效实施[89]。

碳税是减轻石油行业对环境影响的常用手段。但碳税具有两个问题:一是所获得的收入可能被用于看上去重要其实跟环境问题无关的政治行为,例如美国的烟草税;二是企业反对碳税,因为随着其产业链的延伸,会增加下游企业的负担[90]。Verde 和 Pazienza[91]通过问卷调查,以意大利可再生电力行业为例,认为在非欧盟排放交易体系部门,碳税可以有效降低碳排放成本及相关费用。Owen 等[92]评估了碳税对于投资和公共财政向绿色、低碳经济转变的影响,认为较高的碳税有利于绿色经济和减排。Wang 等[93]讨论了碳金融对清洁技术创新的影响,他们认为碳税和补贴可以鼓励清洁技术创新,他们所得结论的微观数据来自美国能源部门。Polzin[94]通过对可再生能源项目融资机制的对比分析,认为碳交易这一机制较税收和电价补贴机制更能促进技术进步,碳税的征收、碳交易的开展更能督促项目的成本控制,因此碳金融发展有利于新能源的开发,有助于低碳经济的发展。

化石燃料补贴改革背后关于环境问题的争论十分激烈,特别是国际金融机构支持低碳发展的意愿。然而支持改革的实践过程中,我们经常会遇到方法上和政治上的壁垒。实际上,大部分国际气候融资流入了国际策略和措施所激励的低碳技术领域,如可再生能源技术。鉴于金融资源的稀缺性,国际气候融资提供者旨在支持国家减排行动,这既可以展示直接减排效果,也可以证明他们自我价值实现和变革的潜力[95]。当前,在许多接受气候金融的国家,阻碍其发展的重要原因是普遍的化石燃料消耗补贴,2014 年总计约 4 930 亿美元[2]。这些补贴直接阻碍了减排目标,此类补贴直接鼓励消耗和依赖化石燃料,并间接地在经济和政治上破坏减排行动。因此,化石燃料补贴改革逐渐被提上了气候政策议程,包括支持低碳发展的国际金融机构[96]。停止化石燃料补贴和推行碳定价,理论上是实现减排的最有效手段[97]。Matsuo[98]提出化石燃料补贴改革和低碳技术开发混合政策可以提供支持减排的活动以实现具体的环境影响和长期的结构性变化。政府必须为支持绿色金融制定适合的政策,并以此鼓励投资者和企业家,政府补贴是促进绿色金融发展的一种有效工具[99]。Li[100]认为基于绿色投资和碳交易的绿色金融发展将促进中国环境金融体系的创新,开发和构建绿色金融是一个系统工程,所以中国必须将绿色金融体系的建立和完善提到国家战略地位,从以下七个方面构建绿色金融体系:环境体系、控制体系、监管体系、组织体系、市场体系、商业体系、(金融)工具体系,使中国在定价和参与货币结算方面获得更多的话语权。

1.4.5 金融市场工具研究进展

1. 金融市场工具对低碳发展的作用机制

通过上文对碳交易和公共财政的作用机制分析,以及 1.3.1 中对实践中低碳资金来源情况(图 1-2)的梳理,我们总结出金融市场工具具有以下特征:

（1）碳交易的价格机制和公共财政的激励机制均需要通过金融市场传导，如股票市场、债券、信贷、基金、外国直接投资等工具，作用于低碳投资，因此金融市场工具为绿色金融系统建设的核心。

（2）金融市场在实践中为低碳发展提供的资金量占比远大于公共财政和碳市场，也说明其在绿色金融系统建设中的核心地位。

虽然普遍认为碳价格是增加低碳投资的一个重要先决条件，但远远不够，需要金融市场和公共政策的保障。低碳经济的外部融资主要来源于三个渠道：一是银行贷款，二是市场债券，三是股票市场[101]。Shem 等[102]总结了过去、现在和未来亚洲实现低碳经济发展的融资情况，发现金融市场融资已成为缓解气候变化至关重要的手段。

当前基础设施直接投资回报与投资者的预期相比总体上并不让人满意，虽然与非绿色金融工具一样，低碳投资相关的固定收益工具一般是息票的形式，然而公开股票市场近些年的表现与其他市场相去甚远，私人的股权投资往往无法满足投资者的预期。所以总体而言绿色金融投资当前似乎不能弥补其高于平均水平的风险。

低碳投资的相关特征使其对投资者缺乏吸引力。低碳投资通常周期很长，其中基础设施直接投资部分，非常缺乏流动性，投资者项目结束之前很难出售股份，同时，低碳投资通常涉及很高的初始资本成本。例如，Zebra 等[103]评估得到风能、太阳能、水电能源前期资本成本占项目总成本的 84%～93%（相比较煤为 66%～69%，天然气为 24%～37%）。因此，许多低碳投资往往融资成本相对较高。虽然近些年，有越来越多的资金致力于减排、环境保护和提高社会效益的项目，但是如果没有绿色金融，资金也不会被吸引。

向低碳社会过渡需要向低碳行业投入大量资金[1,3]。低碳领域的投资近年来快速增长，特别是新的可再生能源的投资在 2013 年已经达到约 2 140 亿美元，是 2004 年的 7 倍[104]。发展中国家的增长尤为迅速，2013 年中国可再生能源的投资为 560 亿美元左右[101]。政府间气候变化专门委员会统计，2009 年之前，全球每年在缓解气候变化和气候适应性方面的投资为 3 430 亿～3 850 亿美元[105]。Buchner 等[106]提出，全球气候金融投资已达到3 590亿美元。CPI[107]基于更宽泛的投资类别而不仅仅是能源供应,估计2013年全球的气候金融规模约3 310亿美元。McCollum等[3]通过一系列综合评估模型得出,为实现全球气温上升控制在2℃之内的气候政策目标,将需要在清洁能源领域增加8 000亿美元的投资。可持续发展非营利组织Ceres指出,绿色投资的成效取决于特定的资产类别[1]。Stern[108]预计阻止气候变化的成本占全球每年GDP的1%~2%,但是气候变化造成的成本占GDP的5%~20%。

金融已经成为近年来气候变化谈判的关键议程。尽管这是需要全球采取行动解决的问题,但要有所效果仍然需要大量的投资。一般而言,社会层面长期的减排投资难以转化为个人层面的短期投资行为,所以在财政紧缩的情况下,可利用的公共资金常受限制。Shem等[102]总结了在当前《联合国气候变化框架公约》下及其他国际机制下亚洲的碳融资机制,并指出现今亚洲各国机构及公共部门对于缓解气候变化的金融支持处于中等规模,提出通过使用当前的政策工具,一半以上的金融资源可以用来满足碳融资的需求,但从长期来看,私人部门的投资不可或缺。国际能源署预计接下来的40年里建筑行业促进能源效率的资金需求达31万亿美元,建筑业的碳排放约占到全球总排放的三分之一。然而这些资金需求的投资机会却常常受到约束,特别是在财政紧缩的环境下。Wasser等[109]考虑循环基金作为一种创新的金融机制,其通过将前期投资的结余进行恢复和再投资,从而降低投资门槛并提高投资影响,这样即使在财政紧缩的环境下,循环基金也可以帮助资源短缺国家加大和高效地进行低碳开发。

Tang等[110]提出了一种碳债券及其数学表达式,可作为环境信用市场的补充金融工具以促进可再生能源投资。《坎昆协议》建立了绿色气候基金和管理委员会制度,基于此,Aglietta等[111]提出了以碳为基础的货币工具,这相当于央行以修复气候的价格购买减排服务,最终社会愿意为更好的气候支付费用,该金融工具可以在短期内降低低碳投资项目的风险,并吸引低碳领域的长期存款(图1-10)。

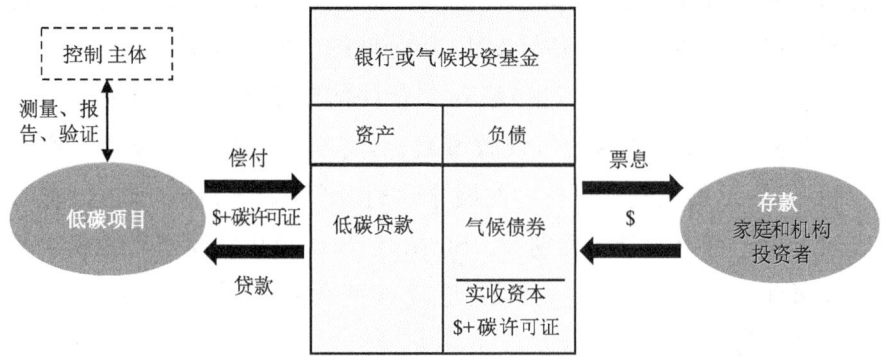

图 1-10　气候金融引导长期存款投向低碳投资示意图[111]

2. 金融市场与低碳发展关系的相关研究

虽然我们分析可知,金融市场是构建绿色金融系统的基础,但其机制没有得到系统地研究。金融市场工具包括信贷、资本市场的股票、债券、基金,创新模式风投、私募以及国外资金几类形式。目前关于低碳发展与金融市场的研究对象较为分散,主要集中在金融发展、股票市场、国外投资等方面。学者们的研究结论一般集中于金融市场相关变量与碳排放是否具有长期相关性以及其作用方向上。

金融发展与碳排放之间的关系一直以来都是学者关注的热点之一,研究既涉及发达国家也涉及发展中国家,还有跨国面板数据。其中有的研究结果显示金融发展对碳排放没有显著影响。Tian 等[112]以中国为例,研究了金融发展、经济增长和能源消耗对碳排放的影响,研究表明金融发展并没有以环境污染为代价。Dogan 和 Turkekul[113]研究探讨美国二氧化碳排放量、贸易开放度,城市化和金融发展等指标在 1960—2010 年的关系。协整的边界测试表明所分析的变量是协整的,从长远来看金融发展对环境恶化没有影响,Granger 因果检验表明 CO_2 与金融发展之间也不存在因果。

也有部分研究者认为国家层面的金融发展可以帮助抑制碳排放量的增加。Saud[114]分析了治理工具在减少二氧化碳排放量方面的作用,并提出借助更先进的治理工具可以降低碳排放量的增长,他们提出金融发展可能会提高企业的绩效,因其能刺激企业采用节能技术,减少二氧化碳排放。Rafique 等[115]探析了金融发展、经济发展和环境质量之间的关系,根据金砖四国面板数据,他们的研究结果显示高程度的经济和金融发展降低了环境恶化速度。Usman 等[116]的文章证明,从实证的角度来看,金融的发展确实引发了碳排放量的降低,文章关注可再生能源国家吸引力指数排名中排在前面的国家,二氧化碳排放量与实际收入、贸易和金融发展之间的长期动态关系,研究发现,增强金融发展可以减少其国家的碳排放量,说明贸易和金融发展的增强可以帮助国家采纳和使用新的环保技术(通过技术外溢手段)。Acheampong 等[117]认为这项研究的目的是探讨金融发展对二氧化碳排放量在由收入水平划分的国家样本中的影响。使用城市化水平、经济增长、贸易开放、石油消费和金融发展作为二氧化碳排放的主要决定因素,构建了的二氧化碳排放量的面板模型,结果表明这些变量是具有 Pedroni[118]协整关系的,动态普通最小二乘法(OLS)和格兰杰因果检验结果也表明,金融发展通过对二氧化碳排放的负面影响可以改善短期和长期的环境质量。

大部分学者的研究结果亦显示金融发展与碳排放是有正相关性。例如 Adams 和 Klobodu[119]测试了金融和制度发展对环境恶化的影响,结果表明:如果没有一个强有力的制度框架,金融自由化可能有害环境质量。Fatima 等[120]以印度为例,证明了碳排放与金融发展、经济增长、能源消费和贸易开发度(进出口总额)之间具有长期的因果关系,尤其是金融发展对碳排放具有长期的正向作用。Khan 和 Ozturk[121]的研究在多元框架下检验了印度的碳排放量与金融发展等变量间的长期均衡及因果关系存在和作用方向,结果表明存在人均碳排放量与金融发展之间长期作用和因果关系的有力证据。此外,因果关系检验也表明,从金融发展到人均碳排放量存在一个单向 Granger 因果关系,即长期正相关,并不具有反馈。证据似乎表明,金融体系应该将对环境方面的影响纳入当前工作业务的考虑范围中。Mahmood 等[122]研究的目的是探讨突尼斯二氧化碳排放量与金融发展、贸易开放度和城市化之间的因果关系。通过自回归分布滞后（ARDL）边界检验方法和误差修正法（ECM）验证了变量间的长期协整关系。分析结果揭示了金融发展变量的正向作用，表明突尼斯的金融发展是以环境污染为代价的。但通过Granger因果关系模型又得到了金融发展对突尼斯经济起到重要作用的结论，因此在减排和经济发展之间需要调整金融结构来进行平衡。Jiang和Ma[123]则使用了一些计量经济学方法，包括协整理论、格兰杰因果检验、方差分解等方式，探索金融发展对碳排放的影响。结果表明，中国的金融中介规模作为碳排放增加的影响要素，在考虑碳排放时应该作为被考虑的一个重要驱动力，但金融中介效率却对其影响不大。

以上研究都足以说明金融发展在绝大部分国家都应该与碳排放存在一定关系，此外，Khan等[124]的研究更进一步证实了这一点，文章运用面板向量自回归模型（PVAR）模型来探讨184个国家的金融指标，即金融发展与CO_2排放量之间冲击的相互影响。虽然CO_2排放量对金融发展的冲击在两类国家中都并不十分显著，但金融发展对二氧化碳的作用却较为明显。说明长期来看金融发展对东亚和大洋洲国家绿色金融系统创新产出有影响。

外国直接投资作为金融环境指标之一，是因为其进入会直接或间接地参与当地的金融活动，流入资本市场中。关于其与碳排放关系的研究，主要集中在亚洲地区，这无疑和近年来亚洲地区世界工厂以及新兴市场的国际定位有很大的关系。Fatima等[125]这项研究的目的是了解越南CO_2排放与FDI等一些经济变量间的协整和Granger因果关系，结果证实了长期均衡的存在以及外国直接投资和越南的二氧化碳排放量之间存在双向因果。Khan等[126]将一带一路国家流入采矿业、制造业、一般服务和金融服务的外国直接投资加以分解组合，检查这些外国直接投资对可再生和不可再生工业能源来源的影响。采用Blundell和Bond[127]动态面板估计来控制内生性和遗漏变量的有偏性，研究结果一定程度上支持了外国直接投资的光环效应，也就是说，外国直接投资有助于减少不可再生能源的使用，但这取决于外国直接投资所处行业和收入程度。例如,对于高收入群体,FDI光环效应被认为存在于金融服务业和制造业,而偏低收入国家普遍存于采矿业。Mahadovan和Sun[128]发现外国直接投资促进了中国二氧化碳排放量的降低,并且西部地区到中部到东部地区的下降幅度从高到低分布。其研究结果支持污染光晕假说,即外国公司可以从发达国家向发展中国家出口绿色技术并以环保的方式开展业务。Xie等[129]探讨中国的外国直接投资、对外贸易与二氧化碳排放之间的关系,使用改编自Halkos和Paizanos[130]两方程模型,将外国直接投资对碳排放的影响分为直接影响和间接影响,并据此估算。估计结果表明,FDI对人均二氧化碳排放量的总体影响是负相关的。具体而言,FDI对碳排放负相关的直接影响超过FDI通过人均GDP正相关的间接影响,因而占据了主导地位。前文提到的Jiang和Ma[123]的文章则探索FDI对碳排放的影响:中国的外国直接投资与其他金融指标相比对碳排放的作用比较小,因为与GDP相比它的体量甚微;但对FDI的使用现在主要集中在碳密集型行业,因此,随着中国的外国直接投资在未来的逐渐增加,应尽力调整其使用方向,以适应并发挥促进低碳发展的积极作用。

以上的文章结果都显示FDI会对碳排放起到抑制作用,但也有少数研究样本得出了相反的结果。Rana和Sharima[131]研究了印度环境恶化、经济增长、外国直接投资和能源消耗之间的动态因果关系。运用Granger因果检验,发现这些变量之间存在短期和长期的因果关系,以及外国直接投资和二氧化碳排放量与日本的收入之间的关系。此外,这些结果支持污染避难所假说,这表明不太严格的环保法规能够吸引外国直接投资的流入。Yu等[132]的文章选取中国京津冀地区作为研究案例,通过人口、富裕与技术回归模型的扩展随机影响(STIRPAT)系统地识别推动天津的二氧化碳排放量增加的决定因素。消除多重共线性问题,同时使用偏最小二乘回归以改善该模型。实证结果表明,外国直接投资与排放关系的结果支持污染避难所假说,这表明外国资本的流入会损害当地环境,而能源强度改善是主要的抑制因子,并部分抵消碳排放量的增加。当然也有学者对国际大样本做了分析,

Rahman 和 Alam[133]利用亚太区域国家的样本数据,探讨外国直接投资和经济增长与二氧化碳排放量之间的因果关系。研究结果表明,这些变量之间的关系因国而异,在进一步的区域分析中,外国直接投资和二氧化碳排放量与之间存在反馈效应。这些研究也都证明 FDI 与碳排放存在相关性,是金融环境中重要的指标之一。

股票市场经常用来衡量一国的金融效率,但该指标经常是与其他变量一起被考虑,单独对其进行探讨的研究比较少,通常也都是多国大样本。Khandaker 和 Ali[134]分析宏观经济因素对股市波动性的影响,使用 Jones 等[135]和 Andersen 和 Bollerslev[136]提出的标准历史波动率模型来计算样本国家历史股市波动性。无论是混合回归(Pooled Regression)还是固定效应模型(Fixed Effect Model)都显示,二氧化碳排放量与股市的波动呈现正相关。

除此之外,前文提到的学者 Jiang 和 Ma[123]的文章也探索了中国股票市场对碳排放的影响。中国股市规模对碳排放量相对影响较大,但其效率即股市成交量占比 GDP 的影响非常有限。这在一定程度上反映了中国股市相对较低的流动性。同样也是在金融发展指标中提到的 Khan 等[124]运用面板向量自回归模型(PVAR)探讨了 184 个国家的金融指标,即股票市场成交量与 CO_2 排放量冲击之间的相互影响。二氧化碳排放量冲击对欧洲国家股票成交量的作用强度比东亚和大洋洲国家更大。相反,股票成交量的冲击在长期下对东亚和大洋洲国家的影响更大。

1.4.6 文献评述

本章总结了过往研究中支持绿色金融发展的相关理论,包括可持续发展理论、外部性和内生化理论、环境金融理论、公共物品理论、信用理论等;实践方面总结了碳交易的内涵,梳理了实践中为绿色金融提供资金支持的融资模式,分别有碳交易中的碳额现货、期货、远期、期权等工具,公共财政中的补贴、PPP 和贴息政策,以及金融市场中的绿色信贷、绿色债券、绿色基金等融资工具;并针对三种工具的内在作用机制以及相关研究进展进行总结归纳。经过梳理,发现碳金融实践中利用交易引入碳价格,内生化外部性问题的方案未得到全球支持,存在市场失灵资金配置并未按照最优进行的情况,因此多方将目光投向了公共财政领域,希望利用公共财政激励手段纠正市场失灵,但针对激励对象的研究又相对薄弱。

前人已从不同角度对绿色金融进行了研究,为探索绿色金融系统的构建与运行奠定了重要基础。从现有的国内外研究可以看到,各个国家或地区因气候问题的严重性、减排政策以及经济发展水平的不同,其相应的绿色金融研究对象、范围和程度也各异。针对中国绿色金融体系的构建与运行问题,分析与之相适应或可参考借鉴的研究成果,并提出现有研究的不足之处,是本书文献分析与综述的意义所在。从研究内容来看,主要有三个方面:一是碳金融工具价格相关研究,主要围绕价格影响因素和价格模型构建两方面展开。通过碳价格与其他宏观经济指标及能源价格的关联性分析,判断碳金融市场价格(包括现货、期货、期权等各种产品)变动的影响因素,试图得到碳价格波动的主要原因。在碳价格模型的构建方面,一般是借鉴传统金融产品的价格预测模型,通过计量经济学、数据挖掘技术等方法进行模型构建。然而,由于中国碳市场的交易数据有限,无论采用何种方法,其市场价格及规模预测的数据精度都受到影响。单纯的碳价格研究不足以促进碳市场和低碳项目的发展,因为碳市场是一个受政策导向和制度影响很大的金融市场,碳金融的主要功能不是从中套利而是为低碳经济发展融资,所以需要对碳金融从整体角度进行系统研究。二是关于绿色金融发展研究,涉及的内容比较广泛,其涵盖的绿色金融发展要素分析是研究绿色金融体系的前提。总体而言,国外针对绿色金融发展的研究比较丰富,通过计量经济学等定量研究方法得出了绿色金融发展与经济发展的关联分析,而国内的研究相对滞后,主要停留于定性分析与国外经验介绍,具有深度的研究结论较少。中国建立全国统一的碳市场,亟须形成有中国特色的绿色金融发展理论框架和技术分析手段。三是关于碳市场融资研究,更多的是分析低碳投资不足的原因,而且多数研究是以某一低碳产业或某一具体的融资方式为研究对象，鲜有从系统角度综合研究多种融资渠道对绿色金融体系运行的影响和作用分析。综合国内外文献分析，我们可以看出，对于绿色金融系统的构建缺乏系统分析，像中国这样尚处于成长期的碳市场，其融资问题仍未能形成系统性和妥善性的解决方案及可操作型措施建议。同时利用计量经济学模型，探讨国内绿色金融对低碳经济发展作用的研究较少，且缺乏实践和理论基础。因此，基于现有的研究成果，分析适应低碳经济发展的金融支持体系，构建具有应用价值的绿色金融系统框架，具有重要意义。

从研究方法来看，针对碳价格的定量研究较多，但我国由于碳市场起步较晚且未全面推行，相关研究开展有一定困难。国内关于绿色金融发展研究仍不够丰富，定性研究绿色金融体制、政策制度、运行机制和影响因素较多，尤其是针对绿色金融体系的研究多从低碳经济或绿色金融的国内外发展历程及系统要素进行归纳总结，研究范式较为雷同，没有从绿色金融的功能——"融资"的角度分析资金对绿色金融系统的支持作用，也没有采用系统科学的方法全面分析绿色金融系统的运行机理和各子系统的相互作用，并且综合利用宏观经济和碳市场数据的实证分析较少。所以，有必要在宏观经济数据和金融市场指标进行计量分析的基础上，运用系统论方法构建考虑碳排放的绿色金融体系系统仿真模型。

综合来看，目前绿色金融的研究中，针对实践中所存在问题的研究相对薄弱，缺乏从绿色金融的功能——"融资"的角度分析资金对绿色金融系统的支持作用，缺乏对绿色金融对低碳发展影响的系统性研究，多为单因素或多因素，鲜有从系统运行角度来分析。

从研究趋势来看，以下五个方面将成为研究热点：一是自愿碳市场的建设与发展研究，自愿碳市场与强制碳市场相比还有广阔的发展空间，而像美国、加拿大等重要的发达国家仍未加入《京都议定书》的强制碳市场，因而自愿碳市场就成为全球减排合作的切入点，中国所建立的全国统一的碳市场，其严格来说也属于自愿碳市场体系，所以对其开展相关的研究是必然趋势。二是绿色金融工具的创新研究,金融工具的研发一直是研究热点,近年来为了解决低碳投资不足的问题,国际社会陆续成立各种绿色基金,而衍生性金融工具的开发也是重点领域,目前中国的碳市场只有现货交易,可以预见中国衍生性碳金融产品的上市即将被提上议程。三是国际碳市场间的资金融通问题,目前发展中国家和发达国家间的减排合作仍然只依靠清洁发展技术计划(CDM),而发达国家对于发展中国家的低碳直接投资受困于投资回报率和周期问题未能形成规模,所以进行顶层设计实现国际碳市场之间的资金融通,促进发展中国家低碳项目和技术进步是国际社会需要思考的重点问题。四是对绿色金融市场构成及内在机制的理论研究。融资是绿色金融的核心功能,融资工具是绿色金融发展和有效运行的关键,没有资金就没有投资,没有投资就没有环境的改善和经济的增长,各种工具都发挥着各自至关重要的作用,并且彼此之间存在着内在联系,需要综合分析它们对绿色金融体系的作用,因此,对这方面的研究显得十分必要。五是从中观层面分析绿色金融系统的构建和运行,目前该领域的研究限于制度设计、政策建议,鲜有以系统科学定量研究作为基础的分析,但这对于从中观层面了解系统运行机制和系统性地建设绿色金融体系尤为重要。

由以上分析可知,当前关于绿色金融的研究内容、方法及趋势的分析总结是本书的重要基础,同时前人未涉及或没有深入研究的领域也为本书留下了研究空间。所以,以现有研究成果和文献分析为依据,对于进一步从实践和理论角度分析绿色金融系统融资模式,系统性地讨论其运行机制,特别是进行有价值的建模仿真研究是十分必要的。

1.5 研究思路

本书所研究的绿色金融系统模型包含金融市场、公共财政和碳市场,对绿色金融系统模型的构建是基于金融市场对碳排放的长期机制、公共财政的激励机制和碳市场的价格机制。目前绿色金融的发展面临多重问题,虽然已开展的碳交易引入了价格机制,但仍然无法彻底弥补低碳资金缺口或金融市场失灵的问题。在完全依赖自由市场机制和碳交易价格机制效果不理想的情况下,政府公共财政的激励机制成了构建绿色金融系统的新方向。国际公认碳交易和公共财政措施分别在绿色金融系统中形成了价格和激励机制,但目前学术界针对金融市场与低碳发展的作用关系却未形成一致的理论体系,从现有的实践来看,中国的公共财政低碳支出中针对金融市场的激励存在不足,在未来建立绿色金融系统过程中,要先找到对低碳发展有效的金融市场工具,才能有的放矢地进行引导。除此之外,金融市场所提供低碳资金占比也使其成了绿色金融系统中的核心。所以多种融资模式下绿色金融系统模型的构建方案中,除了已有的碳市场交易、公共财政激励,更重要的是明确可以对低碳发展产生长期作用的金融市场融资模式,来开展交易价格机制和实施财政激励手段。

本书以解决低碳发展融资问题为出发点,基于公共财政、碳市场和金融市场,分析金融市场对低碳发展的长期机制,选取与低碳发展具有显著相关的具体金融工具,构建可量化研究的绿色金融系统,通过对其运行进行分析对比,针对不同金融工具的相关参数对低碳发展的作用情况提出政策建议。

1.5.1 研究技术路线

研究的技术路线见图 1-11。

1.5.2 关键技术路径

1) 提出模型框架以及对金融市场工具选取

学术界公认碳交易的价格机制和公共财政的激励机制可以为低碳发展提供积极的促进作用,由于二者均需要通过金融市场工具,为低碳发展提供资金,同时考虑实践中金融市场提供资金的最大占比,

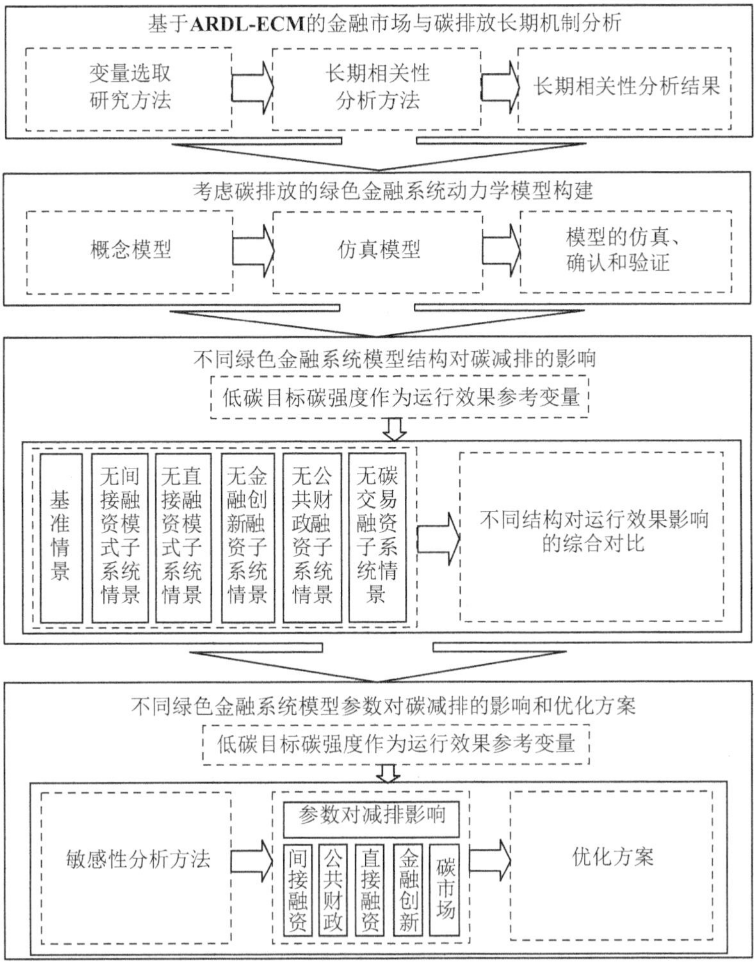

1 绪 论

图 1-11　研究技术路线

其在三大融资模式中起到核心作用。考虑到相比其他两种融资模式，学术界对金融市场的研究不够系统，因此其与低碳发展作用的分析是本书"金融市场长期机制"研究部分的重点。总体思路是基于理论和实践基础，首先确定公共财政激励政策可以激励的金融市场工具类型和其描述指标，其次通过数理分析进行指标的选取，再次针对所选取的指标研究其对低碳发展的作用机制，最后以具有长期关系的金融市场为绿色金融系统模型构建中的核心融资模式类型，为构建绿色金融系统模型奠定基础。

金融对低碳发展作用的现有研究也多使用计量经济学的方法,根据相关时间序列数据的特点,在研究方法的选用上普遍认为包含自相关的回归模型更为适合考虑研究工具的选择,因此本书选用自回归分布滞后-误差修正模型(ARDL-ECM)来验证金融市场与低碳发展的长期作用机制。同时,灰色关联度和 ARDL-ECM 的共同优势在于对运算样本量没有严苛的规定,善于有效处理小样本的数据。其中 ARDL-ECM 在线性回归方法中较为复杂,适合处理具有滞后相关的时间序列,因此可以从选取的方程来判断变量间的长期关系。

2) 构建考虑碳排放的绿色金融系统仿真模型

模型构建部分的总体思路是基于理论基础,根据"模型框架"和"金融市场长期机制"研究所得结论,从实践的中观层面设计系统模型内部运行结构和参数,同时提出动态假设,以多个融资子系统的形式构建模型,设置初始值和参数间函数关系,完成绿色金融-碳排放系统模型构建研究。绿色金融系统动力学模型构建完成后,通过对仿真结果与实际值的对比,进行模型的结果测试、行为重复测试以及真实性检验,解决模型仿真、确认和验证的研究。

3) 分析模型结构和参数对碳减排的影响及优化方案

构建模型不是终极目的,最终目标是使模型能够有效运行,在各项性能良好的基准情景下探讨系统的运行,对模型进行参数设置,分别观察金融市场融资、公共财政融资、碳市场融资子系统对整体系统模型的作用效果,完成不同子系统作用下系统运行情景分析的研究;通过调节系统中不同参数值来实现低碳发展目标;通过对比系统对参数的敏感性以及对参数的响应,完成不同参数下系统敏感性的比较研究,并根据结果提出优化方案。

1.5.3 研究方法

本书涉及经管、数理、环境科学以及计算机科学等多学科,并涉及的学科交叉,研究过程中需综合和融会不同学科理论技术和模型。

通过文献阅读,收集国内外研究成果和资料,梳理绿色金融相关理论、实践与研究进展,结合现实问题,我们认为考虑碳排放的绿色金融系统模型研究具有重要的理论和实践意义。在研究思路总结和理论框架提出中,我们采用理论与实践相结合的方式;在聚焦所解决科学问题时,我们采用实证分析与计算机仿真相结合的分析方法,其中主要的分析技术有以下三种。

1) 灰色系统关联性分析

利用灰色系统理论对金融市场和低碳发展的关联性进行分析,先选取表征金融市场的多项指标并同时确定衡量低碳发展水平的变量即碳强度,收集指标数据并对其与碳强度的关联度进行排序及指标删减,进而通过结果分析,确定可以进行后续研究的各指标中强关联度指标。之所以选择该方法进行指标选取,是因为灰色系统关联性分析对样本量的大小没有严格限制、无论样本是否规律都适用,能较好地描述不完全信息条件下的系统和各因素之间的关联程度,找出引起该系统发展的主要因素和次要因素,进而分析各因素对系统的影响程度。

2) 计量经济学建模

为了检验金融市场中强关联度指标对碳强度的长期作用,本书采用计量经济学方法,运用 R 和 Eviews9.0 软件,首先对选取变量的时间序列对数进行平稳性检验;其次使用边界测试的方法确定变量之间协整的关系;最后在协整关系确定的情况下,依据选取的自回归分布滞后—误差修正模型(ARDL-ECM)来估计相关系数,进行金融市场和低碳发展变量间长期关系和短期动态的分析。根据相关时间序列数据的特点,在研究方法的选用上普遍认为包含自相关的回归模型更为适合考虑研究工具的选择,因此本书选用 ARDL-ECM 的方法来研究金融市场与低碳发展的长期作用机制。与灰色关联度一样,ARDL-ECM 的优势在于对运算样本量没有严苛的规定,善于有效处理小样本的数据。与向量自回归误差修正(VEC)模型、Johansen 等方法相比,ARDL 模型具有对数据的样本量和整合阶次要求较为宽松等一系列优势。ARDL-ECM 在线性回归方法中较为复杂,适合处理具有滞后相关的时间序列,因此可以从选取的方程来判断变量间的长期关系。

3) 系统动力学建模

本书将与碳强度有显著长期作用机制的金融市场作为依托,结合碳交易价格机制和公共财政激励机制作为动态假设,采用现实数据,通过 Vensim 对系统动力学模型进行测试和仿真,构建包含考虑碳排放的绿色金融系统动力学模型,对系统模型结构的作用进行分析,并探讨系统运行参数变化的影响。绿色金融系统是庞大和复杂的中观系统,目前量化研究存在数据量不足等缺陷,无法用线性关系很好地表述其内部运行,系统动力学模型利用多层次的因果循环、变量间定量模型,形成具体的公式、参数和初始条件即可很好地完成中观系统的构建和运行模拟。

1.6 研究内容与结构

1.6.1 研究内容

本书以"现实问题—解决方案—科学问题"为研究范式,围绕"实践和理论—技术和方法—指导和应用"的思路展开。具体而言,首先,介绍了绿色金融实践发展、相关理论,以及研究进展,从实践角度出发,发现和梳理客观世界存在的问题或现象,对这些问题或现象进行归纳和总结,提出研究的概念框架;其次,采用多学科综合分析技术和研究方法,建立对象的数学模型,通过模拟仿真分析得出研究对象的客观规律,分类总结,与实践情况相结合,提出绿色金融运行中的政策建议与策略。由于低碳投资领域面临巨大的资金缺口,无法单纯依靠自由市场机制和碳交易价格机制来实现低碳经济的目标。因此,构建和运用包含公共财政激励、金融市场长期作用,碳市场价格机制的绿色金融系统,可以为中国低碳经济的健康发展和全面推广提供结构分析和政策建议[11],是保障绿色金融系统良性运行、真正服务中国减排事业的基础,同时也是本书的研究创新之处。本书以绿色金融系统为解决低碳资金缺口、实现低碳目标的方案,开展科学问题的研究,首先建立了绿色金融—碳排放系统模型框架,利用灰色关联度确定与低碳发展相关的金融市场核心表征指标;其次通过 ARDL-ECM 计量方法分析金融市场表征指标与低碳发展的长期作用关系,从金融市场对低碳发展作用机制出发,明确模型内部运行结构,提出动态假设,建立考虑碳排放的绿色金融系统动力学模型,保证模型各项性能良好、对真实情况适合有效;最后分析模型运行中各子系统结构的作用以及对整体运行效果的影响,比较模型对参数调整的敏感性,以期实现绿色金融有效运行与低碳经济发展目标,并对绿色金融系统实现 2030 年的低碳目标提供政策建议与应用策略。

1.6.2 章节安排

本书共 6 章,研究结构如图 1-12 所示。架构和主要内容如下:

第 1 章绪论,提出现实问题,阐述本书的研究背景和选题缘由,基于中国经济进行能源结构调整、产业升级的需求,总结低碳投资开展所面临的资金缺口等主要问题。基本理论与文献综述,通过国内外文献查阅,阐述绿色金融的相关理论基础,并阐述其在低碳经济发展中的应用情况,通过梳理,首先界定绿色金融概念并总结绿色金融的构成,其次分析绿色金融减排的作用机制,最后分析相关研究的发展脉络,从而形成本书的理论和研究基础,总结和归纳了进一步完善绿色金融系统的必要性。本章为考虑碳排放的绿色金融系统模型研究提供构建框架,提出构建绿色金融系统的解决方案,提炼出三方面的科学问题,随后论述本书的研究意义、研究思路、研究方法及主要内容结构。

第 2 章金融市场对低碳发展的长期作用机制分析,详细解决"如何

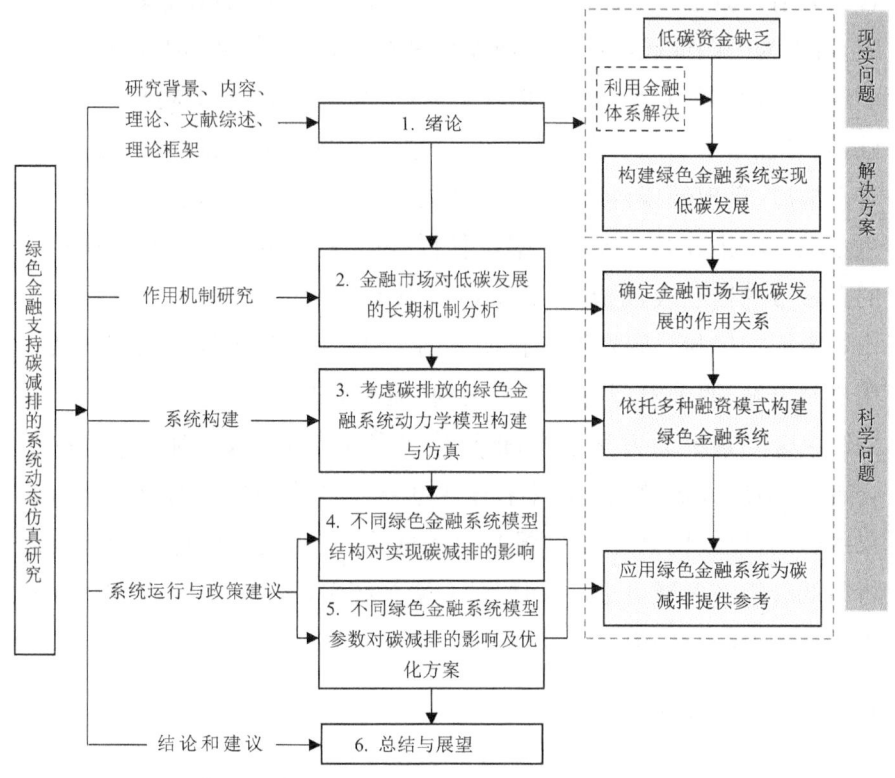

图 1-12　本书内容与结构

描述和确定金融市场与低碳发展的作用关系"的问题。通过实践和理论参考,明确以碳强度为低碳经济发展的表征指标,梳理金融市场指标,并采用灰色关联度对核心指标进行甄别。从甄别的核心表征指标中,选取金融市场相关的变量,进行统计性描述、平稳性检验、协整检验,随后采用 ARDL-ECM 方法对金融市场与碳强度的长期关系和短期动态变化进行计算和分析,并从结果中归纳出对低碳经济发展起到长短期作用的金融市场融资模式。

第 3 章考虑碳排放的绿色金融系统动力学模型构建与仿真,具体实现"如何依托多种融资模式共同协作构建绿色金融系统"。根据第 3 章的研究结果,本书对公共财政激励下各金融市场和碳市场在体系运行中的具体表现形式进行分析,确定系统内部运行结构,依照系统动力学的建模原理,对系统的构建进行初步假设,开发绿色金融系统的因果关系图,梳理关键性的运行要素,分别建立各子系统运行结构。利用具体的变量间定量关系公式、参数和初始条件,对运行后的模型进行可靠性和真实性检验。

第4章不同绿色金融系统模型结构对碳减排的影响,分析基准情景下的减排指标预测结果,以及各子系统对实现低碳目标的影响,并将结果进行综合对比,提供政策建议。

第5章不同绿色金融系统模型参数对碳减排的影响及优化方案,通过对比参数的灵敏度,以及不同参数值所对应的减排相关指标,对绿色金融系统实现2030年的低碳目标以及良好运行提供优化方案。与第5章共同回答"如何应用绿色金融系统模型运行为实现低碳目标提供参考"的问题。

第6章总结与展望,对文章的研究成果进行总结,形成具体政策建议与应用策略,阐述本书的特色、创新点、不足以及进一步研究方向。

1.7 本章小结

中国绿色金融当前面临的主要问题是资金缺口巨大,而中国目前的经济发展正面临着供给侧改革、产业结构调整、能源消费升级的诸多绿色需求。利用金融市场来解决环境问题成了全球经济体的选择,因而构建绿色金融系统服务于低碳产业是未来的发展趋势。

本章结合低碳经济发展的背景,提出了本书的研究问题,采用多学科交叉的方法和研究思路,提出对资金进行合理的引导,构建中国的绿色金融系统,通过对其有效利用来解决现实问题;着眼于碳减排的绿色金融系统研究具有理论价值和实用性,同时论述了本书的研究思路、研究方法以及主要内容结构。

2 金融市场对低碳发展的长期作用机制分析

学术界公认碳交易的价格机制和公共财政的激励机制可以为低碳发展提供积极的促进作用,由于二者均需要通过金融市场为低碳发展提供资金,同时考虑实践中金融市场提供资金的最大占比,因此金融市场在三大融资模式中起到核心作用。相比其他两种融资模式,学术界对金融市场的研究不够系统,因此金融市场与低碳发展作用的分析是本书建立模型框架部分的重点。此外,中国的绿色金融发展刚刚起步,尤其是其中碳交易和公共财政低碳支出的研究仅仅有十余年的历史,统计范围和周期也不完善,关于碳交易和公共财政的作用也不适合进行实证分析。

综上所述,本书提出研究假设:

假设 2.1 金融市场对低碳发展具有长期作用机制。

所谓"长期机制"即金融市场工具对碳排放具有长期影响以及显著的相关性。已有研究中与低碳发展相关的金融市场要素涵盖金融中介规模、金融发展(金融中介效率)、股票市场规模、股票市场效率、FDI 等,但忽视了金融创新的作用,金融创新作为现代金融业加强资本利用率、提高资金效率的重要手段,其对低碳发展的作用也是不容忽视的。

从本章开始,本书采用计量方法着重验证假设 2.1,即金融市场对低碳发展的长期作用机制,为后续模型建立和分析提供依据。采用自相关分布滞后—误差修正模型(ARDL-ECM)计量方法,对关联度计算所筛选的金融市场变量进行长期机制分析。

2.1 金融市场特征指标的选取

模型框架分析需要与低碳发展相关的金融市场核心表征指标,因此本节从前人研究和相关理论出发,展开特征指标的选取。

2.1.1 指标的确定

结合现实情况和理论分析,本书将绿色金融系统多种融资模式分为碳市场、政府公共财政以及金融市场融资三个部分。在对绿色金融中所涉及的三大领域表征指标进行描述之前,本书也有必要明确低碳经济发展的评价指标。从绿色金融系统的构建目的来看,其应具备多种功能。首要的核心功能就是解决低碳项目前期投资大、回收期长的问题,为资金供需双方建立桥梁,促进低碳投资的实现;其次就是形成多层次、多渠道的融资模式,减少企业融资成本的和转移投资人的风险,以期实现减排和促进经济增长的目的。综合绿色金融功能,我们可以看出开展绿色金融的终极目标除了纠正市场失灵、激励金融资本进入,更为重要的是以较低的成本减少较多的碳排放。所谓较低的成本是指考虑不影响或较小影响经济发展的前提下,促进经济和环境的双改善。因此在选取低碳发展和绿色金融效果指标时,本书更多参考采用碳强度(CI)作为测度,即每单位 GDP 产生的二氧化碳排放量:

$$CI = \frac{CarbonEmission}{GDP} \tag{2-1}$$

由 1.4.2 可知,关于三大融资模式,与低碳发展相关的金融市场分为以银行信贷为代表的间接融资、以债券/股票为代表的直接融资、以 FDI 为代表的国外资金融资和以私募/风投为代表的金融创新。1.4.5 中,学者们对间接融资模式表征指标的选取有金融中介规模、金融中介效率,直接融资模式表征指标为股市规模、股市流动性,国外资金表征指标为 FDI。结合目前中国绿色金融的发展现状,本书在间接融资模式指标中加入绿色信贷量,并使用金融创新度和减排基金投资额表征金融创新。下面对所有指标做详细阐述与说明。

1) 金融中介规模

King 和 Levine[137]提出了相关指标来表征金融中介规模:中央银行国内资产/GDP,商业银行国内资产/GDP。通常金融中介规模可以参考信贷的投放量,因此本书中所用金融中介规模以国内信贷总量/GDP 来表示。

2) 金融发展(金融中介效率)

亚洲开发银行采用私人部门的信贷量/名义 GDP 的指标来表示金融中介的资产配置。King 和 Levine[137]采用分配给非金融私人部门的信贷/国内信贷总量衡量金融发展(FD),同亚洲开发银行的指标相似,均表现了社会资产中用于私有部门的比例。私人部门的信贷量/名义 GDP 指标值的上升表明金融体系的资金配置效率提高。根据世界银行的定义:

$$FD = \frac{Domestic\ credit\ to\ private\ sector}{GDP} \quad (2\text{-}2)$$

3) 绿色信贷量

绿色信贷在绿色金融中开展较早,从图 1-2 中也可以看到其资金量在低碳发展中的占比也是金融资金中较高的。按照如此比例,可以想象绿色信贷在将来较长的一段时间内都将是为低碳项目提供融资的首要工具。

4) 股市规模

股票市场的发展对企业特别有吸引力,因为企业可以通过它进行股权融资来获取额外的资金来源,便于在债权融资之外发展它们的业务。Jiang 和 Ma[123]定义中国股票市场募集资金/GDP 的指标作为评价股市规模的标准。

5) 股市流动性

股市通常被视为一个领先的经济指标,增加股市的活跃度可以为消费者和企业分散风险,这是一个经济体创造财富的重要组成部分。股市活跃度的增加也被视为经济增长和繁荣的一个标志,这反过来又增强了消费者和企业的信心[138]。所以股市成交量占比 GDP 通常用来表征股市(直接)融资的效率。

6) 减排基金投资额

中国的 CDM 项目建设的主要出资方为清洁能源基金,该基金直接投资于国际的 CDM 项目开发,目的就是扶持中国的清洁能源发展以及二氧化碳的减排,因此 CDM 项目的投资也可以视为金融市场对低碳发展的一种创新工具,作为金融创新的表征指标之一,称为减排基金投资额。

7) 金融创新度

从金融资产角度分析,根据其特点可分为投资性金融资产与交易性金融资产两部分。二者基本构成了货币总量,因此二者之间存在此消彼长的关系,即一者的增加必定对应另一者的下降。其中交易性金融资产币是指用来进行直接支付的资产种类,属于货币层次中的狭义货币 M1;其余层次的货币形式均视为可投资性金融资产。二者相比,前者的流动性大,但后者能通过投资获得收益的同时,加强金融体系的活力。因此,金融资产总量中交易性资产占比越小,说明系统的金融创新度越强。金融创新度计算公式如下:

$$FID = \frac{Credit}{M1} \quad (2-3)$$

式中:FID 表示金融创新度,$M1$ 表示交易性金融资产量,$Credit$ 表示金融资产总量(金融机构人民币信贷资金运用)。FID 的大小反映了金融创新程度的高低,金融总资产占比交易性资产越大,金融创新程度越高。

8) 外国直接投资(FDI)

通过 1.4.5 可知,前人关于 FDI 对碳排放的研究较为成熟。外国直接投资作为指标之一,是由于其进入会直接或间接地参与到当地的金融活动,流入资本市场中。因此本书的国外资金主要选择外国直接投资净值/GDP 来表示。

本节初步确定代表间接融资模式指标 3 个,即绿色信贷量、金融中介规模、金融中介效率;直接融资子系统指标 2 个,即股市规模、股市流动性;外国直接投资指标 1 个,即 FDI;表征整体金融市场创新的指标 2 个,即减排基金投资额和金融创新度。具体的变量及对应类别列于表 2-1。

表 2-1　　　　　　金融市场融资模式分类及指标选取

分类	指标
间接融资模式	X_1——金融中介规模
	X_2——金融中介效率
	X_3——绿色信贷量
直接融资模式	X_4——股市规模
	X_5——股市流动性
金融创新融资模式	X_6——减排基金投资额
	X_7——金融创新度
国外资金融资模式	X_8——FDI

2.1.2　数据统计描述

为了更直观地理解金融市场融资模式以及更好地开展定量研究,本书将所确定的金融市场变量和低碳发展表征变量列于表 2-2,并对指标进行解释,对数据来源进行描述。限于部分业务在中国开展得比较晚,指标的统计时间也相对较短,因此本章定量研究选取的时限为 2005—2014 年,收集了 2005—2014 年低碳发展效果和融资模式共 9 个指标的时间序列数据。

2 金融市场对低碳发展的长期作用机制分析

表 2-2 确定变量描述与和数据来源

分类		变量	解释	来源
低碳发展	Y	碳强度/万吨/亿元	年碳排放量÷GDP	World Bank Database
间接融资	X_1	金融中介规模	金融中介年信贷量÷GDP	国家统计局
	X_2	金融中介效率	金融中介年投入私有部门信贷÷GDP	World Bank Database
	X_3	绿色信贷量/亿元	中国银行业节能减排年信贷总量	中国银行业社会责任报告
直接融资	X_4	股市规模	股市年筹资额÷GDP	国家统计局
	X_5	股市流动性	股市年成交量÷GDP	国家统计局
金融创新	X_6	减排基金投资额/百万美元	中国用于CDM项目的年投资	United Nations Framework Convention on Climate Chang 网站 "Benefits of the clean development mechanism" 报告
	X_7	金融创新度	年金融资产÷可交易资产	国家统计局
国外资金	X_8	FDI	年外国直接投资净÷GDP	World Bank Database

2.1.3 GM(1,1)的数据预测

时间序列中,唯独缺失 2012—2014 年的"减排基金投资额"数据。因而首先采用 GM(1,1)均值模型生成 2012—2014 年"减排基金投资额"的预测数据。

灰色预测在能源、生态、环境、经济、金融等诸多领域得到广泛应用,解决了大量实际预测和数据缺失问题[139]。GM(1,1)模型是灰色预测中重要模型之一[140, 141],对样本量没有严格要求,其应用价值已得到广泛肯定,并有持续深入的研究[142]。

均值 GM(1,1)模型如下所示[139-142]:

设序列 $X^{(0)} = (x^{(0)}(1), x^{(0)}(2), \cdots, x^{(0)}(n))$，其中 $x^{(0)}(k) \geqslant 0$, $k=1, 2, \cdots, n$; $X^{(1)}$ 为 $X^{(0)}$ 的 1-AGO 序列：

$$X^{(1)} = (x^{(1)}(1), x^{(1)}(2), \cdots, x^{(1)}(n))$$

其中 $x^{(1)}(k) = \sum_{i=1}^{k} x^{(0)}(i)$, $k=1, 2, \cdots, n$;

而 $Z^{(1)} = (z^{(1)}(2), z^{(1)}(3), \cdots, x^{(1)}(n))$

其中 $z^{(1)}(k) = \frac{1}{2}(x^{(1)}(k) + x^{(1)}(k-1))$, $k=2, 3, \cdots, n$,

则称 $x^{(0)}(k) + ax^{(1)}(k) = b$

为 GM(1,1)模型的均值形式。式中的参数向量 $\hat{a} = [a, b]^T$ 可以运用最小二乘法估计：

$$\hat{a} = (B^T B)^{-1} B^T Y$$

其中 Y, B 分别为：

$$Y = \begin{bmatrix} x^{(0)}(2) \\ x^{(0)}(3) \\ \vdots \\ x^{(0)}(n) \end{bmatrix}, \quad B = \begin{bmatrix} -z^{(0)}(2) & 1 \\ -z^{(0)}(3) & 1 \\ \vdots & \vdots \\ -z^{(0)}(n) & 1 \end{bmatrix}$$

则均值 GM(1,1)模型的时间相应式为：

$$\hat{x}^{(1)}(k) = \left(x^{(0)}(1) - \frac{b}{a}\right) e^{-a(k-1)} + \frac{b}{a}, \quad k=1, 2, \cdots, n$$

(2-4)

上式的累减还原式为

$$\hat{x}^{(0)}(k) = \alpha^{(1)} \hat{x}^{(1)}(k) = \hat{x}^{(1)}(k) - \hat{x}^{(1)}(k-1), \quad k=1, 2, \cdots, n$$

(2-5)

可得对应 $X^{(0)}$ 的时间相应式：

$$\hat{x}^{(0)}(k) = (1 - e^a)\left(x^{(0)}(1) - \frac{b}{a}\right) e^{-a(k-1)}, \quad k=1, 2, \cdots, n$$

(2-6)

已知表 2-2 中的 2005—2011 年"减排基金投资额",建立 GM(1, 1),得到:

$$\hat{a} = (B^T B)^{-1} B^T Y = \begin{bmatrix} a \\ b \end{bmatrix} = \begin{bmatrix} 0.029\ 113 \\ 19\ 893.416\ 661 \end{bmatrix}$$

求得时间响应式:

$$\hat{x}^{(1)}(k) = -669\ 447.303\ 64 e^{-0.029\ 113(k-1)} + 683\ 317.303\ 64$$

作累减还原,得:

$$\hat{X}^{(0)} = \{\hat{x}^{(0)}(k)\}_2^7$$
$$= (19\ 208.642\ 7, 18\ 657.476\ 0, 18\ 122.124\ 2,$$
$$17\ 602.133\ 7, 17\ 097.063\ 6, 16\ 606.485\ 9)$$

检验 GM(1,1)模型生成的 2005—2011 年减排基金投资额精度,列出误差检验表 2-3。

平均相对误差 $\Delta = \frac{1}{6} \sum_{k=2}^{13} \Delta_k = 16.24\%$,表明模拟数据的精度尚可。进而可得 $(\hat{x}^{(0)}(8), \hat{x}^{(0)}(9), \hat{x}^{(0)}(10)) = (16\ 129.984\ 6, 15\ 667.155\ 9, 15\ 217.607\ 5)$,所以预测 2012—2014 年的"减排基金投资额"依次为 16 130、15 667、15 218。

表 2-3　　　　　　　　GM(1,1)模型模拟误差表

序号 (k)	实际数据 $x^{(0)}(k)$	模拟数据 $\hat{x}^{(0)}(k)$	残差 $\varepsilon(k) = x^{(0)}(k) - \hat{x}^{(0)}(k)$	相对误差 $\Delta_k = \frac{|\varepsilon(k)|}{x^{(0)}(k)}$
2	16 033	19 208.642 7	−3 175.642 7	19.81%
3	19 100	18 657.476 0	442.524 0	2.32%
4	19 869	18 122.124 2	1 746.875 8	8.79%
5	21 432	17 602.133 7	3 829.866 3	17.87%
6	19 608	17 097.063 6	2 510.936 4	12.81%
7	11 222	16 606.485 9	−5 384.485 9	47.98%

2.1.4 灰色关联度的计算与分析

1) 方法的选择

灰色系统理论以不确定性系统为研究对象,擅长处理信息未确知、数据样本量小的问题,通过对部分已知信息的提取和利用,实现对系统运行行为和演进规律的有效刻画及监测[143]。除了灰色关联度,灰色预测也是该理论中的重要应用。灰色预测把系统视为一个时间序列函数,利用最小二乘法的指数拟合曲线,无需大量数据即可取得较满意的精度和预测效果[144]。灰色关联的基本原理是将系统因素的离散行为观测值通过线性插值法转化为分段连续的折线,以折线的几何特征构造测度关联程度[145]。Yin 统计了 ISI 数据库内 1996—2011 年 300 余个期刊中关于灰色预测和灰色关联的文献,结果表明灰色系统理论的应用研究趋热[146]。

灰色关联以时间序列曲线的相似或接近性评判关联程度的大小,在经济社会的理论和实践中得到普遍应用[147]。王英[148]利用灰色关联研究了 FDI 与区域发展差距之间的关系。齐志强等[149]运用灰色关联度方法,研究中国加入 WTO 前后制造业部门结构的演变情况。崔立志和刘思峰[150]利用 2005—2012 年中部六省面板的数据,构建并分析了碳排放量与人口规模、人均 GDP、能源强度与城市化水平的灰色矩阵相似关联模型。本章采用广义灰色关联分析模型[145],从整体或全局视角考察碳强度和融资模式序列的折线相似程度。

相较于传统的方差分析和回归分析等数理统计方法,灰色关联分析法实用性比较强,对样本量的大小和样本是否规律都适用,能较好地描述不完全信息条件下的系统和各因素之间的关联程度,找出引起该系统发展的主要因素和次要因素,进而分析各因素对系统的影响程度。灰色关联分析主要通过序列曲线几何图形形状的相似度来判断序列间的联系密切程度,如果几何形的曲线越相似,其相应序列因素之间的关联程度则越大,序列因素之间的影响也越大。反之,则意味着相应序列因素之间的关联程度越小,序列之间的影响也越小[151]。

从图 2-1 碳强度和金融市场特征趋势图中可以看出变量之间的相关联程度并不容易判断,因此对数据进行灰色关联的相关性检验很有必要。

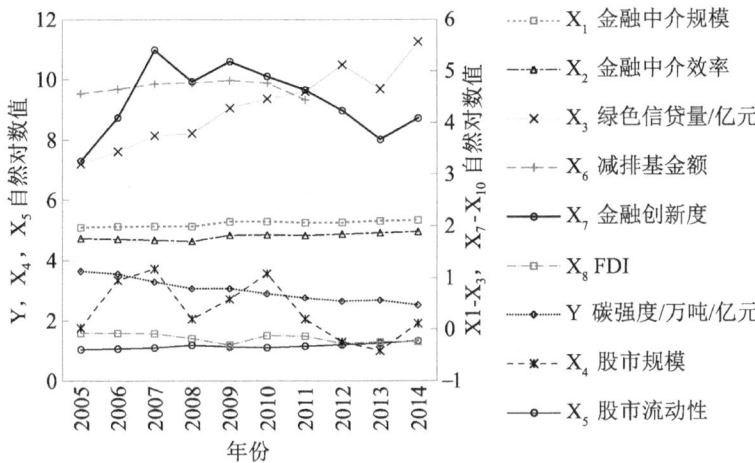

图 2-1 碳强度和金融市场特征指标趋势图

2) 数据标准化

采用均值化算子将指标时间序列以及 GM(1,1) 模型预测的系统行为数据列化为无量纲且数量级相同的序列。方法如下:设 $W_i = (w_i(1), w_i(2), \cdots, w_i(n))$ 为表 2-2 中某一指标的行为序列 ($n = 10$),D 是序列算子,且

$$W_i D = (w_i(1)d, w_i(2)d, \cdots, w_i(10)d) \quad (2-7)$$

其中 $w_i(k)d = \dfrac{w_i(k)}{\overline{W_i}}$,$\overline{W_i} = \dfrac{1}{n}\sum_{k=1}^{n} w_i(k)$,$k = 1, 2, \cdots, n$。

将指标数据代入式(2-7),可求得统一量纲(标准化)后的碳强度。设碳强度序列为 Y:

$$Y = (1.4155 \quad 1.3386 \quad 1.1509 \quad 1.0083 \quad 1.0091 \quad 0.9155$$
$$0.8441 \quad 0.7873 \quad 0.8032 \quad 0.7275)$$

同理，将指标数据代入上式得到统一量纲后的指标数据。并设表中指标的序列从上到下依次为 X_1, X_2, $\cdots X_8$，例如：

$$X_1 = (0.880\,7 \quad 0.904\,6 \quad 0.910\,1 \quad 0.909\,1 \quad 1.063\,6 \quad 1.065\,3$$
$$1.024\,9 \quad 1.034\,3 \quad 1.084\,0 \quad 1.123\,4)$$
$$X_2 = (0.926\,4 \quad 0.905\,1 \quad 0.876\,3 \quad 0.845\,0 \quad 1.030\,8 \quad 1.048\,9$$
$$1.020\,1 \quad 1.068\,6 \quad 1.113\,0 \quad 1.165\,6)$$

设 Y 为系统特征行为序列，显然系统特征数 $k=1$；X_1, X_2, $\cdots$, X_8 为相关因素行为序列，相关因素个数 $m=8$。且 Y_i 和 X_j 的长度相同，均为 $n=10$。

灰色关联分析有多种关联序构建方式，如绝对关联序是从绝对量的关系着眼考虑；从时刻观测数据相对于始点的变化速率来考虑则是相对关联；综合关联序是综合考虑二者而进行的分析[152]。本书采用综合关联序对碳强度和金融市场指标进行关联分析，其计算顺序是首先求绝对关联矩阵，再求相对关联矩阵，最后得到综合关联矩阵。

3）求绝对关联矩阵

对各个行为序列求始点零化像，由

$Y_i^0 = Y_i - y_i(1) = (y_i^0(1), y_i^0(2), \cdots, y_i^0(10))$，$i=1$ 得到系统特征行为序列的始点零化像：

$$Y^0 = (0.000\,0 \quad -0.076\,9 \quad -0.264\,5 \quad -0.407\,1 \quad -0.406\,4$$
$$-0.500\,0 \quad -0.571\,3 \quad -0.628\,2 \quad -0.612\,3 \quad -0.687\,9)$$

同理，可求得相关因素行为序列的始点零化像，例如：

$$X_1^0 = (0.000\,0 \quad 0.023\,9 \quad 0.029\,4 \quad 0.028\,4 \quad 0.182\,9 \quad 0.184\,6$$
$$0.144\,1 \quad 0.153\,6 \quad 0.203\,3 \quad 0.242\,7)$$
$$X_2^0 = (0.000\,0 \quad -0.021\,4 \quad -0.050\,1 \quad -0.081\,4 \quad 0.104\,4$$
$$0.122\,5 \quad 0.093\,7 \quad 0.142\,2 \quad 0.186\,6 \quad 0.239\,2)$$

对应于系统特征 Y_1

$$|Y_{s1}| = \left| \sum_{k=2}^{9} y_1^0(k) + \frac{1}{2} y_1^0(10) \right| = 3.8107$$

$$|X_{s1}| = \left| \sum_{k=2}^{9} x_1^0(k) + \frac{1}{2} x_1^0(10) \right| = 1.0716$$

$$|X_{s1} - Y_{s1}| = \left| \sum_{k=2}^{9} (x_1^0(k) - y_1^0(k)) + \frac{1}{2}(x_1^0(10) - y_1^0(10)) \right| = 4.8823$$

$$\varepsilon_{11} = \frac{1 + |Y_{s1}| + |X_{s1}|}{1 + |Y_{s1}| + |X_{s1}| + |X_{s1} - Y_{s1}|} = 0.5464$$

$$|X_{s2}| = \left| \sum_{k=2}^{9} x_2^0(k) + \frac{1}{2} x_2^0(10) \right| = 0.6162$$

$$|X_{s2} - Y_{s1}| = \left| \sum_{k=2}^{9} (x_2^0(k) - y_1^0(k)) + \frac{1}{2}(x_2^0(10) - y_1^0(10)) \right| = 4.4268$$

$$\varepsilon_{12} = \frac{1 + |Y_{s1}| + |X_{s2}|}{1 + |Y_{s1}| + |X_{s2}| + |X_{s2} - Y_{s1}|} = 0.5507$$

类似可得灰色绝对关联度 ε_{13},ε_{14},ε_{15},ε_{16},ε_{17},ε_{18}。

于是得到绝对关联矩阵:

$$A = (\varepsilon_{ij}) = [\varepsilon_{11} \quad \varepsilon_{12} \quad \varepsilon_{13} \quad \varepsilon_{14} \quad \varepsilon_{15} \quad \varepsilon_{16} \quad \varepsilon_{17} \quad \varepsilon_{18}]$$
$$= [0.5464 \quad 0.5507 \quad 0.5219 \quad 0.5214 \quad 0.5216$$
$$0.5415 \quad 0.5472 \quad 0.7418]$$

4) 求相对关联矩阵

将金融市场指标数据列化为无量纲且数量级相同的序列。方法如下:设 $W_i = (w_i(1), w_i(2), \cdots, w_i(n))$ 为数据中某一指标的行为序列 ($n = 10$),D 为序列算子,且 $W_i D = (w_i(1)d, w_i(2)d, \cdots, w_i(10)d)$。

其中 $w_i(k)d = \dfrac{w_i(k)}{w_i(1)}$,$\overline{W_i} = \dfrac{1}{n}\sum_{k=1}^{n} w_i(k)$,$k = 1, 2, \cdots, n$,得到系统特征行为序列的初值像为:

$$Y' = (1.0000 \quad 0.9457 \quad 0.8131 \quad 0.7124 \quad 0.7129 \quad 0.6468$$
$$0.5964 \quad 0.5562 \quad 0.5674 \quad 0.5140)$$

同理，可求得相关因素行为序列 X_j 的初值像，例如：

$X'_1 = (1.0000\quad 1.0272\quad 1.0334\quad 1.0322\quad 1.2076\quad 1.2096$
$\qquad 1.1637\quad 1.1744\quad 1.2309\quad 1.2755)$

$X'_2 = (1.0000\quad 0.9769\quad 0.9459\quad 0.9122\quad 1.1127\quad 1.1322$
$\qquad 1.1012\quad 1.1535\quad 1.2014\quad 1.2582)$

则可求出 Y'_i 和 X'_j 的始点零化像，例如：

$Y'^0 = (0.0000\quad -0.0543\quad -0.1869\quad -0.2876\quad -0.2871$
$\qquad -0.3532\quad -0.4036\quad -0.4438\quad -0.4326\quad -0.4860)$

$X'^0_1 = (0.0000\quad 0.0272\quad 0.0334\quad 0.0322\quad 0.2076\quad 0.2096$
$\qquad 0.1637\quad 0.1744\quad 0.2309\quad 0.2755)$

$X'^0_2 = (0.0000\quad -0.0231\quad -0.0541\quad -0.0878\quad 0.1127$
$\qquad 0.1322\quad 0.1012\quad 0.1535\quad 0.2014\quad 0.2582)$

由

$|Y'_{si}| = \left|\sum_{k=2}^{9} y'^0_i(k) + \frac{1}{2}y'^0_i(10)\right|,\quad i=1$

$|X'_{sj}| = \left|\sum_{k=2}^{9} x'^0_j(k) + \frac{1}{2}x'^0_j(10)\right|,\quad j=1,2,\cdots,8$

$|X'_{sj} - Y'_{si}| = \left|\sum_{k=2}^{9}(x'^0_j(k) - y'^0_i(k)) + \frac{1}{2}(x'^0_j(10) - y'^0_i(10))\right|,$

$i=1;\ j=1,2,\cdots,8$

$\gamma_{ij} = \dfrac{1+|Y'_{si}|+|X'_{sj}|}{1+|Y'_{si}|+|X'_{sj}|+|X'_{sj}-Y'_{si}|},\quad i=1;\ j=1,2,\cdots,8$

得到相对关联矩阵：

$B = (\gamma_{ij}) = [\gamma_{11}\quad \gamma_{12}\quad \gamma_{13}\quad \gamma_{14}\quad \gamma_{15}\quad \gamma_{16}\quad \gamma_{17}\quad \gamma_{18}]$
$\quad = [0.5567\quad 0.5648\quad 0.5026\quad 0.5075\quad 0.5079$
$\qquad 0.5475\quad 0.5582\quad 0.7900]$

5）求综合关联矩阵

依据综合关联矩阵计算式：

$C = \theta A + (1-\theta)B = (\theta\varepsilon_{ij} + (1-\theta)\gamma_{ij}) = (\rho_{ij})$

其中取 $\theta=0.5$,则

$$C=(\rho_{ij})=[\rho_{11} \quad \rho_{12} \quad \rho_{13} \quad \rho_{14} \quad \rho_{15} \quad \rho_{16} \quad \rho_{17} \quad \rho_{18}]$$
$$=[0.5516 \quad 0.5578 \quad 0.5123 \quad 0.5144 \quad 0.5148$$
$$0.5445 \quad 0.5527 \quad 0.7659]$$

所以 $X_8 \geq X_2 \geq X_7 \geq X_1 \geq X_6 \geq X_5 \geq X_4 \geq X_3$,故 X_8 为最优特征,X_2 次之,而 X_3 最劣,X_4 次劣。由上可知,所分析的金融市场指标中,与碳强度综合关联程度的强弱顺序依次为:X_8 FDI $\geq X_2$ 金融中介效率 $\geq X_7$ 金融创新度 $\geq X_1$ 金融中介规模 $\geq X_6$ 减排基金投资 $\geq X_5$ 股市流动性 $\geq X_4$ 股市规模 $\geq X_3$ 绿色信贷量。

根据上文对金融市场指标的分类,以及灰色关联度的结果,可以进行如下指标选取,如表 2-4 所示。

表 2-4 金融市场强相关变量的确定

分类	指标	选择
间接融资模式	X_1 金融中介规模	
	X_2 金融中介效率	√
	X_3 绿色信贷量	
直接融资模式	X_4 股市规模	
	X_5 股市流动性	√
金融创新融资模式	X_6 减排基金投资额	
	X_7 金融创新度	√
国外资金融资模式	X_8 FDI	√

根据表 2-4 所示和综合关联度计算结果,描述指标的关联度各有不同。表示外国投资的 FDI、表示间接融资的金融中介效率、表示金融市场创新的金融创新度、表示直接融资的股市规模,属于各自所表征融资模式中的强关联指标。

2.2 金融市场长期相关性分析变量和方法的选取

2.2.1 数据基本统计特征

根据上章的结果,计量分析采用金融中介效率(Financial Development,

FD)、股市流动性(Stock Turnover，ST)、外国直接投资(Foreign Direct Investment，FDI)与金融创新度(Financial Innovation Degree，FID)来验证金融市场与碳强度的长期作用情况。

数据资料取自世界银行、国家统计局资料库以及同花顺数据库的年度资料,加之样本大小受到中国官方开始对其统计的年份限制,本章数据资料起讫时间为1991—2014年,同时为克服单位以及数据区间的影响,本章将数据进行对数处理。为方便介绍本章的研究方法,将变量数据绘于图2-2。我们从图2-2中无法判别时间序列对数值的平稳性,因此检测其平稳性十分必要。

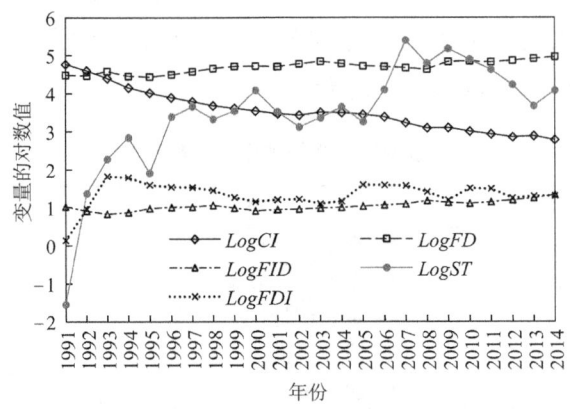

图2-2 碳强度与金融市场相关性测度变量变化趋势

时间序列平稳一般指宽平稳,若序列$\{y_t\}$满足式(2-8),认为其是平稳的：

$$\begin{aligned} &E(y_t)=\mu, \forall t \\ &\text{Var}(y_t)=\sigma^2, \forall t \\ &\text{Cov}(y_t,y_s)=\text{Cov}(y_{t+k},y_{s+k}), \forall t,s,k \end{aligned} \quad (2-8)$$

式(2-8)中的协方差等式的一个推论是 $\forall t,s,k$, $\text{Cov}(y_t,y_s)=\text{Cov}(y_{t+k},y_{s+k})$,记为$\rho_k$,称为滞后为$k$的自相关系数(ACF),其中$k=t-s$。

平稳性是指对时间序列取二阶矩,且二阶矩与时间无关,这样的时间序列在分析的过程中不受时间的影响。通常而言,平稳的时间序列均值和方差均为常数,可知从图像中判断时间序列平稳的最基本条件是观察图形是否具有周期性和趋势性波动,且波动是否围绕某一常数有界展开。于是通过分析可得到五个处理过的时间序列的 ACF 衰减图(图 2-3)。

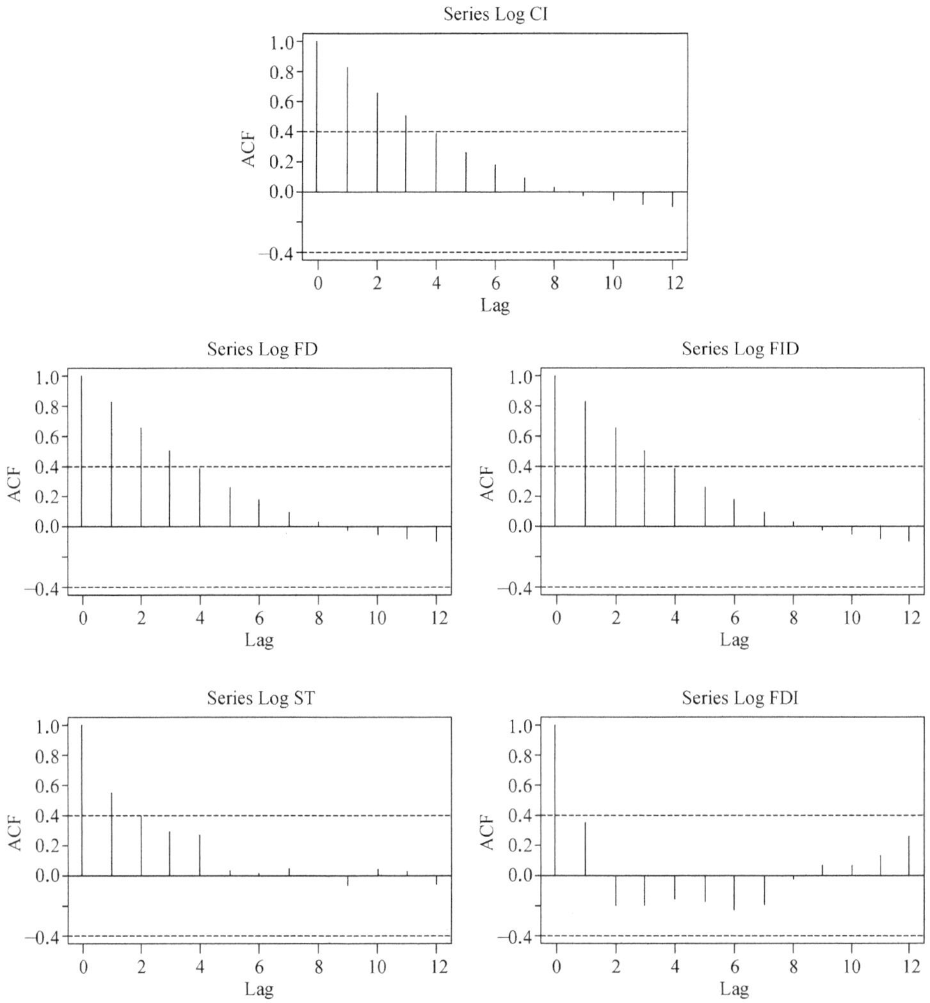

图 2-3　变量自相关系数(ACF)衰减图

ACF 是时间序列自相关程度的表征,由于平稳时间序列不具有或仅短期自相关,因此通过观察 ACF 的衰减速度也可以判断时间序列的平稳性。可以看出 $LogCI$ 序列一定是非平稳的,它缓慢地通过八期滞后才衰减到 0;$LogFD$ 序列和 $LogFID$ 序列也具有相似的衰减图形,因此也是非平稳的;$LogFDI$ 序列则很快地衰减到了 0,另外的 $LogST$ 序列衰减速度也较快,因此需要在下一小节用进一步的数据检验来确定 $LogST$ 和 $LogFDI$ 两个时间序列的平稳性。

表 2-5 为所研究变量的数据统计特征,从 JB 统计量可知 $LogCI$、$LogST$、$LogFDI$ 为正态分布,各变量时间序列数据区间相近。自相关的检验部分,除 $LogST$、$LogFDI$ 外,其他时间序列都与绝大多数经济数据相似,具有自相关的特征,但从图 2-2 可以看出,序列具有明显的断点,所以会对其平稳性的判断产生影响。本章中所用的变量 $LogCI$、$LogFID$ 和 $LogFD$ 都具有自相关特征,因此无法使用普通线性回归对数据进行分析,而是采用含有自相关项的方程模型分析其数据关系。

表 2-5　　　　　　　　变量数据统计特征

变量	Mean	S.D.	S.K	EK	Max	Min	JB
$LogCI$	3.545	0.545	1.648	4.997	4.769	2.781	14.852***
$LogFD$	4.693	0.152	0.016	2.036	4.954	4.437	0.929
$LogFID$	1.043	0.120	−0.211	3.617	1.336	0.831	0.560
$LogST$	3.449	1.436	1.566	4.751	5.399	−1.537	12.874***
$LogFDI$	1.339	0.337	−1.787	7.910	1.827	0.135	38.884***

注:a) * 表示在 10% 的信赖水准下显著,** 表示在 5% 的信赖水准下显著,*** 表示在 1% 的信赖水准下显著。
b) Mean 和 SD 表示每个变量对数之平均数与标准差,最大值是最大观察值,最小值是最小观察值。
c) S.K 是衡量这个序列其平均数分配的尾部状态,其值为 0 时为正态分布,其值为正表示此分布有一个长的右尾,为负则表示该分布有一个长的左尾。
d) EK 是衡量该序列其平均数分布的峰部状态,其值为 0 时为正态峰,其值大于 0 则这个分布为高狭峰,小于 0 则为低阔峰。
e) JB 表示 Jarque-Bera 统计量,用于检验时间序列是否为正态分布。

2.2.2　研究方法的选择

鉴于所研究变量的自相关,在检验各变量之间的相关性时,无法采用比较传统的单一方程式的检验方式[153]。对于此类数据,当前的文献则大致倾向于在向量自回归(VAR)模型的架构下来探讨相关性。但 VAR 模型要求所有变量必须是平稳的,若变量非平稳,则在各变量的整合阶次相同且存在协整关系情况下,根据格兰杰因果检验法[154],VAR 模型可以进一步表示成一个向量误差修正模型(VECM)。在 VECM 模型的构建下,除了一般的 Granger 因果关系检验,我们可以更有弹性地去讨论长期和短期的 Granger 因果关系检验[155]。然而由于各金融市场变量与碳强度测度并非全然都是平稳的变量,其整合阶次可能也不尽相同,这使得利用 VAR 与 VECM 模型来进行多变量 Granger 因果关系检验的适用性产生一些问题。

考虑到变量的非平稳性质,以及为了避免变量间存在整合阶次不一致无法进行协整分析的窘境,本书采用 Pesaran 等[156, 157]所提出的自回归分布滞后模型(ARDL)模型来探讨变量间的长短期动态关系。主要的原因在于 ARDL 模型并不受变量平稳与齐一整合阶次的限制,该模型仅要求变量的整合阶次介于 $I(0)$ 到 $I(1)$ 之间即可。除此之外,ARDL 模型十分符合小样本书的要求。理论上来说,ECM 可以由 ARDL 模型通过简单的线性转化得来,使得在不丢失长期信息的情况下来研究短期的调整关系。因此,ARDL-ECM 是一个比 VECM 更一般化的模型。通过 ARDL-ECM,我们可以了解碳强度与金融市场指标之间的长短期动态关系,而不必担心变量整合阶次不同的情况以及小样本的问题。另外,借由系数的观察与检验,也可得知金融市场变量对碳强度的影响及显著程度。

2.3 金融市场长期相关性分析方法

2.3.1 平稳性检验方法

本书中长期关系运用的测度方法为 ARDL,ARDL 的优势使其最近几年在经济时间序列的长期关系分析上成了非常有价值的工具。

本节分三部分来介绍 ARDL 模型:首先是对其使用前提——数据平稳性的检验进行阐述,其次简要介绍 ARDL 的定义,而其特别之处在于即使变量是同时包含了平稳和非平稳时间序列,依然可以作为协整、长期及短期动态相关检验方法,最后将解释其原理。

1) 平稳性检验的传统方法

(1) ADF 单根检验。

若 ε 是围绕在零附近的一个随机变量矩阵,方差为固定,且具有本期的变量与前期变量无关的特性,也就是 $\mathrm{Cov}[e_p, e_s]=0, (p \neq s)$,这样的数列,一般将它称为白噪声(white noise)。

任一时间序列模型均可由一组独立同分布(iid)的白噪声 $e_t, t = 1, 2, \cdots, \infty$ 以线性组合而成:

$$y_t = \mu + \beta_0 e_t + \beta_1 e_{t-1} + \beta_2 e_{t-2} + \cdots + e_t \stackrel{iid}{\sim} N(0, \sigma^2) \quad (2-9)$$

则矩阵 Y 的方差 $\mathrm{Var}(Y) = \mathrm{Cov}(y_t, y_t)$,其中:

$$\begin{aligned} &E[(\mu + \beta_0 e_t + \beta_1 e_{t-1} + \beta_2 e_{t-2} + \cdots), \\ &\quad (\mu + \beta_0 e_t + \beta_1 e_{t-1} + \beta_2 e_{t-2} + \cdots)] \\ &= \beta_0^2 \sigma^2 + \beta_1^2 \sigma^2 + \beta_2^2 \sigma^2 + \cdots \\ &= \sigma^2 [\beta_0^2 + \beta_1^2 + \beta_2^2 + \cdots] \end{aligned} \quad (2-10)$$

若当 $\beta_0^2 + \beta_1^2 + \beta_2^2 + \cdots = \sum_{i=0}^{\infty} \beta_i^2 < \infty$ 时,则即为一平稳的时间序列;若 $\sum_{i=0}^{\infty} \beta_i^2 \to \infty$,则 $\mathrm{Var}(Y) \to \infty$,即 y_t 为一非平稳序列。

所谓单根检验,即 Dickey 和 Fuller[158]以 $AR(1)$ 模型为基础,提出 DF 单根检验(Dickey-Fuller Test)来判断时间序列是否为平稳。

$$\begin{aligned} y_t &= \alpha_0 + \beta_0 y_{t-1} + \varepsilon_t \\ \Rightarrow y_t - y_{t-1} &= \alpha_0 + \beta_0 y_{t-1} - y_{t-1} + \varepsilon_t \\ \Rightarrow \Delta y_t &= \alpha_0 + (\beta_0 - 1) y_{t-1} + \varepsilon_t \\ \Delta y_t &= \alpha_0 + \gamma y_{t-1} + \varepsilon_t \end{aligned} \quad (2-11)$$

若 $\beta_0 = 1, \gamma = 0$ 代表时间序列具有单根,亦即为非平稳数列,因此只需估计式(2—11)中,并检验 $\gamma=0$ 即可,原假设为 $H_0:\gamma=0$(有单根,即数列不稳定)。

Said 和 Dickey[159]将残差项可能具有序列相关的情形加以考虑后,提出了 ADF 单根检定(Augmented Dickey-Fuller Test),将原来的 DF 单根检验扩充为更多期滞后的自回归模型。其检验的回归方程式有下列三种形式:

$$\Delta y_t = \gamma y_{t-1} + \sum_{i=1}^{p} \beta_i \Delta y_{t-i-1} + \varepsilon_t$$
$$\Delta y_t = \alpha_0 + \gamma y_{t-1} + \sum_{i=1}^{p} \beta_i \Delta y_{t-i-1} + \varepsilon_t \quad (2-12)$$
$$\Delta y_t = \alpha_0 + \gamma y_{t-1} + \sum_{i=1}^{p} \beta_i \Delta y_{t-i-1} + \alpha_1 t + \varepsilon_t$$

其中 α_0 为漂移项(Drift Term),$\alpha_1 t$ 为线性时间趋势项(Linear Time Trend)。若统计量无法拒绝原假设 $H_0:\gamma=0$,则代表 y_t 是一具有单根的非平稳序列。

(2) DF-GLS 检验[160]。

DF-GLS 是基于 DF 检验,利用广义 OLS 去除时间序列趋势项,在 DF 检验中需要选择包括一个漂移项或漂移和线性时间趋势项。针对这两种情况,DF-GLS 提出了对 DF 模型的简单修正,将数据作去趋势化处理,以便在 DF 检验回归之前就将解释变量从数据中"提取"出来。DF-GLS 定义了取决于 a 的准方差 y_t,a 具体形式为:

$$d(y_t \mid a) = \begin{cases} y_t & \text{if } t=1 \\ y_t - ay_{t-1} & \text{if } t>1 \end{cases} \quad (2-13)$$

考虑一个准差分 $d(x_t \mid a)$ 对准差分 $d(y_t \mid a)$ 的最小二乘法回归:

$$d(y_t \mid a) = d(x_t \mid a)'\delta(a) + \eta_t \quad (2-14)$$

其中 x_t 可以是漂移项或者漂移和趋势项,$\delta(a)$ 则为最小二乘回归系数估计。而 a 值的选取,DF-GLS 建议采用 $a=\bar{a}$,其中:

$$\bar{a} = \begin{cases} 1 - 7/T & \text{if} \quad x_t = \{1\} \\ 1 - 13.5/T & \text{if} \quad x_t = \{1, t\} \end{cases} \quad (2\text{-}15)$$

根据下列函数,用与 $\bar{a}$ 相关的估计量对去趋势化数据 y_t^d 进行 GLS 回归,即:

$$y_t^d = y_t - x_t'\delta(\bar{a})$$

接下来的 DF-GLS 检验就是一个标准的 ADF 检验方程,将原来的 y_t 用 GLS 去趋势化的 y_t^d 代替:

$$\Delta y_t^d = \alpha y_{t-1}^d + \beta_1 \Delta y_{t-1}^d + \cdots + \beta_p \Delta y_{t-p}^d + v_t \quad (2\text{-}16)$$

其中 y_t^d 为去趋势化的 y_t,DF-GLS 检验方程中不包括 x_t,正如 ADF 检验,要考虑检验方程中估计量 α 的 t 统计量。

(3) KPSS 单根检验。

与 ADF 和 DF-GLS 检验不同,KPSS 检验中假设序列是平稳的,即序列均为 $I(0)$。对 KPSS 检验中原假设的拒绝意味着在 ADF 和 DF-GLS 检验中接受原假设。KPSS 检验的原理是将序列划分为三个部分,即趋势项、截距项以及随机误差项,从待检验序列中提出截距项和趋势项,剩下随机项序列构造 Lagrange Multiplier(LM) 统计量:

$$LM = \frac{\sum_t S(t)^2}{T \times f_0} \quad (2\text{-}17)$$

其中 $S(t) = \sum_{i=1}^{t} \hat{u}$ 是残差累积函数,f_0 是频率为零时的残差谱密度,LM 服从 χ^2 渐进分布。KPSS 属于右单端检验,如果用样本计算的 LM 值小于临界值则接受原假设,反之则拒绝原假设。

2) BreakPoint 单位根检验方法

前文分别介绍了 3 种平稳性检验方法,分别为 ADF、DF-GLS 和 KPSS,均适用于一般时间序列,Perron[161] 指出,时间序列中存在的数据结构突变可能会导致检验结果的偏差,而在时间序列不存在单位根的时候却不拒绝原假设。这种现象引发了大量关于断点存在下时间序列的各种单位根检验有效性的研究[162]。形成了"断点单位根检验"方法。对于中国这样一个近年来政策制度都有着巨大变革的发展中经济体,考虑数据的结构突变对研究而言尤为重要。

一般而言,断点单位根的检验是基于DF(Dickey-Fuller)检验,根据对趋势和断点行为的不同假设,Vogelsang和Perron[163]提出了截距项断点、趋势断点和一次性断点三种形式的检验。图2-2中显示时间序列$LogST$和$LogFDI$均采用一次性断点检验的形式:

$$LogFDI_t = \mu_{FDI} + \beta_{FDI}t + \theta_{FDI}DT_t^{FDI}(T_b) + \alpha_{FDI}LogFDI_{t-1} + \sum_{i=1}^{k} c_i^{FDI} \Delta LogFDI_{t-i} + u_t^{FDI}$$

(2-18)

$$LogST_t = \mu_{ST} + \beta_{ST}t + \theta_{ST}DT_t^{ST}(T_b) + \alpha_{ST}LogST_{t-1} + \sum_{i=1}^{k} c_i^{ST} \Delta LogST_{t-i} + u_t^{ST}$$

(2-19)

其中$DT^{FDI}(T_b)=1(t=T_b)$,$DT^{ST}(T_b)=1(t=T_b)$在断点处取值为1,其他位置取值为0。无约束的DF方程检验原假设为具有飘移项的随机游走模型,备择假设为数据是具有截距断点的趋势平稳时间序列。

单位根检验后如果发现时间序列是非平稳的,这也是通常的情况。常用的平稳化方法为差分和取变动率,若变数经过一次平稳化后可成为平稳数列,则称之为$I(1)$数列。一般总体经济时间序列数据多为$I(1)$变量,也就是说经过一阶差分后即可成为平稳数列,欲判定变量的阶次,可在变量差分后再依前述步骤重复进行单位根检验。

2.3.2 ARDL边界协整检验方法

1) ARDL模型定义

ARDL回归模型是以下式为基础衍生而来:

$$y_t = b_0 + b_1 y_{t-1} + \cdots + b_p y_{t-p} + a_0 x_t + a_1 x_{t-1} +$$
$$a_2 x_{t-2} + \cdots a_q x_{t-q} + \varepsilon_t \quad (2-20)$$

其中 ε_t 为随机扰动项。

2) ARDL 检验步骤

众多学者认为,Pesaran 等[156,157]提出的 ARDL(边界测试)方法具有很多特殊性质,这些性质使 ARDL/边界检验方法相较于一些传统的协整检验具有一些优势。例如:①模型中的时间序列可以是 $I(0)$ 和 $I(1)$ 序列的混合数据。②模型只是单一方程,便于简单地进行计算和阐释。③模型中的不同变量可以拥有不同的滞后阶数。

ARDL 模型看上去与传统的误差修正模型(ECM)较为相似,下式为典型的 ECM:

$$\Delta y_t = \beta_0 + \sum_{i=1}^{p} \beta_i \Delta y_{t-i} + \sum_{j=0}^{q} \gamma_j \Delta x_{1t-j} + \sum_{k}^{q} \delta_k \Delta x_{2t-k} + \varphi z_{t-1} + e_t \quad (2-21)$$

这里的 z 为误差修正项,即长期协整回归中的 OLS 残差序列。

步骤一:使用平稳性检验,验证所有时间序列变量并非 $I(2)$ 序列。

步骤二:构建如下模型方程:

$$\Delta y_t = \beta_0 + \sum_{i=1}^{p} \beta_i \Delta y_{t-i} + \sum_{j=0}^{q} \gamma_j \Delta x_{1t-j} + \sum_{k}^{q} \delta_k \Delta x_{2t-k} + \theta_0 y_{t-1} +$$
$$\theta_1 x_{1t-1} + \theta_2 x_{2t-1} + e_t \quad (2-22)$$

可以看到上式与一个传统的 ECM 相似。不同的是,这里用 y_{t-1}、x_{1t-1} 和 x_{2t-1} 代替了误差修正项 z_{t-1},滞后残差序列 $z_{t-1} = (y_{t-1} - \alpha_0 - \alpha_1 x_{1t-1} - \alpha_2 x_{2t-1})$,其中 α 是式 $y_t = a_0 + a_1 x_{1t} + a_2 x_{2t} + v_t$ 系数 a 的 OLS 估计量。所以,式(2-22)中所包含的滞后阶层与常规 ECM 中的阶层一致,但并不约束其系数。因此称式(2-22)为"无约束 ECM",Pesaran 等[156,157]称其为"条件 ECM"。

步骤三:式(2-22)中的各项求和项的范围分别是 $[1, p]$、$[1, q_1]$

和$[1, q_2]$。要选择合适的最大滞后数,但其实Δx_1、Δx_2的水平项并不一定是必须项。通常最大滞后阶数的选择主要依赖一种或多种信息准则,AIC、SC(BIC)或HQ等,这些准则的评判都是以一个对数似然值为基础,包含越多滞后项则会给其加上一定的"处罚",每个准则的"处罚"形式不同,每个准则都从$-2\log(L)$开始惩罚,所以信息准则值越小,表明结果越好。一般使用的信息准则为Schwarz(Bayes)准则(SC),因为它是一个一致性模型选择准则。

步骤四:Pesaran等[156,157]在ARDL(边界检验)方法中的一个关键的假设为:式(2-22)中的误差必须不是序列相关。正如这些作者指出,这一要求也可能影响到对模型变量的最大滞后阶数的最终选择问题。一旦得到式(2-22)的合适估计,应该用LM来检验原假设,即误差项非序列相关,相对的备择假设即为误差项为$AR(m)$或$MA(m)$模型,$m=1, 2, 3, \cdots$。

步骤五:在以上所有条件都满足之后,进行边界检验。对假设进行F检验,$H_0: \theta_0=\theta_1=\theta_2=0$;备择检验为$H_0$不成立。作为传统的协整检验,要检验变量之间不存在长期均衡关系。体现在方程中恰好就是式(2-22),y_{t-1}、x_{1t-1}和x_{2t-1}的系数均为0,对H_0的拒绝就意味着变量间存在长期协整关系。这里必须要提的是在进行实际的F检验时,存在操作上的困难。即使在无线样本的渐近情况下,检验统计量的分布是非标准分布(有点类似于与非平稳数据的Granger非因果关系检验中的Wald检验情况,Toda和Yamamoto[164]开发了一种方法以确保该Wald检验统计量是渐近χ^2分布,从而解决了该问题)。

F检验的精确临界值对变量$I(0)$和$I(1)$的任意组合并不适用,然而Pesaran等提供了F统计量渐近分布的临界值边界。面对各种情况例如,不同数目变量($k+1$),本书给出了临界值的上限和下限。在每种情况下,下限是基于所有的变量都是$I(0)$序列情况,而上限则是假设所有变量都是$I(1)$序列情况。事实上,真实情况多是处于这两种情况之间。如果所计算出的F统计量低于变量全部是$I(0)$序列的下限值,根据定义可以得出模型中变量间不存在长期协整;如果F统计量超过上限,则认为各序列间存在协整;最后,如统计量落在两个边界之间,则其关系无法确定。这与判断非序列相关的 Durbin-Watson 检验有相似之处。

根据上文所介绍的原理和步骤,将本章研究的变量带入式(2-22)可得如下检验方程:

$$\Delta LogCI_t = \beta_0 + \sum_{i=1}^{p} \beta_i \Delta LogCI_{t-i} + \sum_{j=0}^{q_1} \gamma_j \Delta LogFD_{t-j} +$$
$$\sum_{k=0}^{q_2} \delta_k \Delta LogFID_{t-k} + \sum_{g=0}^{q_3} \eta_g \Delta LogFDI_{t-g} +$$
$$\sum_{h=0}^{q_4} \lambda_h \Delta LogST_{t-h} + \theta_0 LogCI_{t-1} + \theta_1 LogFD_{t-1} +$$
$$\theta_2 LogFDI_{t-1} + \theta_3 LogFID_{t-1} + \theta_4 LogST_{t-1} +$$
$$\omega_0 DT2007 + \omega_0' DT2009 + e_t \qquad (2\text{-}23)$$

对假设进行 F 检验,$H_0: \theta_0 = \theta_1 = \theta_2 = \theta_3 = \theta_4 = 0$;备择检验为 H_0 不成立。假设边界检验结果显示变量间存在协整关系,则可以进一步估计变量之间的长期均衡关系。

2.3.3 ARDL-ECM 长短期关系检验方法

Engle 和 Granger[154]曾证明如果两变量 x_t 与 y_t 有协整关系,可以用误差修正模型来表示彼此间的关系。一般来说,在协整检验模型中,为了避免有不正确的结果,则必须在稳态模型内加入一个误差修正项,之后从长期均衡的路径中取得短期序列中的误差值,以 Δy_t 为被解释变数,其模型如下:

$$\Delta LogCI_t = \beta_0 + \sum_{i=1}^{p} \beta_i \Delta LogCI_{t-i} + \sum_{j=0}^{q} \gamma_j \Delta LogFD_{t-j} +$$
$$\sum_{k=0}^{q} \delta_k \Delta LogFID_{t-k} + \sum_{g=0}^{q} \eta_g \Delta LogFDI_{t-g} +$$
$$\sum_{h=0}^{q} \lambda_h \Delta LogST_{t-h} + \omega_1 \Delta DT2007 + \omega_2 \Delta DT2009 +$$
$$\theta ECT_{t-1} + \mu_t \qquad (2\text{-}24)$$

而式(2-24)的落后误差修正项 ECT_{t-1} 是由长期协整关系推导的,若没有协整关系,则此项并不存在。μ_t 是一个连续的独立随机误差项,期望值为零。变量之间是否存在因果关系可以分为长期与短期两方面来进行讨论,若欲检验在短期中,金融市场与碳强度是否存在因果关系,其假设如下:

$$H_0: \gamma_j = \delta_k = \eta_g = \lambda_h = 0$$

若检验结果为接受原假设,则表示在短期下,金融市场对碳强度不存在因果关系;反之,则表示存在因果关系。若欲检验在长期下,金融市场对碳强度是否存在因果关系,其假设如下:

$$H_0: \theta = 0$$

若检验结果为接受原假设,则表示在长期下,金融市场对碳强度不存在因果关系;反之,则表示存在因果关系。

2.4 金融市场长期相关性分析结果

2.4.1 平稳性检验结果

在 2.2.1 的 ACF 检验中,无法确定 $LogST$ 和 $LogFDI$ 两个时间序列的平稳性,主要是由于两个数据的形态,有断点在其中,因此本书使用 ADF、DF-GLS 和 KPSS 单根检定来判断变数是否为稳态,并以断点单根法检验 $LogST$ 和 $LogFDI$,作为对照以确保研究的稳健性。

在 ADF 的模型设定上,是否包含飘移项与线性时间趋势项将影响到单根检定统计量的分布,以至于统计检验的结果也会受到影响。如图 2-2,各指标似乎皆存在一个随着时间而不断上升或下降的长期趋势。因此,在对这些非增长率的指标进行单根检验时,皆使用具有飘移项与线性时间趋势项的自回归模型。为了能够在最佳模型分布与保留足够的自由度之间取得平衡,本书以 SBC 信息法则(Schwartz Bayesian information Criterion)选取最佳滞后期数。

另外通过对图 2-2 的观察，$LogST$ 和 $LogFDI$ 存在明显的大幅波动，在数据单位根分析中外生冲击可能会导致数据生成过程发生结构突变。若选择忽视该突变的 ADF 检验，则有可能把真实的带均值突变或趋势突变的退势平稳过程与虚假的随机趋势非平稳过程相混淆，从而导致检验功效的降低。因此我们需要对这两个变量进行断点单位根检验。

鉴于每一种单位根检验方法都有其优缺点，以三种单根检验作多方确认，将其检定结果列在表 2-6 中。需要说明的是，表中 $I(0)_\tau$ 代表水平数据的检验中包含常数和趋势项，$I(1)_\mu$ 则代表一阶差分数据的检验中包含常数项，做这样的选择是由于从图 2-2 中可以看出水平数据基本都存在一个时间趋势以及明显远离零值的波动，但一阶差分数据则基本不包含向下或向上的时间趋势。表 2-6 中，ADF 单根检验部分，分别对水平数据和一阶差分数据两种统计检定量进行检验，其原假设为具有单根。在水平数据部分，除 $LogCI$ 在 5% 水平下平稳，所有变量无法拒绝有单根的存在；在一阶差分部分，$LogCI$ 在 5% 置信水平下显著，$LogFID$ 在 10% 的置信水平下显著，其他三个变量则都在 1% 的水平下显著，由此可得所有变量都是拒绝单位根存在的原假设。KPSS 检验中，水平数据 $LogFD$ 在 10% 水平下是平稳的，一阶差分均为平稳；至于 DF-GLS 检验部分，水平数据在 1% 的置信水平下皆无法拒绝单根的存在，而一阶差分数据在 1% 置信水平下则均拒绝了单位根的存在。最后考虑结构性改变的 Breakpoint 检验，$LogCI$、$LogFID$ 和 $LogFD$ 从图 2-2 的统计图中均看不出存在明显结构变化，因此无需进行 Breakpoint 单位根检验，而 $LogST$ 和 $LogFDI$ 的图形则看似存在结构的变化，尤其在 20 世纪 90 年代初期有大幅度变动，经过 BreakPoint 检验（表 2-7），其水平数据中，$LogFDI$ 无法拒绝单位根原假设，为 $I(0)$ 序列，而 $LogST$ 则在 1% 置信水平下拒绝了单位根假设，为 $I(1)$ 序列；进而对 $LogFDI$ 一阶差分做检验，得到了其在 1% 置信水平下不存在单位根的结论。有关断点位置的确定，$LogFDI$ 时间序列在图 2-2 中 2004 年的断点并不明显，而 2009 年的断点在图中十分显著,也印证了2008年金融危机后外国直接投资的降低;$LogST$ 的断点2007年则表现了进入金融危机前证券市场巨大的金融泡沫,在其破灭之后,给全球的经济带来了深痛的影响,同时也给低碳经济的发展形成了制约。由上述可知,三种检验方法之结果虽不尽相同,但大致上而言,各个变量数据都倾向接受具有非平稳的特征,若四种方法结果一致,可以断定序列的整合阶数,但由于四种方法得出结果有差异,$LogCI$、$LogFD$、$LogFID$、$LogST$、$LogFDI$ 为 $I(0)$ 或 $I(1)$ 序列这一结果正符合下文中要进行的 ARDL 检验的条件。

表 2-6　　　　　　　　　变量单位根检验结果

变量	ADF Test		KPSS Test		DF-GLS Test	
	$I(0)_\tau$	$I(1)_\mu$	$I(0)_\tau$	$I(1)_\mu$	$I(0)_\tau$	$I(1)_\mu$
$LogCI$	−3.71[0]**	−3.00[0]**	0.14*	0.34	−2.47[0]	−2.59[0]***
$LogFD$	−2.23[0]	−4.55[0]***	0.92	0.12	−2.34[0]	−4.01[0]***
$LogFID$	−1.45[0]	−3.85[0]***	0.13*	0.19	−1.77[0]	−3.31[0]***

注：a) ADF 和 DF-GLS 检验的临界值参考 MacKinnon[165] 的研究;KPSS 检验的临界值则参考 Kwiatkowski 等[166] 的研究。ADF 和 DF-GLS 检验的原假设为时间序列存在单位根;KPSS 检验的原假设为时间序列平稳。
b) [0]括号中的 0 表示落后期数。*、** 与 *** 分别表示 10%、5% 与 1% 显著水准。
c) $I(0)_\tau$ 表示时间序列包括常数和趋势项的水平数据,$I(1)_\mu$ 表示时间序列仅包括常数项的一阶差分数据。
d) ADF 检验水平数据常数和趋势项下 1%、5% 与 10% 临界值分别为 −4.26、−3.55 与 −3.21;一阶差分数据飘移项下 1%、5% 与 10% 临界值分别为 3.65、−2.95 与 −2.61。
e) KPSS 检验水平数据常数和趋势项下 1%、5% 与 10% 临界值分别为 0.216、0.146 和 0.119;一阶差分数据飘移项下 1%、5% 与 10% 临界值分别为 0.739、0.463 和 0.347。
f) DF-GLS 检验水平数据常数和趋势项下 1%、5% 与 10% 临界值分别为 −3.77、−3.19 与 −2.89;一阶差分数据飘移项下 1%、5% 与 10% 临界值分别为 −2.64、−1.95 与 −1.61。

表 2-7　　　　　　　　　断点单位根检验结果

Variables	BreakPoint Test		$DT(T_b)$	
	$I(0)_\tau$	$I(1)_\mu$		
$LogFDI$	−8.09[0]***	−6.78[0]***	2 004	2 009
$LogST$	−4.89[4]**	−6.81[0]***	2 002	2 007

注：a) [n]括号中的 n 表示落后期数。*、** 与 *** 分别表示 10%、5% 与 1% 显著水准。
b) $I(0)_\tau$ 表示时间序列包括常数和趋势项的水平数据,$I(1)_\mu$ 表示时间序列仅包括常数项的一阶差分数据。
c) Breakpoint 检验水平数据时间趋势项下 1%、5% 与 10% 临界值分别为 −5.35、−4.86 与 −4.61,一阶差分数据常数项下 1%、5% 与 10% 临界值分别为 −4.95、−4.44 与 −4.19。

2.4.2 ARDL 边界协整检验结果

在确认变量的单根性质后,进一步确认变量间是否存在协整关系。首先对检验条件进行说明,实证中各个变量的最大滞后阶数为 2,意味着模型中存在 $162 \times (2 \times 3^4)$ 个不同的方程,低碳发展指标碳强度作为回归项。虽然对一些自变量进行了断点单位根检验,但由于回归项 $LogCI$ 并不存在断点问题,所以在固定因变量中,并不引入与断点相关的虚拟变量。

在所有评价指标中,SC 比较倾向于运用在较为简单的模型中,因此,在选择滞后结构的 ARDL 模型中,更倾向于利用 AIC,虽然存在过度拟合模型的风险,但是拟合不足绝不是想要的结果。在模型的采用上,依循原始文献[156, 157]中定义的模型 3 即本章中式(2-22),同时进行协整检验,滞后项选择标准的结果表明最优的模型结构为 ARDL(1, 2, 0, 0, 2)。在碳强度和其他指标的 ARDL 模型中考虑了 12 个模型,虽然最后选择的是 ARDL(1, 2, 0, 0, 2),但依然可以对比其他在最小 AIC 准则下模型的情况,如表 2-8 所示,我们可以看到在最小 AIC

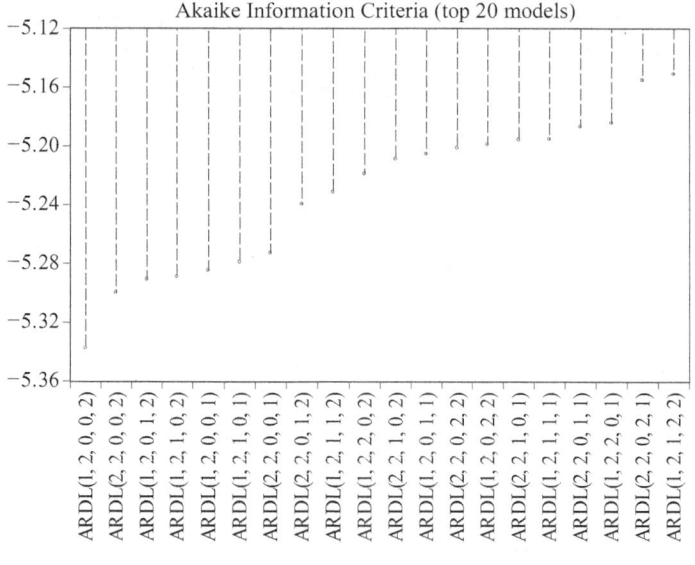

图 2-4 AIC 准则下最优 ARDL 模型的选择(前 20 个)

准则下,由小到大排列的前 18 个模型的 AIC 值。同时也可以观察到分别以 AIC、SC、Hannan-Quinn 作评价标准的情况,如表 2-8 所示,无论是以哪一种评判标准为准则判断模型优劣,最后选择的模型都是 ARDL(1,2,0,0,2)。

表 2-8　　　　　　　　最优 ARDL 模型的选择

Model	AIC*	BIC	HQ	Specification
106	−5.337 871	−4.741 001	−5.208 335	ARDL(1, 2, 0, 0, 2)
25	−5.299 590	−4.652 981	−5.159 260	ARDL(2, 2, 0, 0, 2)
103	−5.290 690	−4.644 081	−5.150 359	ARDL(1, 2, 0, 1, 2)
97	−5.288 835	−4.642 226	−5.148 504	ARDL(1, 2, 1, 0, 2)
107	−5.284 665	−4.737 534	−5.165 924	ARDL(1, 2, 0, 0, 1)
98	−5.278 903	−4.682 033	−5.149 366	ARDL(1, 2, 1, 0, 1)
26	−5.272 806	−4.675 937	−5.143 270	ARDL(2, 2, 0, 0, 1)
22	−5.239 537	−4.543 188	−5.088 411	ARDL(2, 2, 0, 1, 2)
94	−5.231 313	−4.534 964	−5.080 187	ARDL(1, 2, 1, 1, 2)
88	−5.218 864	−4.522 516	−5.067 739	ARDL(1, 2, 2, 0, 2)
16	−5.208 809	−4.512 461	−5.057 684	ARDL(2, 2, 0, 2, 2)
104	−5.205 272	−4.608 403	−5.075 736	ARDL(1, 2, 0, 1, 1)
19	−5.201 362	−4.455 274	−5.039 442	ARDL(2, 2, 0, 2, 2)
100	−5.198 876	−4.502 527	−5.047 750	ARDL(1, 2, 0, 2, 2)
17	−5.195 558	−4.548 949	−5.055 227	ARDL(2, 2, 1, 0, 1)
95	−5.195 053	−4.548 444	−5.054 723	ARDL(1, 2, 1, 1, 1)
23	−5.186 749	−4.540 140	−5.046 418	ARDL(2, 2, 0, 1, 1)
89	−5.184 187	−4.537 578	−5.043 857	ARDL(1, 2, 2, 0, 1)

　　按照边界协整检验的步骤,本书根据评价标准选择了模型滞后阶数,必须要对模型的残差相关性进行检验,残差相关的模型是无效的。序列无关性非常重要,若序列相关,参数估计则不是一致性估计(因为因变量的滞后项也作为模型的回归项)。为了验证模型一致性,本书验证了 $LogCI$ 作为被解释变量的 ARDL 模型的残差序列相关性。

ARDL(1,2,0,0,2)模型最后检验的结果如表2-9所示。

表 2-9　　　　　　　　　残差序列相关性

Lags	Correlogram-AC	Q-Statistics(12)	Prob.
1		0.898 8	0.343
2		1.599 0	0.450
3		2.032 1	0.566
4		4.291 4	0.368
5		4.302 7	0.507
6		4.390 1	0.624
7		4.589 6	0.710
8		7.937 7	0.440
9		10.722	0.295
10		11.729	0.304
11		12.005	0.363
12		13.166	0.357

Diagnostic test	
Adjusted R-squared	0.9967
S. E. of regression	0.014 5
Prob(F-statistic)	0.000 0***
Durbin-Watson stat.	2.387 7
Serial Correlation LM Test	(P-value) 0.251 7
Heteroskedasticity Test(White)	(P-value) 0.545 6

注：a) Q-statistic 和序列相关 LM 检验的原假设均为残差存在自相关。
　　b) (12)中 12 为滞后阶数。
　　c) *** 表示在 1% 的置信水平下显著。

表 2-9 为 ARDL(1,2,0,0,2)模型的残差相关性检验数据，多个检验结果都表明模型的性能良好。表 2-9 中显示了 AC 相关图和 Q 统计检验结果，本书以其中 Q—statistic 为例介绍其方法[167]：Ljung-

Box 的 Q 统计量是用来检验时间序列自相关性的检验量。如果序列 $\{y_t\}$ 满足：

$$E(y_t)=\mu, \forall t$$
$$\text{Var}(y_t)=\sigma^2, \forall t \quad (2-25)$$
$$\text{Cov}(y_t, y_s)=0, t \neq s$$

则称 $\{y_t\}$ 为白噪声序列（White Noise），表示为 $\{y_t\} \sim WN(\mu, \sigma^2)$，假设 $\{y_t\}$ 还服从正态分布，则将其更进一步称作高斯白噪声。白噪声是纯随机性序列，它具有性质：$\rho_k=0, \forall k$，ρ_k 是残差序列的 k 阶自相关系数，因此可以通过检验下列假设来判断序列是否是白噪声，即为随机序列：

$$H_0: \rho_1=\rho_2=\cdots\rho_m=0。$$

检验统计量为 LB(Ljung-Box) 统计量：

$$LB=n(n+2)\sum_{k=1}^{m}\left(\frac{\hat{\rho}_k^2}{n-k}\right) \quad (2-26)$$

原假设为序列不存在 k 阶自相关，在不拒绝原假设时，LB 近似服从自由度为 m 的卡方分布 χ_m^2，因此 $LB > \chi_m^2(1-\alpha/2)$ 时无法接受原假设。

近似于 0 的 SE of regression 以及近似于 1 的 adjusted R-squared 都说明 ARDL(1, 2, 0, 0, 2) 模型拟合适当，相关性图形也没有超出其上下边界，P 值并不显著，这些都直观地说明 ARDL 模型中不存在残差的序列相关性；除此之外，通过 Durbin-Watson、序列相关性 LM 检验以及异方差检验，Durbin-Watson 值接近 2，通过序列相关性 LM 检验以及异方差检验，Durbin-Watson 值接近 2，序列相关性 LM 检验也无法拒绝残差不存在自相关的原假设，相同地，无交叉项的 White 异方差检验也不能拒绝无异方差存在的原假设，更进一步确定了 Q-statistic 的结果。因此，诊断结果表明所得模型完全满足计量的各项性质。

表 2-10 中 $F(LogCI\mid Log\widetilde{X}_1)$ 代表 $LogCI$ 作为被解释变量，$Log\widetilde{X}_1$ 为解释变量时的 F 检定统计量，而 $\widetilde{X}_1$ 的含义为本书所使用的五种变量中，去除 $LogCI$ 以外的其他四种变量，其余符号意义依此类推。具有四个解释变量时，在 1% 的信赖水准下，其下界临界值 $I(0)=4.28$，上界临界值 $I(1)=5.34$。在以 CI 为被解释变量时，其 F 值为 84.96 高于上界临界值。以其他变量为被解释变量时，其 F 值皆远大于上临界值，所以在以 $LogCI$ 为被解释变量和其他变量为解释变量时，存在协整关系。该结果也从实证方面验证了书中的理论假设，即金融市场对低碳发展效果碳强度具有影响作用，同时碳强度也对金融市场具有反馈作用。

表 2-10 变量间 ARDL 边界检验

不同解释和被解释变量组合	F Statistics
$F(LogCI\mid Log\widetilde{X}_1)$	3.76**
$F(LogFD\mid Log\widetilde{X}_2)$	11.16***
$F(LogFDI\mid Log\widetilde{X}_3)$	6.12***
$F(LogFID\mid Log\widetilde{X}_4)$	2.63*
$F(LogST\mid Log\widetilde{X}_5)$	30.18***

注：a) * 表示在 10% 的置信水平下显著，** 表示在 5% 的置信水平下显著，*** 表示在 1% 的置信水平下显著。

b) $F(LogY\mid \widetilde{X}_i), i=1,2,3,4$ 表示以变量 Y 作为被解释变量下所得的检验统计量，其中 $\widetilde{X}_1=\{FD, FDI, FID, ST\}$ $\widetilde{X}_2=\{CI, FDI, FID, ST\}$ $\widetilde{X}_2=\{FD, CI, FID, ST\}$ $\widetilde{X}_4=\{FD, FDI, CI, ST\}$ $\widetilde{X}_5=\{FD, FDI, FID, CI\}$。

c) 10%、5% 和 1% 置信水平的边界检验的临界值分别为 2.53~3.56、3.06~4.22 和 4.28~5.84。

2.4.3 ARDL-ECM 长短期关系检验结果

确定变量间是否具有协整关系后，即可着手进行长短期关系检验，若存在长期均衡关系，以误差修正模型进行估计，并可探讨长短期的关系。值得注意的是，Pesaran 等研究的临界值是在大样本下模拟的结果,因此采用Narayan[168]在小样本情况下所模拟出的临界值,同时也体现了ARDL模型的优势。

根据式(2-24)对模型ARDL(1,2,0,0,2)进行长期均衡及短期动态关系的检验,碳强度指标$LogCI$与其他四个变量存在长期均衡关系,其长期关系检验结果列于表2-11,$F(LogCI\mid LogFD, LogFDI, LogFID, LogST, DT2007, DT2009)=3.76$,高于边界检验的临界值。因此,其长期关系证明存在,即金融市场会对低碳经济发展长期持续起到作用。如表2-11所示,模型中除了$LogFDI$的系数,所有估计系数都在99%或95%置信区间下达到了统计显著,系数的符号也与预期相符。

表2-11   长期均衡关系

Variable	Coefficient	Std. Error	t-Statistic	Prob.
$LogFD$	−0.91**	0.35	−2.60	0.03
$LogFDI$	−0.17	0.14	−1.19	0.26
$LogFID$	−0.75**	0.28	−2.71	0.02
$LogST$	−0.30***	0.04	−7.01	0.00
C	5.71***	0.58	9.91	0.00
$DT2007$	0.01	0.04	0.30	0.77
$DT2009$	0.07	0.04	1.51	0.17

$F(LogCI\mid LogFD, LogFDI, LogFID, LogST, DT2007, DT2009)=3.76^{**}$

注:a) 10%、5%和1%置信水平的边界检验的临界值分别为2.53~3.56,3.06~4.22和4.28~5.84。
b) ** 表示在5%的置信水平下显著;*** 表示在1%的置信水平下显著。

如上文所述,确定变量间具有长期协整关系后,我们可以采用误差修正模型来估计变量间短期因果关系的检验。模型中变量的短期动态关系结果如表2-12所示,在95%的置信区间下,$LogFID$和$LogST$对于$LogCI$的相关系数都呈现显著,即指标中金融创新度和股市流动性的当期数据对当期碳强度水平产生了影响。此外,在1%的显著性水平下,误差修正项ECM_{t-1}系数为−0.53,表明一年中$LogCI$

所偏离其长期均衡水平的值会在下一年得到53%的修正,即当碳强度与金融市场具有长期均衡关系时,碳强度将会有自动调整的效果。换言之,金融市场与碳强度这几个变量之间,不仅仅具有通过金融市场特征变量的滞后项所呈现的长期关系,也存在通过这几个变量长期关系式偏离误差的修正所呈现的短期关系。

表 2-12　　　　　　　ARDL-ECM 模型短期动态均衡

Regressors	Coefficients
$D(LogFD)$	−0.03 (0.33)
$D(LogFD(-1))$	0.43 (0.25)
$D(LogFDI)$	−0.09 (0.07)
$D(LogFID)$	−0.40** (0.17)
$D(LogST)$	−0.08** (0.03)
$D(LogST(-1))$	0.03 (0.02)
$D(DT2007)$	0.01 (0.02)
$D(DT2009)$	0.03 (0.02)
ECM_{t-1}	−0.53*** (0.17)

注：a)（）中的数字为标准差,D 代表算子的一阶差分。
　　b) * 表示在 10% 的置信水平下显著,** 表示在 5% 的置信水平下显著,*** 表示在 1% 的置信水平下显著。

具体而言,$LogFD$ 对 $LogCI$ 具有长期的积极影响。在 1% 的显著水平下,其值每增加 100% 将导致碳强度大约 91% 的降幅,这表明,金融中介效率即间接融资模式对碳强度的降低具有长期积极的作用。这一发现是与 Adams 和 Klobodu[119]的研究结果相似,他们研究的面板数据,揭示间接融资可以降低金砖四国的环境恶化。然而,本书结果与 Jiang 和 Ma[123] 和 Khan 和 Ozturk[121] 的研究结果有所不同,他们的研究认为银行的贷款为中国和印度的企业提供了坚实的支持,使其提高外部金融和投资的规模,进而促进了一直以来增长依赖于银行资产规模扩张的 GDP 和碳排放量。本书结果显示,提高金融中介的效率会对低碳发展产生积极的作用,也与本书对绿色金融系统的设想一致,即间接融资模式会对低碳发展产生长期正面影响,有利于经济的转型。

分析 $LogFID$ 与 $LogCI$ 之间的关系我们可以得出,二者具有长期协整关系,并且 $LogFID$ 对 $LogCI$ 的长期关系作用为负相关,即在 5% 的显著性水平下 $LogFID$ 每增加 100%,会引起 $LogCI$ 约 75% 的降低。本书结果显示,全社会可用于投资各类金融产品的资金量即金融创新程度的增加,将帮助降低每单位 GDP 产生的碳排放,这一结果同时也说明中国国内的金融创新不仅提升了金融系统的机能,同时也驱动和加快了中国经济向低碳经济的转型。融资渠道的扩张能够提高资本的可得性,比如提高基金业、私募业、信托业、PPP 在绿色金融中的参与程度,鼓励结构性产品为低碳项目融资等等,金融市场的产品和制度创新可以为经济的低碳发展提供更好的环境、更便利的资金获取渠道。

$LogST$ 对 $LogCI$ 的影响也呈负向,从表 2-11 中我们可以看到二者在 1% 显著性水平下的长期协整关系为中国股市流动性 100% 的变化,会引起碳强度 30% 的变动。说明有着巨大资金缺口的低碳发展,与社会整体直接投融资水平息息相关。直接融资模式可以为碳强度的降低起到长期的正面影响,将更多的直接融资模式中的资金引入绿色金融系统,必然会为低碳发展注入新的活力。刚刚起步的中国绿色金融系统,虽然直接融资的影响较小,但也正说明其改善提升的空间巨大。

结合灰色关联度中对直接融资和间接融资指标的分析已知,间接融资与碳强度的关联度要明显大于直接融资,该结论在长短期关系中又得到了证明。一个主要的原因是银行贷款依然是中国企业获得国外资金从而扩大低碳投资规模的最有力支持。因此,中国的低碳发展十分依赖银行资产规模的扩张。一方面,从上一章结果可以看出,金融中介的效率与规模相比,其关联度要略小,说明对于减排的作用,间接融资模式的"质"仍然要大于融资的"量";另一方面,直接融资对碳强度作用程度没有间接融资显著,主要是由于中国的直接融资发展并不成熟,尤其可能与最有代表的股市特点息息相关[129]。例如,与发达国家相比,中国股市或债市的历史相当短,因此,相关市场机制的设计不够完整和规范;中国股市交易行为与价格不仅受经济因素影响,也受其他因素所制衡,如受国内的政策风向、行业政策变化、股市参与者的心理和非法活动的影响等,有时后者的影响甚至胜过前者的影响,股市是一个非完全市场化运作的市场;对股市的管理,政府行为也会表现出非理性的一面(例如 2016 年"熔断机制"的实施与火速禁止),这使得相关的政策缺乏连贯性、继承性和透明度;一些上市企业的国外资金没有完全用于生产性项目,甚至融资专项。在这样的背景下,虽然中国公民对股市的投资热情持续高涨,促使中国股市规模也出现了大幅增长,但是直接融资模式对碳强度的影响没有间接融资的影响显著,这也与实际情况相符。

$LogFDI$ 与 $LogCI$ 之间,无法在 10% 的置信水平上获得显著的长期关系。可能是因为外国直接投资对中国的经济影响并不大,这与 Jiang 和 Ma[123]和 Anton[169]的发现是一致的。如从图 2-5 中也可以看出,中国的外国直接投资占比 GDP 在过去数十年中趋势较为平稳,始终在 4% 左右波动,1997—2014 年,平均每年的变化速率为 -1.15%,而中国的碳强度却在以每年 -8.04% 的速率降低,碳强度的降低远大于 FDI 的变化。这种相同的下降趋势,说明了为什么 FDI 与碳强度的关联度非常强的原因,但近年来 FDI 占 GDP 仅不到的 5%(仅在 20 世纪九十年代初达到过 6% 的水平),这进一步限制了外国直接投资对中国宏观经济增长的影响幅度,因此当前 FDI 的变化对碳强度下降的驱动力是有限的,这也说明了为何 FDI 在与碳强度指标拥有较强关联度的情况下,却不具有长期均衡关系。

尽管外国直接投资对碳强度的影响并不显著,但其对碳排放的影

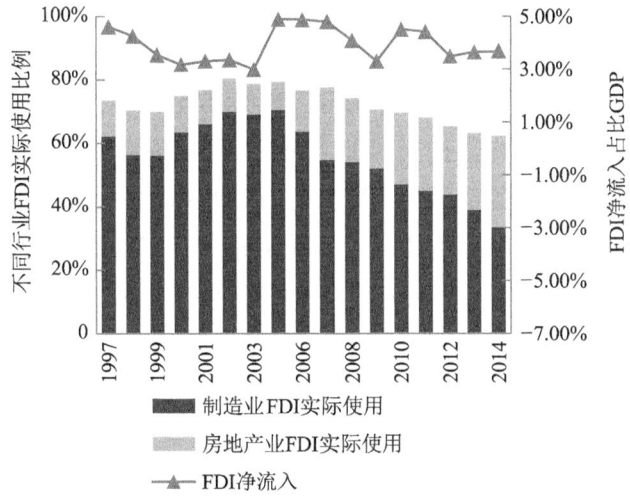

图 2-5 1997—2014 年中国 FDI 实际利用情况

数据来源：中国国家统计局。

响也应被慎重对待,因为一直以来 FDI 中的绝大部分比例均流入中国的碳密集型产业。例如,在 2014 年,中国的 FDI 实际使用外资都集中在制造业(33.4%)和房地产业(29.0%);而现代服务业的比例相对较低,如租赁和商务服务业(10.4%),批发和零售业(8.0%),交通运输、仓储和邮政业(3.7%),但与 2009 年以及更早时期相比,碳密集型领域投资有明显降低,FDI 中也有部分资金投入低碳领域,例如环境、水利和金融业,并有逐年增加的趋势。未来,随着中国的工业化和城市化进程的加快,中国国内的巨大潜力不断释放;政府已经采取了一系列有效措施,控杠杆、稳增长,开展了如保持金融稳定、降低金融风险、扩大基建、推动城市化建设、扶持产业振兴、加快技术创新等举措,这将会提供新的发展机遇,并有助于不断扩大规模中国的外国直接投资实际使用。鉴于此,我们应该密切注意外国直接投资流入的质量,使它对中国政府和有关企业带来的积极作用得到充分发挥,并为推动中国加快低碳发展的步伐做出贡献。

一般的计量模型都需要对其模型的稳定性进行诊断检验,采用由

Brown 等[170]所提出的残差累积和(CUSUM)与残差累积和方差(CUSUMSQ)统计量,分别检验由 SBC、AIC 和 $R^2 adj$ 等三种准则选出的模型稳定性。其结果如图 2-6 所示,可以看出,CUSUM 和 CUSUMSQ 统计量均落在 95% 的置信区间内,说明该模型可以被接受且方程内所有系数在 5% 的显著水平内都是稳定的。因此,可以判定该模型可以用来进行有关自变量 $LogFD$、$LogST$、$LogFID$ 和 $LogFDI$ 对因变量 $LogCI$ 作用情况的研究以及相关政策分析。

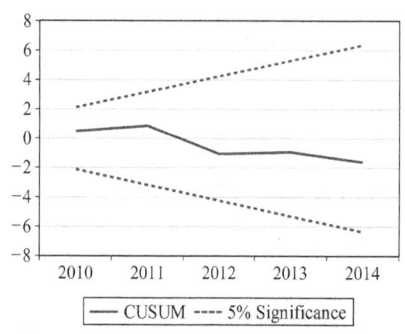
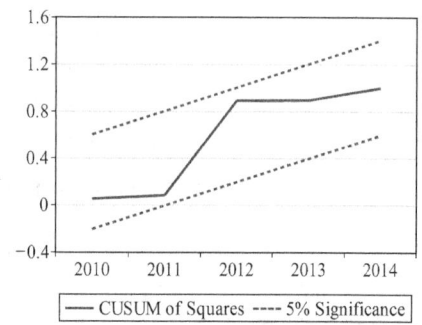

图 2-6 CUSUM 和 CUSUMSQ 系数稳定图

Toda 和 Phillips[171]证明在协整架构下,误差修正模型所估计的结果比原本向量自回归模型准确。因此,本书将五个变量分别作为因变量的模型皆加入误差修正项进行检验,结果整理于表 2-13。

表 2-13　　金融市场变量与碳强度间长短期关系

Explanatory Variables	Explained Variables				
	$LogCI$	$LogFD$	$LogFDI$	$LogFID$	$LogST$
$LogCI$	—	−0.33*** (0.0474)	−1.45** (0.5569)	−2.08 (2.7214)	−2.82*** (0.3127)
$LogFD$	−0.91** (0.3517)	—	−4.49** (1.2809)	−1.42 (2.4528)	−8.10*** (1.1838)
$LogFDI$	−0.17 (0.1425)	−0.20** (0.0581)	—	0.41 (0.6309)	−1.49** (0.5675)

(续表)

Explanatory Variables	Explained Variables				
	$LogCI$	$LogFD$	$LogFDI$	$LogFID$	$LogST$
$LogFID$	−0.75** (0.275 2)	0.44** (0.128 8)	2.11** (0.618 0)	—	3.58** (1.169 8)
$LogST$	−0.30** (0.042 2)	−0.11*** (0.017 2)	−0.51** (0.181 5)	−0.68 (1.014 2)	—
C	5.71*** (0.576 9)	1.76*** (0.354 5)	7.64* (3.323 1)	9.30 (10.338 4)	14.61*** (3.267 1)
DU2007	0.01 (0.042 2)	0.04** (0.009 4)	0.17** (0.055 9)	−0.02 (0.124 3)	0.33*** (0.076 1)
DU2009	0.07 (0.043 2)	0.03** (0.010 8)	0.11 (3.323 1)	−0.03 (0.128 9)	0.23** (3.267 1)
ECM_{t-1}	−0.53*** (0.165 9)	−1.51*** (0.209 7)	−1.42** (0.356 1)	−0.17 (0.245 1)	−1.75*** (0.040 6)
Serial Correlation	0.251 7	0.114 7	0.066 6	0.029 7	0.009 2
Bound Test (F-Statistics)	3.76**	11.16***	6.12***	2.63*	30.18***

注：a) 10%、5%和1%置信水平的边界检验的临界值分别为 2.53～3.56、3.06～4.22 和 4.28～5.84。

b) * 表示在10%的置信水平下显著，** 表示在5%的置信水平下显著，*** 表示在1%的置信水平下显著。

表 2-13 中第一列代表金融市场变量对碳强度是否具有长期因果关系的统计量，而对应误差修正项部分，则为短期因果关系的统计量。其余四列则分别代表当 $LogFD$、$LogFDI$、$LogFID$、$LogST$ 作为被解释变量时其他变量分别对其是否具有长短期关系的统计量，对应的误差修正部分也是短期因果关系的统计量。可以看出只有以 $LogCI$、$LogFD$ 为被解释变量时，模型存在长期协整与短期动态的关系。其他的三个方程均在 10% 的显著性水平上存在自相关。变量之间若具有双向的因果关系称之为"反馈效果"(Feedback)。从检验结果可知，间接融资和碳强度确实存在双向因果关系的可能性。即中国的碳强度

与间接融资模式存在相互影响及反馈作用。

本章的研究目的是通过计量分析金融市场和低碳发展的表征变量,找到金融市场中与低碳发展具有显著作用的融资模式。ARDL-ECM结果显示,所确定的融资模式中,只有间接融资、直接融资和金融创新与低碳发展具有显著长期作用机制,而找不到国外资金模式影响碳强度的证据。因此,在未来政府公共财政激励金融市场,引导资金投入低碳项目的行为应该围绕间接融资、直接融资和金融创新展开。此外,按照其模型中相关系数的不同,可以做出假设,即对低碳发展的效力间接融资>金融创新融资>直接融资,并且财政激励的效果也是相同的情况。

2.5 本章小结

本章考察中国 1991—2014 年碳强度和金融中介效率、金融创新度、外国直接投资及股市流动性之间存在的长期均衡和作用关系的方向。为了检验这种关系,首先,本章对时间序列对数进行了数据统计性描述、自相关检验、单位根检验,检验结果说明时间序列同时存在 $I(0)$ 和 $I(1)$ 序列且具有自相关性,无法使用传统的协整检验方法来进行下一步研究;其次,为克服这一问题,本章通过使用 ARDL 边界测试方法研究变量之间协整的关系;最后,在协整关系确定的情况下,依据选取的 ARDL 模型来估计相关系数,进行变量间长期关系和短期动态的分析。以此找到了金融市场中对碳强度产生长期作用机制的融资模式,并对其关系进行了详细的阐述和说明。

本章的研究结果证明,金融市场对于低碳发展,可以产生长期的积极作用。掌握和运用变量间这样的关系能够帮助最大化利用绿色金融系统中政府公共财政的激励机制。此外,一个更加行之有效的绿色金融系统也能够促进低碳经济发展,进而形成一个积极正向的反馈和良性的循环。总之,可以看到,目前中国金融市场,特别是间接融资、金融创新和直接融资,可以为碳强度的降低提供长期机制。

3 考虑碳排放的绿色金融系统动力学模型构建与仿真

上一章从宏观层面运用计量的手段验证了金融市场与碳强度长期作用关系的假设 2.1，为进一步探究着眼于多种融资模式的绿色金融系统提供了建模思路。从本章开始，以"多种融资模式作用机制"的结论为绿色金融系统模型构建提供动态假设基础建立模型。

系统动力学（以下简称 SD）方法的建模基础是变量之间的循环进化[172]，由上一章的研究结果可知，变量间存在长短期的相关性且反馈作用也存在于金融市场和碳强度之间，因此，SD 模型与本书具有很好的适用性。利用 SD 模型探究绿色金融系统运行不仅可以观察体系的结构，还可以进一步掌握其决策行为。

3.1 考虑碳排放的绿色金融系统结构和动态假设

3.1.1 构建的方法

系统运行是一个复杂的动态进化过程，绿色金融系统的运行研究是一个中观层面上的问题，尤其在考虑量化研究的过程中，更需要根据理论基础和实践经验构建复杂模型。在众多的研究方法中，SD 适合从多个维度针对随时间变化的变量进行动态环境的建模。目前，系统动力学已经在多个领域被广泛使用，包括社会经济系统研究[173]、生态系统研究[174]、交通问题研究[175,176]、供应链管理[177]等等。

1) 建模步骤和问题提出

建模是一个要经历提出问题、设置假设、建立方程、仿真测试以及政策设计与评估的复杂过程,在整个建模过程中,每一个环节都可能引起对另一环节的考量、修正和重新的测试,因此 SD 建模是一个非线性的反馈过程。图 3-1 将建模过程更为精确地刻画为一个反复的循环。在问题的提出中需要给出模型的边界、变量选择等细节,提出动态假设则需要反映出模型运行的内在驱动力以及内外部解释,建立方程时需要保证模型变量的量纲一致,以及在后续仿真测试中要求验证模型的各项性能,最后给出与初始问题相对应的评估与政策建议。

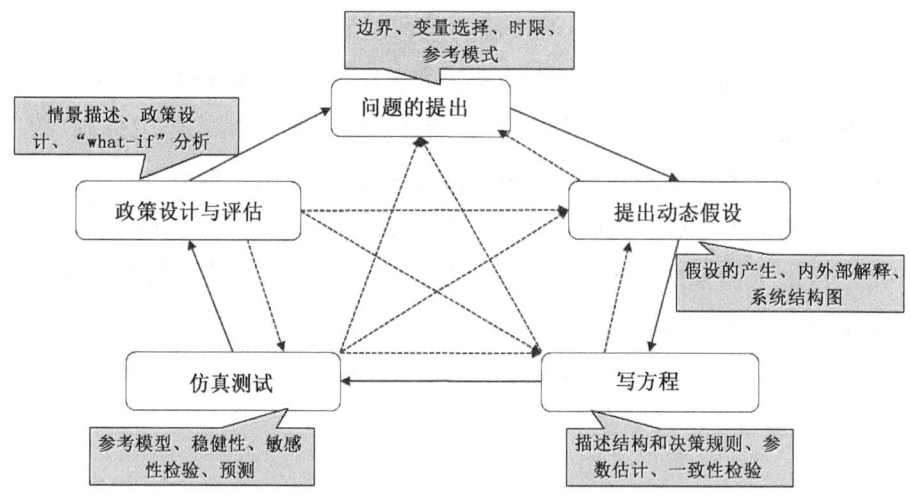

图 3-1　SD 建模过程的交互机制

SD 建模过程的首要步骤便是问题的提出,它涉及主题选择、变量定义、仿真时限确定,以及期间所研究模型中所获取的动态问题[178]。

关注问题的宏观性、复杂性,往往会导致建模边界的含糊、宽泛、无针对性,比如本书所涉及的绿色金融系统,可能涉及文化、法律、经济等领域,但本书主要是针对其融资模式展开的,所以在本章的研究中要尽量做到"针对问题建模,而不是针对全局建模",本书的问题是构建融资模式共同协作下的绿色金融系统模型以及应用其运行结果解决低碳发展融资不足的问题。

2) 存量、流量和其他参数的解释

存量、流量和辅助变量等变量作为基本单元组成了系统动力学模型[179]。长方形边框代表存量,具有指向性的由阀门控制的管道表示流量,可以通过阀门即另外要素的变化来对流量产生影响,云团所代表的是模型边界之外。本书中 SD 模型涉及变量包括存量(水平变量)、流量(速率变量)、辅助变量、阴影变量(影子变量)和常量(表 3-1)。

表 3-1　　　　模型基本要素的关系及其描述

符号	名称	描述
存量	存量或水平变量	初始值在流量作用下的连续时间累积函数
↶	箭头	表示变量之间的关系
存量─流量	流量	描述系统累积效应的变化快慢,反映了数学意义上的导数概念
辅助变量、常量	辅助变量、常量	与箭头链接,作为系统关系的链接转换,辅助分解复杂方程或为系统提供外生常数
辅助变量 lookup	表函数(Lookup)	是指用来表示两个变量之间关系的函数,尤其是在表达辅助变量之间的非线性关系上具有强大的作用,同时也是系统动力学的特色之一
<影子变量>	影子变量/阴影变量	即以上所有变量的复制变量,在复杂大型模型中用于避免箭头的交叉,也可以用于在子系统中的因果引用

3.1.2　系统运行结构确定

通过灰色关联度与 ARDL 模型对金融系统中融资模式作用的分析和研究,明确对低碳发展中碳强度指标具有长期作用机制的金融市场融资模式有间接融资、直接融资、金融创新。关于碳市场和公共财政,根据相关理论和现实经验积累可知,碳市场是一种由政府建立的市场运行机制,与政府的扶持紧密相关,从中国的碳市场试点和计划全面推出可以看到。由于低碳生产和发展战略是对企业产业转型升级的强制要求,现阶段还需要公共财政的政策支持和资金引导,以起到杠杆的作用。因此碳交易和公共财政将在绿色金融系统中起到价格机制和激励机制的作用,引导企业和金融市场各金融工具参与其中。综上所述,在系统动力学部分,将碳市场、公共财政以及金融市场纳入整个绿色金融系统中,设为5个子系统,分别考察整体与各子系统对低碳目标的影响。

各子系统主题具体化表现形式的确定是构建SD模型的基础,根据已明确的子系统主题,进行详细阐述和说明。2015年9月中国环境与发展国际合作委员会在其课题报告中提到,当前面临经济结构转型升级,既是中国绿色产业发展的挑战,也是机遇。应该借鉴国际成功经验,努力构建一个更为完整、高效的绿色金融系统。本书结合前文研究结论和实践经验,建立包括银行与信贷、债券、PPP项目、碳市场、公共财政5个方面的绿色金融系统模型。通过交易系统的价格机制、金融市场的长期作用机制,并辅以公共财政的激励机制,加大社会资本动力,将多方资金调动起来,解决低碳项目的资金需求。5个子系统的具体内涵为:

(1) 低碳(绿色)信贷。低碳(绿色)信贷是指以降低碳排放为目的,为低碳项目提供资金的银行信贷。中国的绿色信贷正式开始于2007年,相继出台了《绿色信贷指引》《绿色信贷统计制度》《绿色信贷考核评价体系》以及银行自身的绿色信贷政策,逐步形成了中国的绿色信贷体系。通过6年的建设和完善,29家银行于2013年共同签署了《中国银行业绿色信贷共同承诺》,后来又相继成立了中国银行业协会绿色信贷业务专业委员会、中国金融学会绿色金融专业委员会。中国绿色信贷余额2015年较2014年增长了16.4%,占中国全部信贷余额的10%左右,2016年6月末数据显示,绿色信贷余额已达到7.26万亿,超过2015年全年的7.01万亿,占全国信贷余额的9.0%。

(2) 绿色债券。绿色债券是主体为参与低碳项目而进行的债权融资活动。中国的绿色债券正式开始于2015年,央行的第39号文件对绿色债券以及其业务开展形式进行了定义,并同时通过所公布的《绿色债券支持项目目录》,对绿色债券所覆盖的项目范围进行了界定,其中包括节能、污染防治、资源节约与循环利用、清洁交通、清洁能源、生态保护和适应气候变化等环境保护6类主要内容。截至2016年7月，绿色债券发行量达到约1 200亿人民币，虽然总量逊于绿色信贷总量，但中国的绿色债券已经以42%的占比高居全球之首。

（3）PPP模式。中国政府目前力推的PPP模式，就是公共服务民营化的深入推进，基本特征就是以项目为基础。这些项目涵盖环保、市政、交通等多个长周期且前期投资巨大的领域。因为这些都是大型项目，且要求成立SPV公司(Special Purpose Vehicle，特殊目的机构)，即政府和社会资本共同出资建立一个项目公司，共同运营项目。政府也可以选择不参与SPV，而是授予特许经营权由社会资本单独组建SPV公司。为了促进掌握和达成公共服务的目的，按照政府部门出资比例约定对项目的管理和决策权力。PPP项目融/投资期限长，周期多在20～30年，前期费用高等特点都使PPP项目融资一般只适用于大型公共服务项目，而低碳投资往往也具有这样的特征，其中涉及的交通、建筑、能源等领域也正是PPP项目涵盖的领域。

（4）碳交易。碳交易是基于碳信用额度现货及其衍生产品而建立起来的一种交易行为和服务，可以为整个绿色金融系统提供价格机制。在价格机制作用下，市场能够优化资源时间空间上的配置；实现均衡理论下的成本分担作用，控制社会总量，对资源有更高需求的主体支付相对更高的费用；与此同时，碳交易除了体现其公共品的交易属性，还能够展现其金融属性，为参与主体提供资金融通以及利用衍生品市场提供风险管理的工具。

（5）公共财政政策。公共财政政策是国家调节经济活动最重要的政策手段之一，可以通过调整国家预算、税收政策、国债和财政补贴政策引导和促进中国绿色金融的发展。一般与低碳相关的项目包括节能环保支出、农林水支出、能源效率改造和可再生能源开发等支出。对于公共财政而言，支持绿色金融主要可从对从事低碳项目资金融通的非银金融企业和银行进行利率补贴或者收入税收减免等优惠。目前企业25%的所得税是中国公共财政对绿色金融潜在影响最大的税收政策，由于利息收入是不纳入征税范围的，绿色债券的投资者自然无法获得税收优惠政策。减免绿色债券投资机构的所得税,将会支持绿色债券投资和绿色债券市场的发展。近年来,中国政府出台了一系列财政补贴等支出政策,但从激励金融市场、为低碳项目提供融资服务的政府低碳资金还并不充分,一旦将激励措施在融资服务中实施,例如对信贷和债券进行贴息,也将起到巨大的杠杆作用。

以上五个方面均是绿色金融系统建设中的重点发展领域,其中多项业务在中国的开展才刚刚起步,比如碳交易、绿色债券、PPP,由于数据样本受限,SD 的优势没有严格的样本量要求,只需要初始值和各节点函数关系。结合研究主题、建模目的、模型内部结构的特征与 SD 仿真中的模型验证要求,以及考虑变量的数据可得性,本章的研究时限设定为 2005—2030 年。

通过上述说明,我们可以将具体的系统主题和内部结构情况作如表 3-2 的划分。系统动力学模型构建内部范围和结构涉及绿色金融系统中的间接融资、直接融资、金融创新、公共财政和碳交易 5 个融资子系统,还有碳排放子系统,以期更加具体地了解各子系统运行对绿色金融系统的作用,以及为实现不同程度的低碳发展目标如何调整各子系统的运行参数以达到最优。通过系统动力学的模拟与仿真,得到构建中国绿色金融系统模型的理论指导以及利用其实现未来低碳目标的政策建议。

表 3-2 　　　　SD 模型中主题分类和内部具体结构

主题分类	描述	模型处理
间接融资子系统	银行低碳贷款(绿色信贷)	内生
直接融资子系统	绿色债券发行	内生
金融创新子系统	政府社会资本合作(PPP)	内生
公共财政子系统	政府低碳资金投入	内生
碳交易子系统	碳交易额	内生
碳排放子系统	碳强度、二氧化碳排放量	内生

3.1.3　系统动态假设

动态假设是指一套以反馈和结构化的形式,为问题的动力学机制提供解释的有效理论[180],具体地解释系统结构和决策过程是如何产生所看到的系统行为[181]。本书的动态假设是基于前文对"多种融资模式"的分析,以及现实中绿色金融系统建设的理论和经验来设置的:

（1）根据上两章对融资模式的分类、指标筛选、量化分析,证明了间接融资子系统、直接融资子系统以及金融创新融资子系统都对碳强度的降低产生长期机制。因此,三个子系统是实现绿色金融运行重要的推动力。

（2）从实践和学者的研究中可以看出,碳交易与低碳发展息息相关。在系统动力学的研究部分,假设碳交易是为企业参与低碳项目所融资金提供的退出渠道,企业通过在碳交易中进行买卖,来获取交易利润,碳交易子系统为绿色金融系统提供了价格机制。

（3）鉴于绿色金融及低碳经济发展在中国具有很强的政府主导性,公共部门可以为其提供诸多政策导向和资源倾斜,例如为间接融资和直接融资提供贴息,或者减免资本利得税等,除此之外,也可以为企业参与金融创新提供启动资金,起到杠杆的作用,即公共财政子系统为绿色金融系统提供了激励机制。此外,假设公共财政提供资金情况受到GDP以及二氧化碳排放量等变量的影响。

（4）整个系统的评价指标是碳强度,即国家设立了2030年的碳强度目标值,因此系统内的所有其他要素均以该目标为核心变动。

（5）无论是银行绿色贷款、绿色债券发行还是PPP模式,都会为实行低碳项目的企业提供融资,体现其长期机制;并且公共财政即政府会对贷款、债券进行贴息和免税,以鼓励更多的企业或金融机构参与到低碳领域中来,体现其激励机制;企业融到的资金的一部分作为企业自留用于归还各项利息以及自身运营,另一部分投入低碳项目中,低碳项目之所以低碳是因为其从两个方面降低了二氧化碳排放量,一是加大研发提高能源使用效率,二是采用清洁能源,因此其最终效果会反映在碳强度指标上;除二氧化碳排放量之外,碳强度的另一个决定要素是GDP,GDP的增长需要消耗大量能源,考虑到目前中国对化石能源的依赖仍然很强,因此GDP的增长必然带动化石能源消费总量的增加,从而加大二氧化碳排放量,即二氧化碳受到低碳项目投资的抑制作用和能源消耗总量提高的促进作用两方面的影响;中国2030年碳强度目标会影响到每年的碳市场免费配额量,而免费配额又是碳交易量的基础,企业每年可以从碳市场中获得收益来开展未来的低碳项目以及支付利息,碳交易也可以作为所融资金的退出平台,体现其交易机制,从而实现资金的循环。

综上所述,通过对绿色金融系统的动态假设,我们可以得到如图3-2的反馈结构模式。

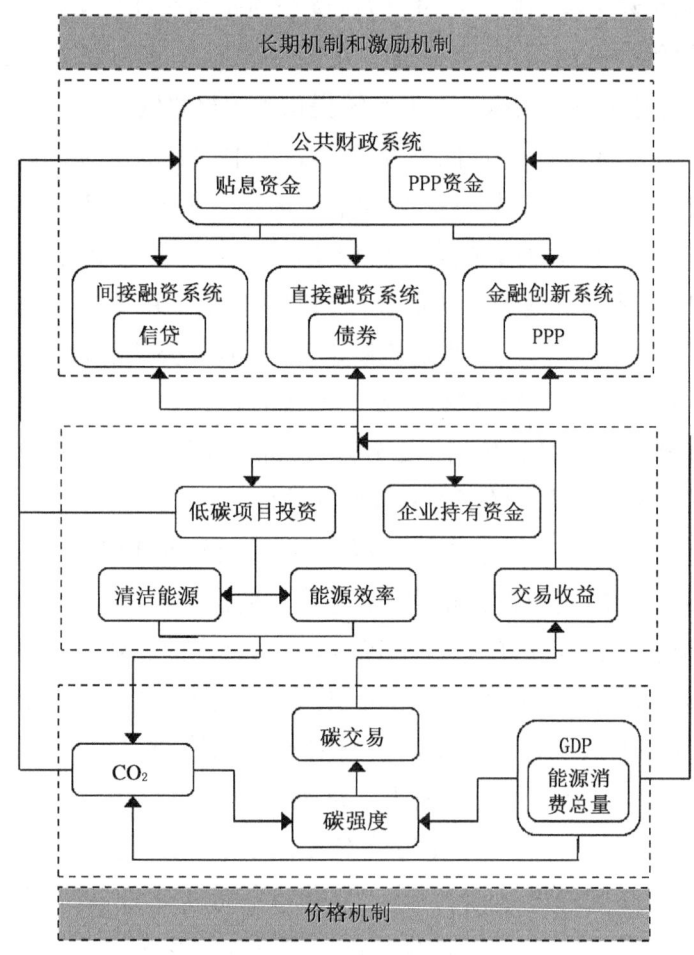

图 3-2 SD 模型结构框架

3.2 绿色金融系统模型

3.2.1 绿色金融系统因果关系图

由上节假设的模型结构,将子系统关系通过 Vensim 软件描绘成因果关系图,如图 3-3 所示。

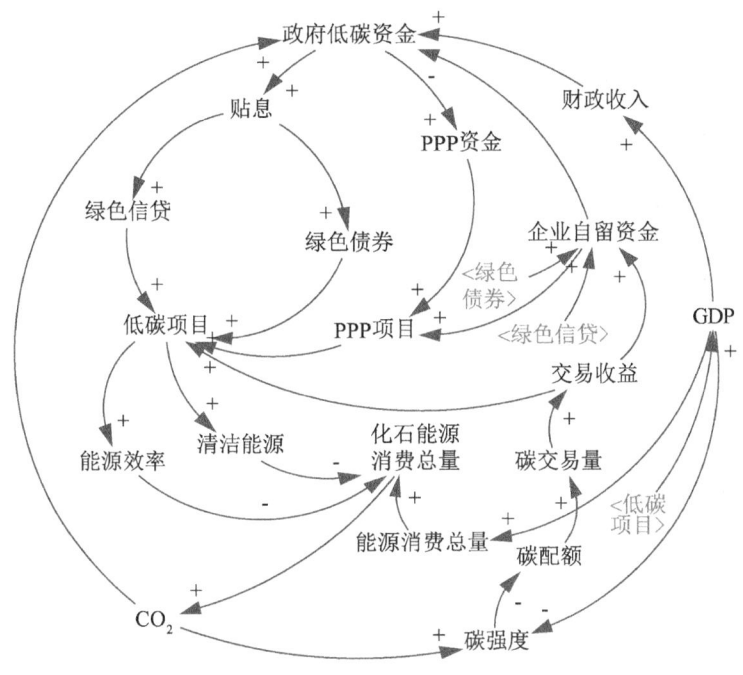

图 3-3 绿色金融系统因果关系图

因果关系图 3-3 中有 4 条增强型回路以及 5 条平衡型回路。具体回路的反馈流程如下:

(1) CO_2→(+)政府低碳资金→(+)贴息→(+)绿色信贷/绿色债券→(+)企业自留资金→(+)PPP 项目→(+)低碳项目→(+)能源效率/清洁能源→(-)化石能源消费总量→(+)CO_2。

随着二氧化碳排放量的增加,为实现目标碳强度,政府公共部门需要增加低碳资金来调动社会资本参与低碳发展的积极性，主要方式为加大针对绿色信贷和绿色债券的贴息资金，从而提高企业自留资金量，企业资金更多地参与 PPP 项目建设，资金主要是用于低碳项目的开发，提高能源效率或开发清洁能源的应用，进而减少化石能源消费总量，降低二氧化碳排放量，形成平衡型回路。

(2) CO_2→(＋)政府低碳资金→(＋)贴息→(＋)绿色信贷/绿色债券→(＋)企业自留资金→(＋)PPP 项目→(＋)低碳项目→(＋)GDP→(＋)能源消费总量→(＋)化石能源消费总量→(＋)CO_2。

与(1)回路相似，只是低碳项目开发除了(1)回路所示的减少化石能源消费，还会由于其项目活动提高 GDP，进而增加能源消费总量，反而对 CO_2 产生了加强作用，形成增强型回路。

(3) CO_2→(＋)政府低碳资金→(＋)PPP 资金/贴息→(＋)PPP 项目/绿色信贷/绿色债券→(＋)低碳项目→(＋)GDP→(＋)能源消费总量→(＋)化石能源消费总量→(＋)CO_2。

随着二氧化碳排放量的增加，为实现目标碳强度，政府公共部门以加大 PPP 投资和向金融工具贴息的方法来调动社会资本参与低碳发展的积极性，与此同时，低碳项目投资的增加也会相应提高 GDP，GDP 与能源消费总量息息相关，增加能源消费总量的同时化石能源消费总量的绝对值也会有所提高，最终会更加促进二氧化碳排放量，形成增强型回路。

(4) CO_2→(＋)政府低碳资金→(＋)PPP 资金/贴息→(＋)PPP 项目/绿色信贷/绿色债券→(＋)低碳项目→(＋)能源效率/清洁能源→(－)化石能源消费总量→(＋)CO_2。

随着二氧化碳排放量的增加，为实现目标碳强度，政府公共部门需要增加低碳资金来调动社会资本参与低碳发展的积极性，主要方式为加大 PPP 资金供给以及针对绿色信贷和绿色债券的贴息资金，而所增加资金主要是用于低碳项目的开发，提高能源效率或开发清洁能源的应用，进而减少化石能源消费总量，最后会降低二氧化碳排放量，形成平衡型回路。

(5) CO_2→(＋)碳强度→(－)碳配额→(＋)碳交易量→(＋)交易收益→(＋)低碳项目→(＋)能源效率/清洁能源→(－)化石能源消费总量→(＋)CO_2。

碳强度受到二氧化碳排放量和GDP总量的影响,二氧化碳排放量增加,碳强度相应增大,这是与减排目标不相符合的现象,此时国家需要调节碳配额来约束控排企业的二氧化碳排放量,碳配额的减少也会降低整体碳交易量,影响到碳交易的收益,减少了企业从碳交易中所获得的资金量,间接地减少了企业未来的低碳项目投资,也无法抑制二氧化碳排放量的增长,形成增强型回路。

(6) CO_2→(＋)碳强度→(－)碳配额→(＋)碳交易量→(＋)交易收益→(＋)企业自留资金→(＋)PPP项目→(＋)低碳项目→(＋)能源效率/清洁能源→(－)化石能源消费总量→(＋)CO_2。

碳强度的提高,促使政府减少碳配合,降低了碳市场的成交体量,影响了企业从碳交易中获得的资金数量,影响了企业未来参与PPP项目的能力,直接降低了参与低碳项目开发的能力,不能提升能源效率或开发清洁能源,也就无法遏制化石能源的消费总量,同时也无法抑制二氧化碳排放量的增长,形成增强型回路。

(7) CO_2→(＋)碳强度→(－)碳配额→(＋)碳交易量→(＋)交易收益→(＋)企业自留资金→(＋)PPP项目→(＋)低碳项目→(＋)GDP→(＋)能源消费总量→(＋)化石能源消费总量→(＋)CO_2。

碳强度是受到二氧化碳排放量和GDP总量的影响,二氧化碳排放量增加,碳强度相应增大,这与减排目标不相符合,此时国家需要调节碳配额来约束控排企业的二氧化碳排放量,碳配额的减少也会降低整体碳交易量,影响到碳交易的收益,减少了企业从碳交易中所获得资金量,影响了企业未来参与PPP项目的能力,直接降低参与低碳项目开发的能力。低碳开发除了(5)回路所示的减少化石能源消费,还会由于其项目活动提高GDP,进而增加能源消费总量,反而对CO_2产生了加强作用,形成平衡型回路。

(8) CO_2→(＋)碳强度→(－)碳配额→(＋)碳交易量→(＋)交易

收益→(＋)企业自留资金→(－)政府低碳资金→(＋)PPP资金/贴息→(＋)PPP项目/绿色信贷/绿色债券→(＋)低碳项目→(＋)能源效率/清洁能源→(－)化石能源消费总量→(＋)CO_2。

碳强度是受到二氧化碳排放量和GDP总量的影响,二氧化碳排放量增加,碳强度相应增大,这是与减排目标不相符合的现象,此时国家需要调节碳配额来约束控排企业的二氧化碳排放量,碳配额的减少也会降低整体碳交易量,影响到碳交易的收益,减少了企业从碳交易中所获得资金量,除了会对低碳项目投资有影响,未来企业参与低碳投资的积极性预期降低,也会令政府公共部门酌情加大对低碳产业的刺激,主要方式为加大PPP资金供给以及针对绿色信贷和绿色债券的贴息资金,而所增加资金主要是用于低碳项目的开发,提高能源效率或开发清洁能源的应用,进而减少化石能源消费总量,最后会降低二氧化碳排放量,形成平衡型回路。

(9) CO_2→(＋)碳强度→(－)碳配额→(＋)碳交易量→(＋)交易收益→(＋)企业自留资金→(－)政府低碳资金→(＋)PPP资金/贴息→(＋)PPP项目/绿色信贷/绿色债券→(＋)低碳项目→(＋)GDP→(＋)能源消费总量→(＋)化石能源消费总量→(＋)CO_2。

碳强度是受到二氧化碳排放量和GDP总量的影响,二氧化碳排放量增加,碳强度相应增大,这是与减排目标不相符合的现象,此时国家需要调节碳配额来约束控排企业的二氧化碳排放量,碳配额的减少也会降低整体碳交易量,影响到碳交易的收益,减少了企业从碳交易中所获得资金量,除了会对低碳项目投资有影响,对未来企业参与低碳投资的积极性的降低预期也会令政府公共部门酌情加大对低碳产业的刺激,主要方式为加大PPP资金供给以及针对绿色信贷和绿色债券的贴息资金,而所增加资金主要是用于低碳项目的开发。低碳项目投入除了像(8)回路一样提高清洁能源消费量,也会增加GDP总量,GDP与能源消费总量息息相关,增加能源消费总量的同时,其中化石能源消费总量的绝对值也会有所提高,最终会更加促进二氧化碳排放量,形成增强型回路。

3 考虑碳排放的绿色金融系统动力学模型构建与仿真

由以上因果回路的分析可知,即使是一项政策的实施,也有可能引起系统中目标值两种方向的变动,任何行为都不是单纯线性的变化,也正是非线性造成了系统运行的复杂性,因此采用 SD 模型来解决问题是十分必要的。

3.2.2 融资子系统和整体绿色金融系统存量-流量图

1) 系统存量-流量图

存量-流量图是对系统动力学结构的描述,我们可将系统动力学的主要结构称为主流,根据系统动力学原理,利用 VENSIM 仿真软件绘制存量-流量图,以各子系统为模型设计对象:公共财政子系统、间接融资子系统、直接融资子系统、金融创新融资子系统以及碳市场子系统,最后根据各自系统间的关系,建立存量－流量图主流结构形成因果反馈闭环,再进一步进行整体流图的验证与分析。通过前文对中国绿色金融系统中融资模式的研究和讨论,选取对系统目标有影响的变量清晰地描述绿色金融系统的运作过程,除此之外,增加一些辅助变量便于理解,最重要的是选取能够提供模型参数的历史数据以及变量间的量化关系或相关性的数据。

(1) 间接融资系统。

本书的间接融资系统主要是以银行信贷为代表的体系,图 3-4 所示为间接融资子系统的流图,主要包含 2 个存量、2 个流量、5 个辅助变量、6 个常量、1 个表函数和 1 个影子变量。其中存量包括银行总可贷款额(Total Credit,TC)、银行低碳贷款(Green Credit,GC),流量分别为银行每年贷款增长额(Total Credit Increment,TCI)、每年新增低碳贷款(Green Credit Creation,GCC)。银行低碳贷款主要受到每年新增低碳贷款的影响,数学模型对应于下列积分公式:

$$GC(t) = GC(0) + \int_0^T (GCC(t))dt \qquad (3-1)$$

其中 GCC 受到银行每年贷款增长额(Total Credit Increment,TCI)、绿色信贷占比(Green Credit Ration,GCR)、年低碳贷款增长系

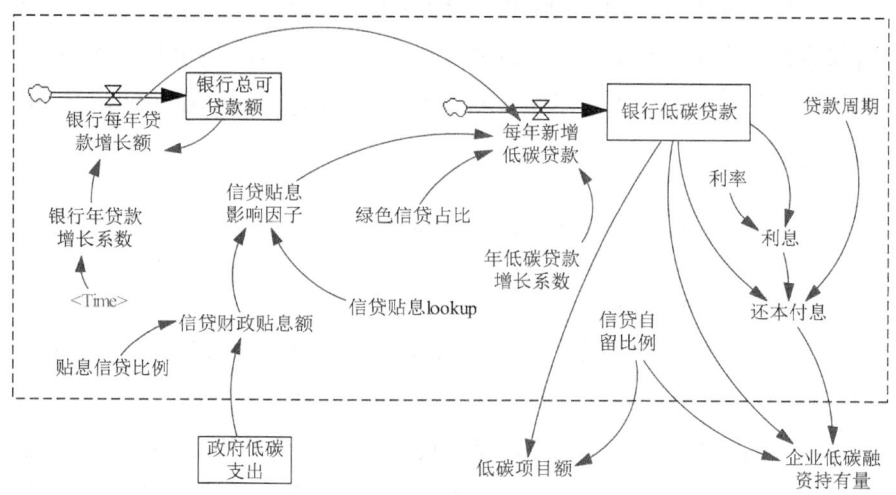

图 3-4 间接融资子系统

数(Green Credit Increment Factor, GCIF)以及信贷贴息影响因子的影响(Credit Interest Subsidy Factor, CISF)。年低碳贷款增长系数、绿色信贷占比是常量；信贷贴息影响因子则反映的是政府公共财政子系统对银行低碳贷款贴息的作用情况；TCI 是由银行总可贷款额(Total Credit, TC)和银行年贷款增长系数(Total Credit Increment Factor, TCIF)决定的，TCIF 为时间函数：

$$TCI(t) = TC(t) \times TCIF(t) \tag{3-2}$$

每年的银行低碳贷款由企业作为主体每年支付的本金和利息构成。银行低碳贷款的资金部分由企业投资于所申请贷款的低碳项目，部分由企业自持，用于业务经营和融资的还本付息。

(2) 直接融资子系统。

直接融资子系统的流图与间接融资类似(图 3-5)，由 2 个存量、2 个流量、7 个辅助变量、7 个常量、1 个表函数和 1 个影子变量组成。2 个存量分别为绿色债券发行量和债券总发行量。绿色债券发行量(Green Bond, GB)是由每年其增长量(Green Bond Increment, GBI)决定的，数学模型对应于下列积分公式：

$$GB(t) = GB(0) + \int_0^T GBI(t)dt \qquad (3-3)$$

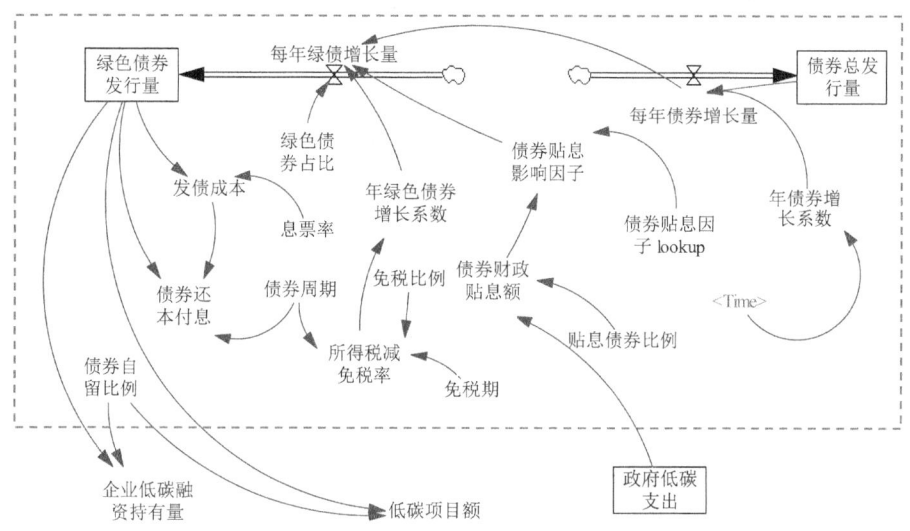

图 3-5 直接融资子系统

GBI 的影响因素来自三方面,一是每年债券增长量(Bond Increment, BI)以及其中绿色债券占比(Green Bond Ratio, GBR);二是年绿色债券增长系数(Green Bond Increment Factor, GBIF),主要受到所得税减免税率(Tax Exemption Ratio, TER)的作用,税收减免一般针对的是承销人或债权人;三是债券贴息影响因子(Bond Interest Subsidy Factor, BISF),主要反映的是公共财政对发债人的贴息行为影响了绿色债券发行。

存量 GB 按照债券自留比例分别进入企业的低碳项目以及作为企业日常运营的自留资金中,另外发债企业需按照发债成本及所发行量,根据发行期限每年支付债权人利息,并在最后一年归还本金,本书为了建模的简化,将最后的还本行为分摊到发行期限中进行。其中年债券增长系数为随时间变化的外生变量。

(3) 公共财政和金融创新子系统。

政府在其中都处于核心位置,因此将两个子系统归在一起进行讨论。该子系统包含 1 个存量、1 个流量、8 个辅助变量、3 个常量、2 个表函数及 2 个影子变量(图 3-6)。政府低碳投入(Government Low Carbon Expenditures, GLCE)受到流量每年政府低碳投入增减额(GLCE Increment, GLCEI)的影响,数学模型对应于下列积分公式:

$$GLCE(t) = GLCE(0) + \int_0^T GLCEI(t)dt \qquad (3-4)$$

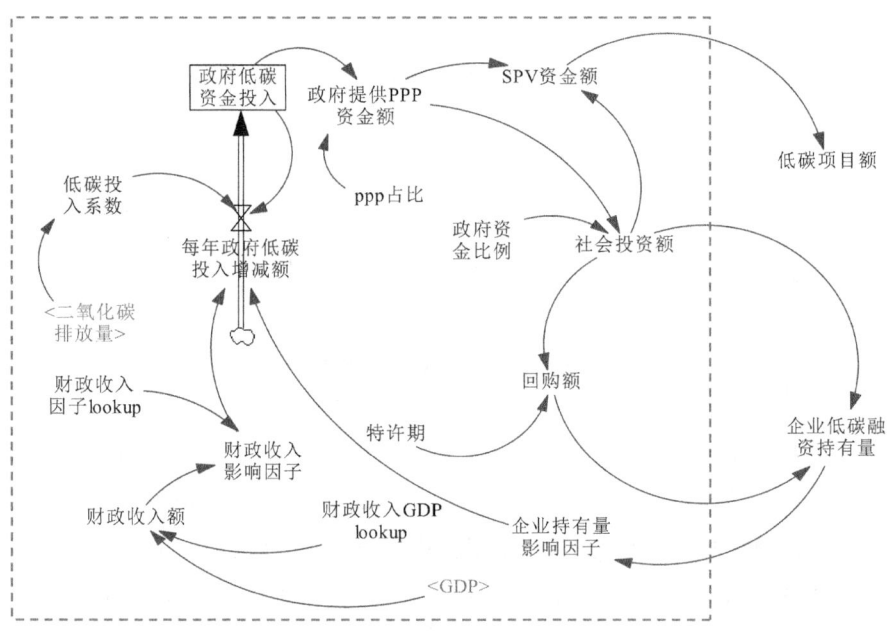

图 3-6 公共财政和金融创新子系统

影响 GLCEI 的相关因素有三个,一是受二氧化碳排放量(Carbon Dioxide Emission, CDE)影响的低碳投入系数(Government Low Carbon Expenditures Factor, GLCEF);二是受财政收入影响因子(Fiscal Revenue Factor, FRF);三是受企业低碳融资持有量作用的影响因子(Enterprises Holdings Factor, EHF)。

GLCE 除了通过贴息作用于间接和直接融资系统,还通过参与 PPP 投资作用于金融创新子系统,其中社会投资额与政府提供 PPP 资金一起形成 SPV 资金(Special Purpose Vehicle, SPV),SPV 进而投入低碳项目领域。同时按照 PPP 的运行模式,政府会在特许期 (Concession Period,CF)结束后向社会资本出资,回购其所出资项目份额,以上模式的资金流均对企业低碳融资持有量产生影响。

该子系统中政府资金比例和 PPP 占比均为常量,目的是成为后续可调节的外生变量。

(4) 碳市场和碳排放子系统。

碳市场和碳排放子系统中有 2 个存量、2 个流量、5 个常量、9 个辅助变量以及 2 个影子变量(图 3-7)。其中存量 GDP 随流量 GDP 增长量(GDP Increment,$GDPI$)变化而变化:

$$GDP(t) = GDP(0) + \int_0^T GDPI(t)dt \qquad (3-5)$$

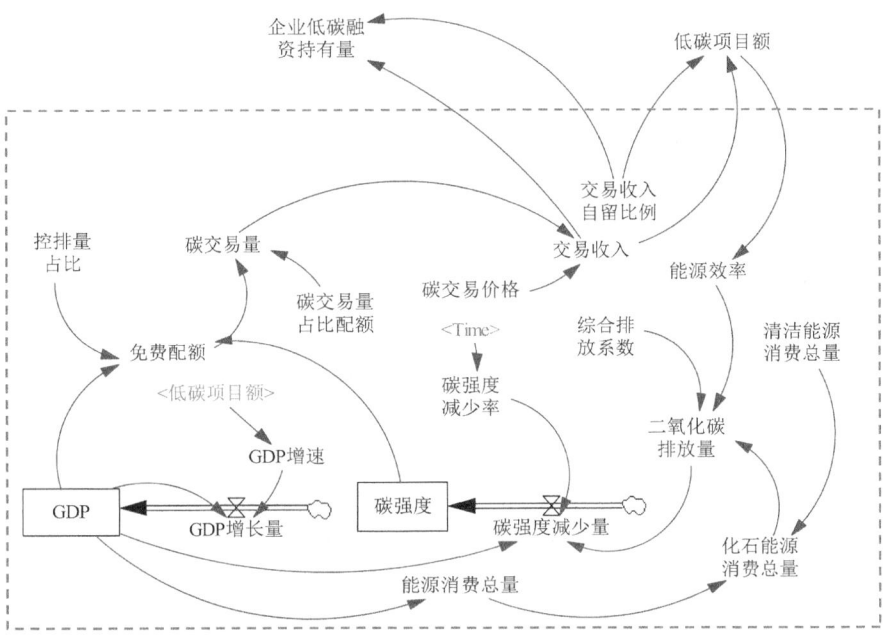

图 3-7　碳市场子系统

另一存量碳强度(Carbon Intensity,CI)与碳强度减少量(Carbon Intensity Decrement,CID)紧密相关:

$$CI(t) = CI(0) + \int_0^T CID(t)dt \qquad (3-6)$$

一方面，GDP 的增加会加大能源消费总量（Energy Consumption，EC），其中的化石能源消费总量（Fossil Fuel Consumption，FFC）也会随之提高，但低碳项目投资会提高能源效率（Energy Efficiency，EE）或清洁能源消费总量（Clean Energy Consumption，CEC），因此也降低了化石能源消费总量，这种抑制和促进的双重作用，最后会反映在由化石能源消费所产生的二氧化碳排放量上，二氧化碳与 GDP 的比值即为碳强度。另一方面，GDP 与 CI 共同决定了每年的控排企业免费配额量（Free Quota，FQ），进而对碳交易量（Carbon Trade，CT）产生作用，而交易收入（Trade Revenu，TR）一部分继续投入低碳项目，另一部分则成了 ELCCH 的一部分，同时也为支付所融资金的成本提供了资金来源。

在本系统中 GDP 增速（GDP Growth Rate，GDPGR）受到低碳项目额的影响，碳强度减少量（Carbon Intensity Decrement，CID）视为时间外在变量，控排量占比（Emission Control Ratio，ECR）、碳交易占比配额（Carbon Trade Ration，CTR）和碳交易价格（Carbon Price，CP）则为可调节常量。

2）整体系统流量图

系统动力学是基于因果关系图，利用存量流量建模的方法。朱帮助等[182]利用图论将每一个或多个存量视为一个子系统，围绕其所对应的流量，利用辅助变量之间的关系建立子系统流图，最后以还原论的思想为指导，将各个子系统进行嵌套，形成整体系统网络。

本书的系统动力学模型以各子系统流图为基础，由企业低碳融资持有量和低碳项目额组成的企业低碳策略子系统进行联系和反馈。在分析了各子系统的内部组成、变量关系和边界之后，通过企业低碳融资持有量和低碳项目额两个辅助变量将四个子系统相连接，形成了如图 3-8 所示的整体系统存量-流量图。

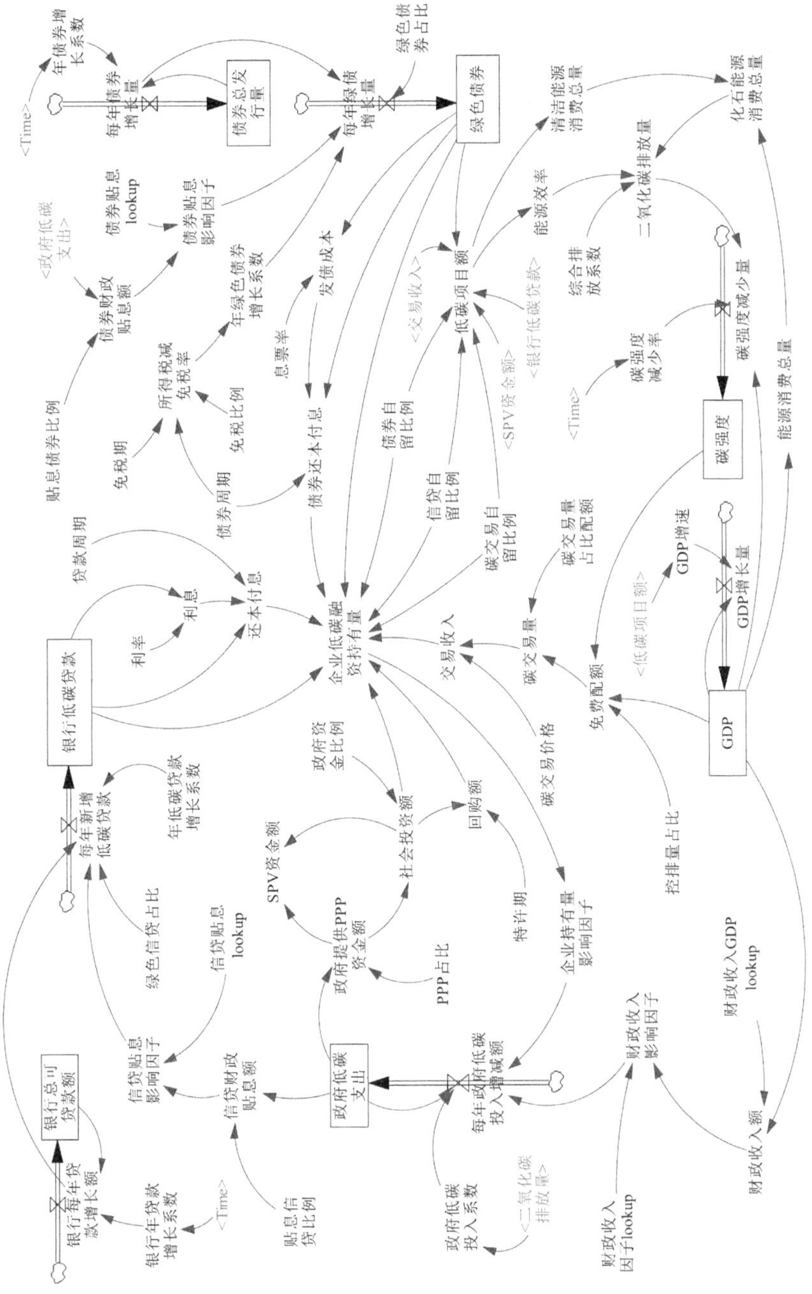

3 考虑碳排放的绿色金融系统动力学模型构建与仿真

图 3-8 考虑碳排放的绿色金融系统模型存量-流量图

3.2.3 存量-流量图的数学表达

整体流图所涉及的变量名称、类型、单位以及英文表达列于附录1,附录1定义了72个变量,所有的变量名均用斜体表示。在此基础上,进一步用数学模型表述变量间的数理关系、实现方针。主要的函数关系列于表3-3。

表 3-3 模型中变量间主要函数关系

运算公式	分类
$TC(t) = TC(0) + \int_0^T (TCI(t))dt$ $TCI(t) = TCIF(t) \times AC(t)$ $GC(t) = GC(0) + \int_0^T (GC\ Creation(t))dt$ $GCC(t) = TC(t) \times (1+GCIF) \times CISF(t) \times GCR$ $I(t) = GC(t) \times IR$ $CC\&I(t) = GCR(t) + I(t)$ $CIS(t) = GLCE(t) \times CISR(t)$ $CISF(t) = CIS\ LOOKUP(CIS(t))$	间接融资子系统
$TB(t) = TB(0) + \int_0^T (BI(t))dt$ $BI(t) = TB(t) \times BIF$ $GB(t) = GB(0) + \int_0^T GBI(t)dt$ $GBI(t) = TB(t) \times (1+GBIF) \times GBR \times BISF(t)$ $TER(t) = ETR \times EP \div BP$ $BC(t) = GB(t) \times CR$ $BC\&I(t) = GB(t) \div BP + BC(t)$ $BIS(t) = GLCE(t) \times BISR(t)$ $BISF(t) = BIS\ LOOKUP(BIS(t))$	直接融资子系统
$GLCE(t) = GLCE(0) + \int_0^T GLCEI(t)dt$ $GLCEI(t) = GLCE(t) \times GLCEF(t) \times FRF(t) \times EHF(t)$ $GLCEF(t) = WITHLOOKUP(CDE(t))$ $PPPG(t) = GLCE(t) \times PPPR(t)$ $PPPP(t) = PPPG(t) \times (1-GR)$ $SPVF(t) = PPPG(t) + PPPP(t)$ $BB(t) = PPPP(t) \div CF$ $EHF(t) = WITHLOOKUP(ELCCH(t))$ $FRF(t) = FR\ LOOKUP(FR(t))$ $FR(t) = FRGDP\ LOOKUP(GDP(t))$	金融创新子系统 和 公共财政子系统

(续表)

运算公式	分类
$GDP(t) = GDP(0) + \int_0^T GDPI(t)dt$ $GDPI(t) = GDP(t) \times GDPGR(t)$ $GDPGR(t) = WITHLOOKUP(LCI(t))$ $CDE(t) = FFC(t) \times EE(t) \times CEF(t)$ $CI(t) = CI(0) + \int_0^T CID(t)dt$ $CID(t) = CDE(t) \div GDP(t) \times CIDR(t)$ $FQ(t) = CDE(t) \times ECR$ $CT(t) = FQ(t) \times CTR$ $TR(t) = CT(t) \times CP(t)$ $EC(t) = 0.3338 \times GDP(t) + 218379$ $FFC(t) = EC(t) - CEC(t)$ $CEC(t) = 2914.7 \times LCI(t)^{0.2605}$ $EE(t) = 0.6562 \times LCI(t)^{0.0109}$	碳市场子系统 和 碳排放子系统
$ELCCH(t) = BB(t) - PPPP(t) - BC\&I(t) - CC\&I(t) + GB(t) \times BRR + GC(t) \times CRR + TR(t) \times TRR$ $LCI(t) = SPVF(t) + GB(t) \times (1 - BRR) + GC(t) \times (1 - CRR) + TR(t) \times (1 - TRR)$	企业低碳策略

3.3 模型的仿真、确认和验证

整个系统动力学模型的开发中,除了构建合理的反馈系统,设置合理的参数状态也十分重要,对模型的反馈系统和参数状态有效性进行确认,以保证所构建模型可以被运用于政策分析和预测管理。换句话说,根据文献和历史数据所建立的模型,在运用其进行预测之前其必须被证明是有效而且正确的。在系统动力学的研究中,模型有效性已经成为众多学者的研究关注焦点。Barlas[183]定义和研究了模型的校验过程,直到目前,绝大多数的系统动力学研究依然会引用他的成果。Qudrat-Ullah 和 Seong[184]以 Barlas 工作为主线总结了校验的方法。本节即沿用 Qudrat-Ullah 和 Seong 总结的方法来进行模型的校验。

为了解决系统动力学的校验问题,学者开发了诸多模型测试的方法。但一个现实问题的模型很难通过所有系统动力学测试检验,因此在验证过程中,我们需要选择对于该模型最为重要的性能进行测试。一般情况下做几种重要的测试便可以达到校验的标准和要求。根据前人的研究,本节主要进行边界适当性测试、结构评价测试、参数估计测试、量纲一致性测试、极端条件测试、行为重现测试等以及真实性检验。

3.3.1 模型结构测试

1) 边界适合性测试

系统边界测试的目的不仅是验证模型关键变量的属性,即核心变量不可以是系统的外生变量,而且也要对系统在边界条件产生变化时的敏感性,表3-4 和表3-5 为系统重要内生和外生变量的解释与说明。

表 3-4　　　　　　　系统重要内生变量描述和说明

主题分类	英文缩写	变量	类型	数值	单位	数据来源说明
间接融资	Green Credit, GC	银行低碳贷款	L	1 323.1	$10^8 Yuan$	《关于构建绿色金融体系的指导意见》[a]
直接融资	Green Bond, GB	绿色债券发行	L	253	$10^8 Yuan$	《绿色债券发行指引》[b]
金融创新	SPV Funds, SPVF	SPV 资金	A	—	$10^8 Yuan$	$SPVF(t) = PPPG(t) + PPPP(t)$
公共财政	Government Low Carbon Expenditures, GLCE	政府低碳支出	L	555.96	$10^8 Yuan$	国家统计局"国家财政环境保护支出"
碳市场	Trade Revenu, TR	交易收入	A	—	$10^8 Yuan$	$TR(t) = CT(t) \times CP(t)$
碳排放	Carbon Intensity, CI	碳强度	L	3.09	$10^4 Ton / 10^8 Yuan$	World Bank Database

注:a) 详见《关于构建绿色金融体系的指导意见》,由七部委共同起草,其中提出"十三五"对开展绿色经济加强建设绿色金融体系的战略目标,以 2015 年银行贷款总量为基数计算,中国的绿色信贷已占到国内全部贷款余额 10%。

b) 2015 底,国家发展改革委发布的《绿色债券发行指引》中提到,截至 2014 年年底,中国的潜在绿色产业的债券规模约占总规模的 20%(同样以 2015 年银行贷款总量为基数计算),其中发行主体分别涉及能源、公用事业、交通、化工等领域。

由上文的系统主题变量分类可以知道,本章系统动力学包括的子系统间接融资、直接融资、金融创新、公共财政和碳市场子系统中所涉及的关键变量均为内生变量,受到相关外生变量的影响和作用。

表3-5　　　　　　　系统关键的外生变量描述和说明

主题分类	英文缩写	变量	数值	单位	描述和初始值
间接融资	Green Credit Increment Factor, GCIF	年低碳贷款增长系数	15.90%	Dmnl	2006—2014年数据,来源国家统计局
	Loan Period, LP	贷款周期	15	Year	银行绿色信贷运用惯例
	Credit Retention Ratio, CRR	信贷自留比例	50%	Dmnl	绿色信贷中企业用于自身经营的比例。来源银行绿色信贷运用惯例
	Interest Rate, IR	利率	5.81%	Dmnl	2006—2014年数据,来源国家统计局
	Green Credit Ration, GCR	绿色信贷占比	10%	Dmnl	信贷总量中绿色信贷比例。来源《关于构建绿色金融体系的指导意见》
直接融资	Bond Increment Factor, BIF	年债券增长系数	38%	Dmnl	2006—2014年数据,来源国家统计局
	Green Bond Ratio, GBR	绿色债券占比	20%	Dmnl	债券总量中绿色债券比例。来源2016年G20峰会《绿色金融综合报告》
	Coupon Rate, CR	息票率	4.5%	Dmnl	2006—2014年数据,来源国泰安数据库
	Bond Period, BP	债券周期	6.59	Year	2006—2014年数据,来源国泰安数据库
	Bond Retention Ratio, BRR	债券自留比例	50%	Dmnl	绿色债券中企业用于自身经营的比例。来源绿色债券发行的运用惯例
	Tax Exemption, TE	免税比例	10%	Dmnl	财政免税政策
	Exemption Period, EP	免税期	3	Year	财政免税政策
金融创新	Government Ratio, GR	政府资金比例	50%	Dmnl	PPP项目中政府通常权利占比
	Concession Period, CP	特许期	20	Year	PPP项目中政府回购期惯例
	PPP Ratio, PPPR	PPP占比	30%	Dmnl	政府的环保PPP支出占总低碳支出的比例。调节参数

(续表)

主题分类	英文缩写	变量	数值	单位	描述和初始值
公共财政	Bond Interest Subsidy Ratio, BISR	贴息债券比例	35%	Dmnl	政府的绿色债券贴息支出占总低碳支出的比例。调节参数
	Credit Interest Subsidy Ratio, CISR	贴息信贷比例	35%	Dmnl	政府的绿色信贷贴息支出占总低碳支出的比例。调节参数
碳市场和碳排放	Carbon Intensity Decrement Rate, CIDR	碳强度减少率	3.6%	Dmnl	2030年中国碳强度水平较2005年降低60%~65%的承诺,计算得出政策规定强制减排量占排放总量比例。碳市场试点情况拟定
	Emission Control Ratio, ECR	控排量占比	50%	Dmnl	
	Carbon Trade Ration, CTR	碳交易量占比配额	8.1%	Dmnl	目前碳交易量占配额比例统计分析得出
	Comprehensive Emission Factor, CEF	综合排放系数	3.5	Dmnl	IPCC二氧化碳排放系数
	Carbon Emission Price, CEP	碳交易价格	0.008	10^8 Yuan/ 10^4 Ton	2006—2015年数据根据发改委文件估算
	Trade Revenu Ratio, TRR	交易收入自留比例	50%	Dmnl	碳交易中企业用于自身经营的比例。调节参数

2) 结构评价测试

在系统动力学研究中,对于系统行为与系统结构的关系形成了较为统一的观点,即典型行为由典型结构所决定。典型的行为即指存在内在规律性的行为,如震荡、指数型、寻的等行为,均由典型结构决定。含有延迟的大多负反馈环会造成震荡,一般的负反馈环会导致系统的寻的行为。一般行为则是由外部突变引起的,包括简单的下降和上升等。

由上文因果关系图可知,所构建的系统动力学模型中包含5条指数型正反馈回路以及4条寻的型负反馈回路,也就是说CO_2的影响受到两种类型的力量作用,其典型行为也是体现为指数与寻的的两种结合,其中指数型起主要作用。

3) 参数估计测试

参数估计测试主要是观察模型中的参数设置与真实系统的情况能否相互匹配,参数估计测试可以利用统计方法来进行,也可以利用分析进行表函数的设置(表3-6)。

表3-6　　　　　　　　系统结构参数设定与估计

主题分类	变量	解释	函数轨迹
间接融资	信贷贴息 lookup	贴息行为将影响绿色信贷的增长率。开始的贴息额度较小,作用并不明显,同时市场也需要对政府的贴息信号进行反应,所以出现了函数轨迹前期的平稳阶段,随着贴息的增加,遍及更多的信贷活动,市场也逐渐意识到政策的激励,产生了中间部分的急速增加,最后当低碳信贷市场发展到一定程度,市场容量扩张速度减缓,贴息的行为对绿色信贷的增长作用也转变为缓步上升	(0 到 1800, 取值范围约 2 到 6 的S型曲线)
直接融资	债券贴息 lookup	债券贴息对绿色债券增长率的影响同信贷贴息的影响相似。均经历起始平稳,中间部分急速上升,后期再次趋于平稳的过程	(0 到 6 000, 取值范围约 1 到 5 的S型曲线)
公共财政和金融创新	财政收入 lookup	假设随着财政收入的增加,政府的低碳资金投入也随之增加,函数轨迹呈幂函数增长,初期低碳资金投入对财政收入变化的敏感程度较大,后期敏感程度有所下降	(30 000 到 491 172, 取值范围约 0.25 到 0.4 的幂函数曲线)

(续表)

主题分类	变量	解释	函数轨迹
公共财政和金融创新	政府低碳投入系数	假设随着二氧化碳排放量的增加,政府的低碳资金投入呈指数型增长,即在二氧化碳排放量较低时,政府对低碳领域的支持较为平稳,当排放量达到一定阈值,政府必须要更加重视、更加积极地开展对减排项目的资金支持,因此形成了指数型增长的函数轨迹	
	企业持有量影响因子	假设随着企业资金持有量的增加,政府的低碳资金投入呈对数型下降。本假设主要是为了体现政府在市场经济中的角色,即进行宏观调控,引导资金向有利于社会经济发展的方向流动。当企业资金充足,足以进行低碳项目投资的时候,政府的资金支持快速减少,而当企业资金量不足时,政府便加大支持力量,起到杠杆的作用	
碳市场	GDP 增速	假设 GDP 增速与低碳项目投资额是呈对数型下降的关系。中国经济经历了高速发展的阶段,结合本模型的研究时限 2005—2030 年,预计中国经济增速会经历从高速回落,在低位趋于稳定的过程,即软着陆	
	能源消费总量	假设 GDP 与能源消费总量呈一定的函数关系,对统计数据进行回归分析,得到二者的函数关系以及其决定系数。二者数据来自国家统计局,时限 2006—2014 年	$0.3338 \times GDP + 218739$, $R^2 = 0.9914$

(续表)

主题分类	变量	解释	函数轨迹
碳市场	清洁能源消费总量	假设 GDP 与能源消费总量呈一定的函数关系,对统计数据进行回归分析,得到二者的函数关系以及其决定系数。二者数据来自国家统计局和《清华大学中国低碳发展报告》,时限 2006—2014 年	$2\,894.5 \times 低碳项目额^{0.2612}$, $R^2 = 0.9666$
碳市场	财政收入	本模型假设 GDP 与能源消费总量呈一定的函数关系,对统计数据进行回归分析,得到二者的函数关系以及其决定系数。二者数据来自国家统计局,时限 2005—2014 年	$0.232 \times GDP - 10\,261$, $R^2 = 0.9989$

4) 其他测试

量纲测试的首要任务是保证量纲的真实性和现实意义,其次是确保整个系统的量纲是吻合的,而其测试方法除了人工对比,运行系统动力学的软件 Vensim 也会提供自动的检测。本模型所有变量的量纲详见附录1。

极端情况测试一方面主要是测试在模型受到冲击时所表现出来的状态能否与现实相吻合,另一方面也通过冲击来判断模型的稳定性。所谓冲击,是指把模型中的某个变量或某几个变量(包括参数)置于极端情况,如取"0"或者取"无穷大"。

3.3.2 模型真实性检验

真实性检验(Reality Check)提供了一种检验模型行为或不同假设条件下模型界别分组行为的直接方法。真实性检验不但可以有效验证并保证模型的真实性,还可以将特定的假设讨论上升为事物真实的性质。真实性检验通过建立基本假设验证模型的真伪,即这些假设是保证模型正确性的约束。若检验结果违反这些约束,则需要调整模型结构或参数;若通过检验,则证明模型符合客观常识和规则,确保了模型的正确性。真实性检验的另一大优点是检验本身不会改变原模型的任务结构或参数。真实性检验约束语言结构为:

Name:THE CONDITION:condition:IMPLIES:consequence

其中"Name"为真实性检验的约束名,":THE CONDITION:"和":IMPLIES:"为VENSIM的特别关键词,"condition"是条件表达式,"consequence"是结果表达式。

模型的真实性验证通过绿色金融系统运行中可能遇到的情形下的系统行为检测进行判别,包括:Green Credit 下降则低碳项目额增速随之下降;碳强度减少率变小则碳交易量下降;以及极端情景测试——Green Credit、Green Bond、政府提供PPP资金额显著增加,CO_2 Emission 开始下降。VENSIM 真实性检验提供了内置的真实性检验函数(RC functions),本书采用 RC DECAY、RC DECAY CHECK、RC STEP、RC RAMP 等函数测试真实性检验约束条件下模型行为是否符合预期的轨迹。真实性检验函数均含有两个可设参数并且存在于条件表达式或结果表达式中:开始时间(start time)和持续时间(duration time)。检验函数对于模型的作用始于开始时间,变量值按照检验函数设定轨迹运行,直至持续时间结束。本书的真实性检验约束语言为[①]:

(1) DGP下降 能源消费下降:THE CONDITION:$GDP=RC\ DECAY(GDP,10,10)$:IMPLIES:化石能源消费总量$\leqslant RC\ DECAY\ CHECK$(1,化石能源消费总量,20,10)。

(2) Green Credit 下降 低碳项目额增速下降:THE CONDITION:$Green\ Credit=RC\ DECAY(Green\ Credit,5,15)$:IMPLIES:低碳项目额$<500000$。

(3) 碳强度减少率变小 碳交易量下降:THE CONDITION:碳强度减少率$=RC\ STEP$(碳强度减少率,1.8,10):IMPLIES:碳交

---

① 真实性检验 VENSIM 语言详见官网软件说明 http://www.vensim.com/documentation/。

易量≤RC DECAY CHECK(2,碳交易量,25,10)。

(4) *Green Credit* 显著增加 CO_2 *Emission* 开始下降:THE CONDITION: *Green Credit* = RC RAMP(*Green Credit*,1000,5,20); IMPLIES: CO_2 *Emission* ≤ RC DECAY CHECK(1, CO_2 *Emission*,15,20)。

(5) *Green Bond* 显著增加 CO_2 *Emission* 开始下降:THE CONDITION: *Green Bond* = RC RAMP(*Green Bond*,1000,5,20); IMPLIES: CO_2 *Emission* ≤ RC DECAY CHECK(1, CO_2 *Emission*,15,20)。

(6) 政府提供 *PPP* 资金额显著增加 CO_2 *Emission* 开始下降: THE CONDITION:政府提供 *PPP* 资金额 = RC RAMP(政府提供 *PPP* 资金额,10000,5,20); IMPLIES: CO_2 *Emission* ≤ RC DECAY CHECK(1, CO_2 *Emission*,15,20)。

①表示若 *GDP* 下降,则化石能源消费总量下降;②表示 *Green Credit* 从仿真时间的第 15 年开始下降至周期结束,低碳项目额增速下降(不超过 500 000 亿元,即不及正常情况下最高年交易量 1 107 230 亿元的一半)。③表示碳强度减少率变小,碳交易量随之下降。④、⑤和⑥分别表示 Green Credit、Green Bond、政府提供 *PPP* 资金额显著增加, CO_2 *Emission* 均开始呈现下降态势。从真实性检验结果可得(图 3-9),所有检验的输出结果都没有违反设定的约束。

3.3.3 模型输出行为和结果的确认

模型结构测试可以保证模型的开发无误以及正常运行,但无法保证模型运行的结果与真实世界中参考系统的历史数据相一致。通常,系统动力学中采用行为重现测试的统计分析图表来为模型与真实世界的一致性提供科学的支持。

通过行为测试确认模型的有效性和相合性。行为重复测试是指判断仿真结果是否能复制仿真对象的真实数据(时间序列)[185]。对真实世界的复制一种是数值上的一种是趋势上的,对于系统动力学仿

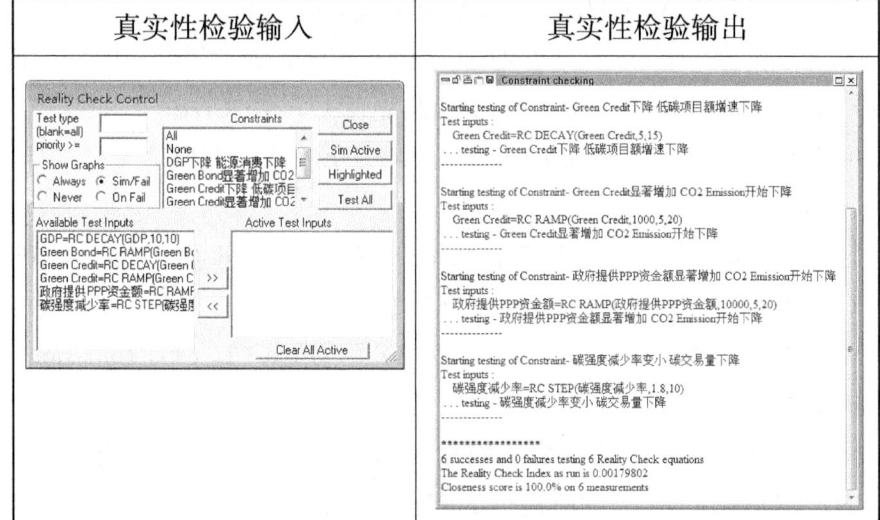

图 3-9　真实性检验输入输出值

的结果,趋势上的一致更为关键。因为 SD 模型的系统行为特征主要由模型结构驱使,而不是特定的参数值。

图 3-10 为本章所研究系统动力学模型中几个关键变量的行为重复测试结果。其中,图 3-10a 为水平变量 GDP 的历史数据和模拟数据的对比结果,可以清晰地看出模型的模拟行为与现实数据的历史行为几乎重合。水平变量 GDP 的真实历史数据来自《中国国家统计年鉴》(2005—2014 年)。

二氧化碳排放量是模型的关键变量之一,其体现了整个绿色金融系统的最终成效。图 3-10b 描述了二氧化碳排放量 2005—2014 年 10 年中的排放情况,其历史数据来自世界银行数据库,模拟数据则是由化石能源消费总量、能源效率和综合排放系数共同计算得到。图中显示历史数据和模拟结果具有显著的紧密关系。

绿色金融系统中,融资系统的关键变量有绿色信贷、绿色债券、SPV 资金以及政府低碳支出。但其中绿色债券、SPV 资金并没有系统地进行过统计,因此在资金支持系统关键变量的选取中,主要考虑 GLCE 水平变量的行为重复情况。GLCE 的数据来源于《中国国家统

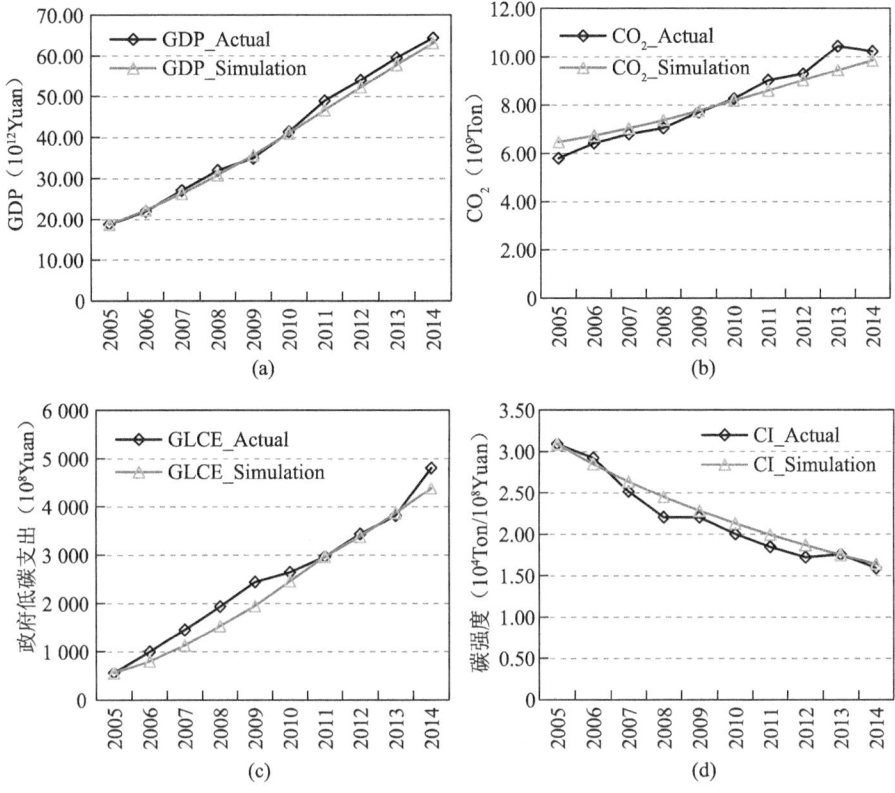

图 3-10 真实 *GDP*、*CO₂*、*GLCE*、*CI* 和其仿真结果的对比

计年鉴》(2005—2014 年),本书假设由 GLCE 来为绿色信贷、绿色债券以及 PPP 项目提供杠杆资金支持。图 3-10c 显示模拟结果在 2005—2009 年对真实历史数据的重现情况较好,2009—2013 年的数据略高于真实历史数据,认为金融危机导致政府为刺激经济而进行的投资中,多是以高能耗的"铁公基"项目为主,重点在刺激经济,忽略了低碳发展。

图 3-10d 为水平变量碳强度的历史数据和模拟数据的对比结果,可以清晰地看出模型的模拟行为与现实数据的历史行为几乎重合。水平变量碳强度的真实历史数据来自世界银行数据库(2005—2014 年)。

对于一个正确的行为重现测试,应该利用统计分析来证明模型的行为在统计学意义上是正确的。该领域有许多验证两数据集差异显著性的统计方法,例如,Qudrat-Ullah 和 Seong[184] 采用 Mean Square

Error(MSE)和 Root Mean Square Error Percentage(RMSEP)方法来验证行为的重现性。除此之外,Egilmez 和 Tatari[186]采用正态检验和一步 ANOVA 检验来进行行为重现测试。本书采用 Mean Absolute Percentage Error(MAPE)的方法来对模型仿真和真实值进行统计性分析。

MAPE 是一种从统计角度测量预测准确性的方法,通常将准确度表示为百分比,其运算定义为如下方程:

$$MAPE = \frac{\sum_{t=1}^{n} \left| \frac{A_t - S_t}{A_t} \right|}{n} \times 100\% \qquad (3-7)$$

其中 A_t 是真实历史值,S_t 是模拟或预测值。一般认为 MAPE 的结果即误差结果小于 10%~15% 的模拟结果是比较合适的。本书的 MAPE 结果列于表 3-7,分别为 $MAPE\_GDP = 2.31\%$,$MAPE\_CO_2 = 4.80\%$,$MAPE\_GLCE = 10.08\%$,$MAPE\_CI = 4.92\%$,均在合适的范围之内,所以认为模型行为重现结果可以接受。

表 3-7 真实 GDP、CO_2、$GLCE$、CI 和其仿真结果数值分析

Year	GDP_A	GDP_S	CO₂_A	CO₂_S	GLCE_A	GLCE_S	CI_A	CI_S
2005	18.73	18.73	5.79	6.47	555.96	555.96	3.09	3.09
2006	21.94	22.26	6.41	6.73	995.82	802.503	2.92	2.85
2007	27.02	26.29	6.79	7.04	1 451.36	1 129.87	2.51	2.64
2008	31.95	30.82	7.04	7.37	1 934.04	1 537.44	2.20	2.45
2009	34.91	35.65	7.69	7.76	2 441.98	1 951.89	2.20	2.28
2010	41.30	41.01	8.26	8.18	2 640.98	2 460.88	2.00	2.13
2011	48.93	46.70	9.02	8.60	2 963.46	2 968.61	1.84	1.99
2012	54.04	52.30	9.29	9.03	3 435.15	3 383.58	1.72	1.87
2013	59.52	57.81	10.44	9.45	3 815.6	3 871.87	1.75	1.75
2014	64.40	63.16	10.23	9.85	4 802.89	4 384.24	1.59	1.64
MAPE	2.31%		4.80%		10.08%		4.92%	

3.4 本章小结

本章阐述了间接融资、金融创新融资、直接融资、碳市场以及公共财政多个子系统运行结构下中国绿色金融系统动力学模型的构建和仿真结果分析。通过实践和理论的结合,对子系统模型进行分析,构建了考虑碳排放的中国绿色金融系统动力学模型,设置了系统的参数和初始存量值,通过一系列测试证明了 SD 模型的可靠性。

4 不同绿色金融系统模型结构对碳减排的影响

本章在绿色金融系统模型的基础上,进一步研究模型结构对低碳目标的影响,并且根据模拟结果分析各结构的作用,以及政府政策和企业策略对低碳经济目标实现的影响,为绿色金融系统促进低碳发展提供建议和管理方法。

4.1 BaU 情景下碳排放相关指标的预测和分析

将前文的初始模拟环境作为基准情景,即 Bussiness as Usual (BaU),模型 BaU 情景下行为重复检验得到数据误差范围均在 10% 以内,只有个别参数误差为 10.08%,因此认为该考虑碳排放的绿色金融系统模型可以用于仿真现实情况。本节对 BaU 情景下,碳排放相关指标进行预测和分析。

图 4-1 为 SD 模型在 BaU 情景下对于碳强度的预测值,预测范围是 2015—2030 年。结合 G20 峰会中,中国 2030 年碳强度较 2005 年下降 60%~65% 政府承诺,可计算目标碳强度区间为 1.082~1.236 万吨/亿元。但根据 BaU 的运行结果,预测 2030 年的碳强度为 1.239 1 万吨/亿元,无法实现低碳目标。作为辅助分析,图 4-1 也描述了同时期二氧化碳排放量的仿真预测值。将二氧化碳和碳强度预测值曲线进行对比,其中碳强度在 2021 年附近变化速率放缓,即经历加速下降和缓慢下降两个阶段,与之对比,二氧化碳排放量的增速趋于稳定,接近线性增长。

4 不同绿色金融系统模型结构对碳减排的影响

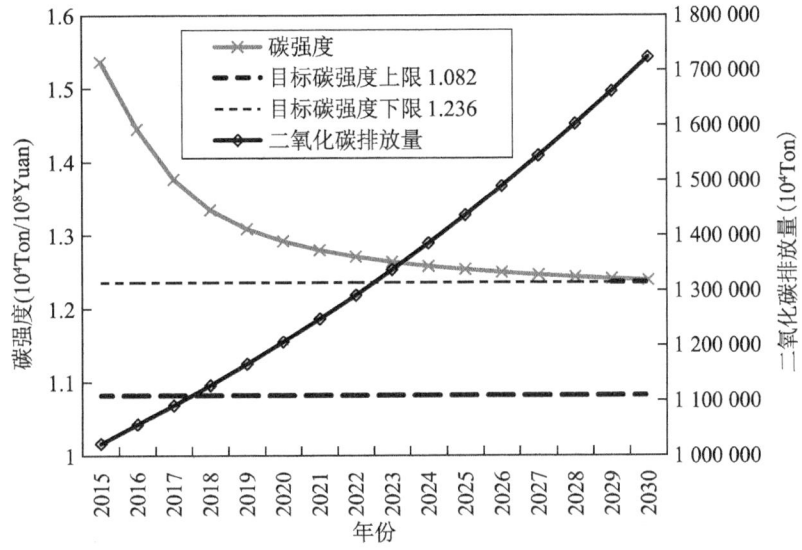

图 4-1 BaU 情景下碳强度和二氧化碳排放量预测值

控制二氧化碳排放的两大主要途径是：①降低化石能源消耗量占比，②提高能源使用效率。因此，无法实现低碳目标的原因主要在于绿色金融系统所提供的低碳投资不足以使化石能源消耗量降低至合理水平，或能源效率提高不显著。为说明该现象，将 BaU 情景下的化石能源消耗量和能源消费总量的预测值进行对比（图 4-2），结果显示，化石能源消耗量在能源消费总量中的比例逐年降低，但不够显著，同时也说明 BaU 情景下，中国的清洁能源开发和使用有待加强。根据模拟参数设置时由历史数据拟合的函数关系：

$$CEC(t) = 2\,894.5 \times LCI(t)^{0.2612} \qquad (4\text{-}1)$$

可知清洁能源消费总量（$Clean\ Energy\ Consumption$，$CEC$）与低碳项目额（$Low\ Carbon\ Investment$，$LCI$）呈指数函数，因此从解决实现低碳目标的问题，到提高清洁能源消费总量的问题，间接转化为了提高低碳项目额的问题，即加强绿色金融系统中的资金支持问题。

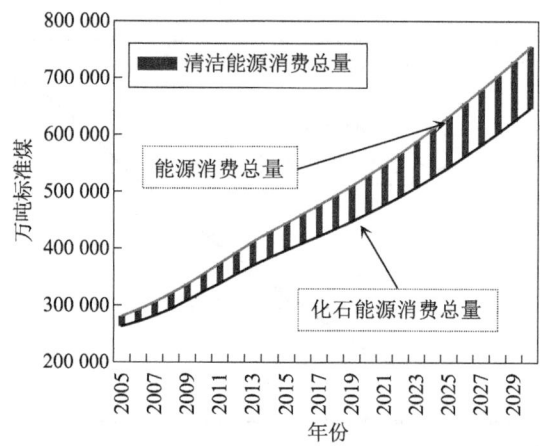

图 4-2 BaU 情景下化石能源消费总量和能源消费总量预测对比

4.2 模型结构对系统运行效果影响的预测和分析

本章通过比较不同情景下重要模型输出指标的模拟结果,可以预测和分析各子系统的运行效果。因此本节 BaU 作为参考情景,讨论不同模型结构对碳强度等重要指标的作用。根据子系统存在与否设置了 5 种不同的情景,其对应的关系列于表 4-1。

表 4-1 各模型子系统作用分析的不同情景设置

影响变量	情景设定				
	无间接融资系统(No Green Credit Subsystem, NGC)	无直接融资系统(No Green Bond Subsystem, NGB)	无金融创新系统(No PPP Subsystem, NPPP)	无公共财政系统(No GLCE Subsystem, NGLCE)	无碳市场系统(No Carbon Market Subsystem, NCM)
贴息信贷比例	35%	35%	35%	0	35%
绿色信贷占比	0	10%	10%	10%	10%
贴息债券比例	35%	35%	35%	0	35%
绿色债券占比	20%	0	20%	20%	20%
PPP 占比	30%	30%	0	0	30%
碳交易价格 (10^8 Yuan/10^4 Ton)	0.008	0.008	0.008	0.008	0

4.2.1 间接融资子系统的影响

间接融资的作用主要由绿色信贷来实现,考察间接融资子系统的作用首先要将其从 BaU 情景中剔除,将绿色信贷量设置为零。根据银行低碳贷款量 GC 和每年新增低碳贷款 GCC 的计算,数学模型对应于下列积分公式:

$$GC(t) = GC(0) + \int_0^T (GCC(t)) dt \quad (4-2)$$

$$GCC(t) = TC(t) \times (1 + GCIF) \times CISF(t) \times GCR \quad (4-3)$$

其中 TC 为银行总可贷款额,$GCIF$ 为年低碳贷款增长系数,$CISF$ 为信贷贴息影响因子,GCR 为绿色信贷占比,其中可调节变量为 $GCIF$ 和 GCR,但增长系数的大小依赖于银行贷款年增长率的变化,因此最合理的政策调节因子为 GCR,将其从 10% 设置为 0,即代表银行信贷中没有任何的绿色贷款存在。

在 NGC 情景下,系统运行后主要的指标预测情况如图 4-3 所示。从图中可以看出无论是二氧化碳排放量(CO_2 $Emission$)、绿色债券量(GB)还是政府低碳支出($GLCE$),在绿色金融系统不存在间接融资之后,都产生了较大的提高。说明间接融资形式在绿色金融系统中的作用尤为显著,在其作用之下,不仅二氧化碳排放量较显著下降,而且节省了政府低碳支出。即不开展间接融资业务的情况下,即使直接融资规模相应增加,同时政府支付更多的资金进行低碳建设,也无法达到多种工具共同作用下的减排效果。

由于碳强度(CI)为二氧化碳排放量和 GDP 的比值,变化缓慢且幅度较小,NGC 情景下 CI 的变化情况,图 4-3 中显示不够明显,因此将其模拟和预测数据列于表 4-2,数据时限为 2005—2030 年,将 NGC 与 BaU 情景下的 CI 进行对比,所得相对误差(Relative Error,RE)计算如下所示:

$$RE = \frac{(CI-NGC)-(CI-BAU)}{(CI-BAU)} \times 100\% \quad (4-4)$$

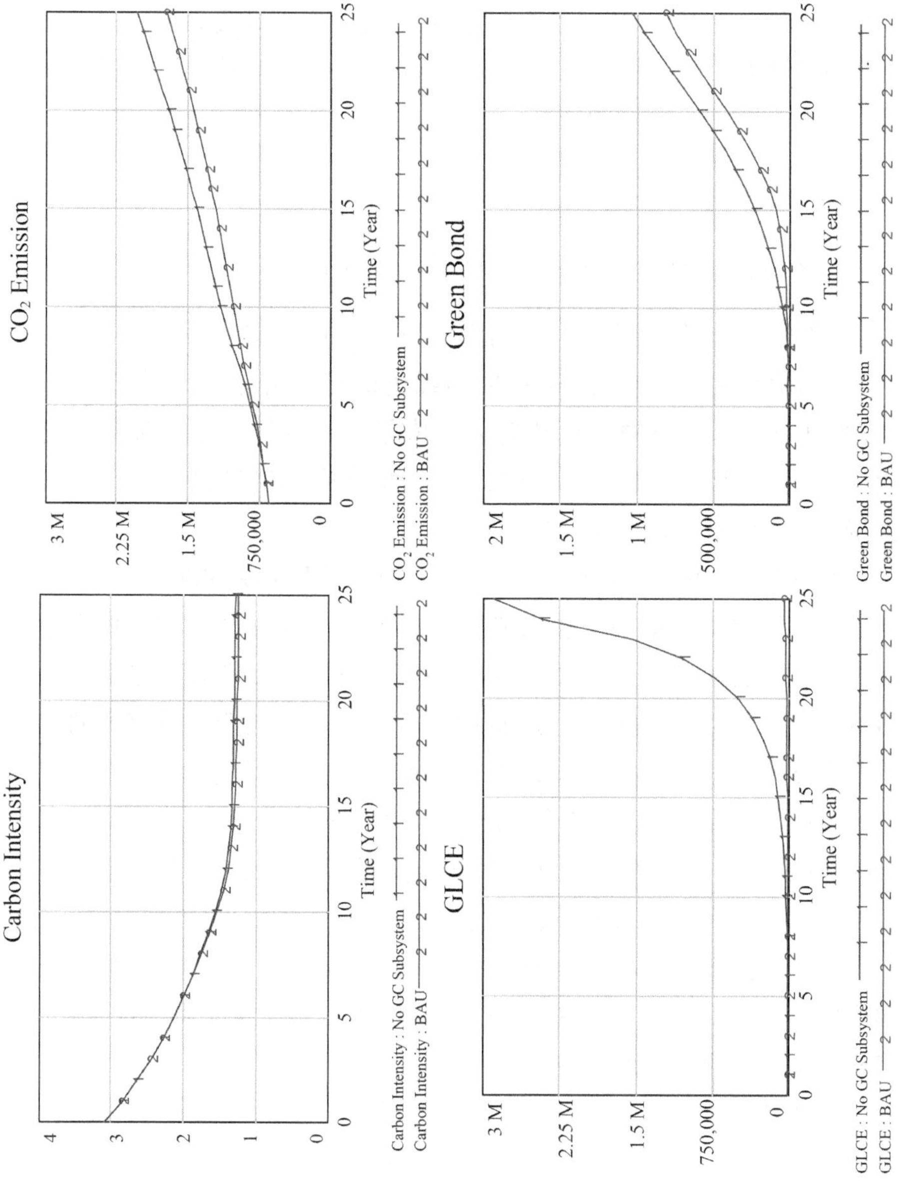

图 4-3 NGC 和 BaU 情景下主要指标运行结果对比

4 不同绿色金融系统模型结构对碳减排的影响

表 4-2　BaU 和 NGC 情景下碳强度仿真结果相对误差分析

Year	Carbon Intensity-BaU	Carbon Intensity-NGC	RE	Year	Carbon Intensity-BaU	Carbon Intensity-NGC	RE
2005	3.0900	3.0900	0.00%	2018	1.3346	1.3724	2.84%
2006	2.8475	2.8475	0.00%	2019	1.3087	1.3483	3.03%
2007	2.6359	2.6353	−0.03%	2020	1.2922	1.3329	3.15%
2008	2.4493	2.4483	−0.04%	2021	1.2798	1.3213	3.24%
2009	2.2829	2.2821	−0.04%	2022	1.2711	1.3131	3.30%
2010	2.1320	2.1326	0.03%	2023	1.2639	1.3063	3.35%
2011	1.9941	1.9973	0.16%	2024	1.2583	1.3009	3.39%
2012	1.8678	1.8749	0.38%	2025	1.2538	1.2967	3.42%
2013	1.7501	1.7615	0.65%	2026	1.2499	1.2930	3.45%
2014	1.6399	1.6567	1.03%	2027	1.2466	1.2898	3.47%
2015	1.5368	1.5601	1.52%	2028	1.2437	1.2871	3.48%
2016	1.4448	1.4746	2.07%	2029	1.2412	1.2847	3.50%
2017	1.3767	1.4115	2.53%	2030	1.2391	1.2827	3.52%

从表 4-2 中数据可以看出，两种情形下 CI 的差距从最开始的微弱逐渐扩大到 2030 年的 3.52%。我国政府的规划是 2030 年中国的碳强度要降低到 2005 年的 60%～65%，根据世界银行数据库 2030 年目标 CI 为 1.082～1.236 万吨/亿元。BaU 情景下的 1.239 1 无法实现目标值，若不采用间接融资的资金支持措施，无间接融资子系统作用的 CI 较 BaU 情景时显著增大，无法实现低碳目标。

4.2.2 金融创新子系统的影响

本模型中金融创新的作用主要由 PPP 项目的低碳投资来实现，若想考察金融创新系统的作用，先要将其从整个系统中剔除，即将 PPP 占比设置为零。根据 SPV 资金额（SPVF）、政府提供 PPP 资金额（PPPG）和社会投资额（PPPP）的计算公式：

$$SPVF(t) = PPPG(t) + PPPP(t) \qquad (4-5)$$

$$PPPP(t) = PPPG(t) \times (1 - GR) \qquad (4-6)$$

$$PPPG(t) = GLCE(t) \times PPPR(t) \qquad (4-7)$$

GR 为政府资金比例，GLCE 为政府低碳支出，PPPR 为 PPP 占比，其中可调节变量为 GR 和 PPPR，GR 为调节政府和私人部门出资比例，PPPR 则为调节 PPP 项目是否开展的变量因子，因此最合理的政策调节因子为 PPPR，将其从 30% 设置为 0，即代表政府低碳支出中没有任何的 PPP 投资存在。

在 NPPP 情景下，系统运行后主要的指标变化情况如图 4-4 所示。图中显示二氧化碳排放量（CO_2 Emission）在绿色金融系统失去金融创新融资之后，有一定的提高，但绿色债券量（GB）、绿色信贷量（GC）和碳强度（CI）的仿真数据变化量在图中并不显著。因此需要对比三个指标在 NPPP 和 BaU 情景下的运行（表 4-3）。

从表 4-3 中数据可以看出，两种情形下 CI 的差距从微弱的 0.46% 逐渐扩大到 2030 年的 0.91%，从上文的介绍可知 1.250 4 万吨/亿元的 CI 水平无法实现目标值；GB 在 NPPP 情景下，相对误差从

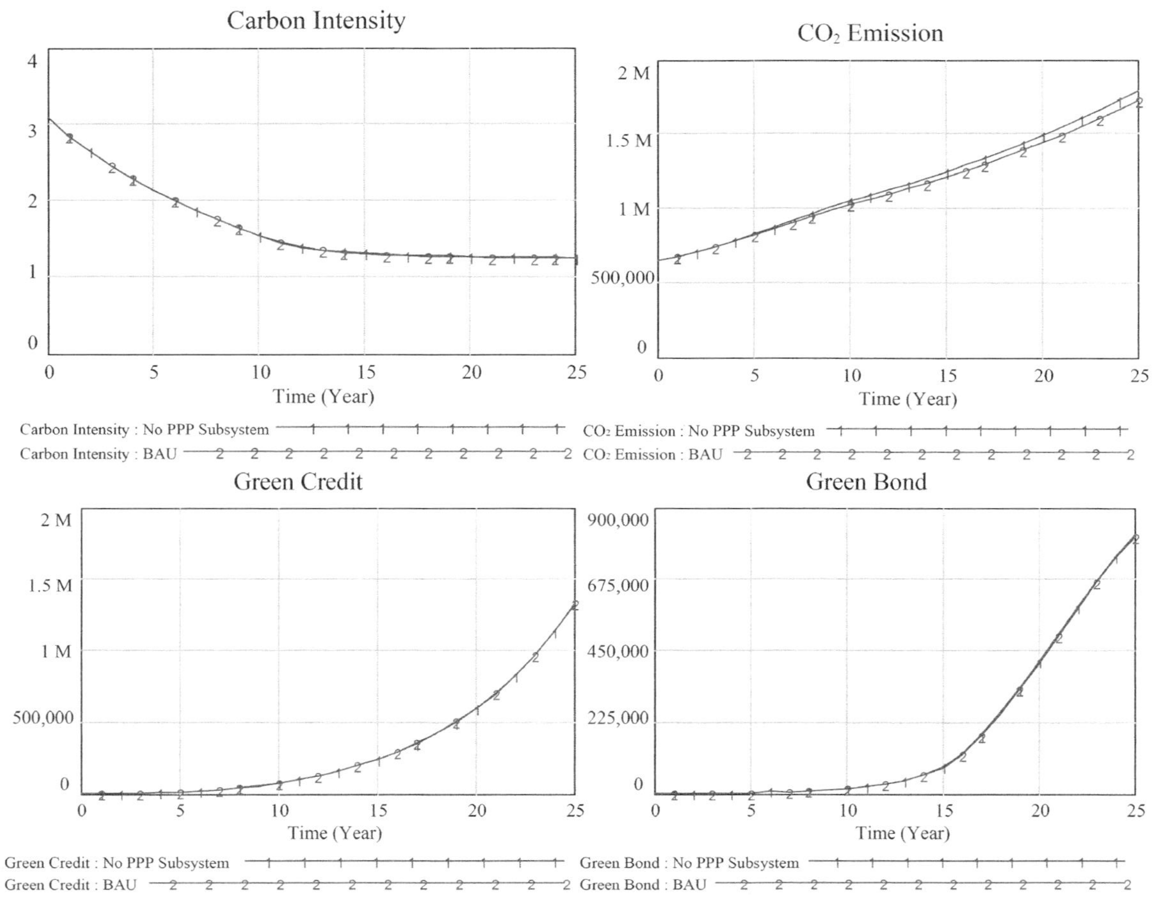

4 不同绿色金融系统模型结构对碳减排的影响

图 4-4 NPPP 和 BaU 情景下主要指标运行结果对比

表 4-3　NPPP 和 BaU 情景下主要指标仿真结果相对误差分析

Year	Carbon Intensity-BaU	Carbon Intensity-NPPP	RE	GC-BaU	GC-NPPP	RE	GB-BaU	GB-NPPP	RE
2015	1.5368	1.5438	0.46%	78411	75801	-3.33%	17002	16787	-1.27%
2016	1.4448	1.4532	0.58%	101635	99012	-2.58%	23327	22944	-1.64%
2017	1.3767	1.3862	0.69%	129785	127152	-2.03%	31988	31469	-1.62%
2018	1.3346	1.3447	0.76%	162560	159919	-1.62%	43643	43072	-1.31%
2019	1.3087	1.3191	0.80%	200661	198021	-1.32%	59794	59486	-0.51%
2020	1.2922	1.3029	0.83%	244789	242151	-1.08%	84789	85444	0.77%
2021	1.2798	1.2906	0.85%	295901	293267	-0.89%	123543	127335	3.07%
2022	1.2711	1.2820	0.86%	355106	352479	-0.74%	183097	187363	2.33%
2023	1.2639	1.2749	0.87%	423690	421077	-0.62%	251391	256498	2.03%
2024	1.2583	1.2693	0.88%	503148	500558	-0.51%	328093	333246	1.57%
2025	1.2538	1.2649	0.89%	595209	592655	-0.43%	410442	415660	1.27%
2026	1.2499	1.2611	0.89%	701878	699379	-0.36%	495560	500867	1.07%
2027	1.2466	1.2578	0.90%	825480	823063	-0.29%	581056	586477	0.93%
2028	1.2437	1.2549	0.90%	968705	966402	-0.24%	664134	669689	0.84%
2029	1.2412	1.2525	0.90%	1134650	1132500	-0.19%	741639	747335	0.77%
2030	1.2391	1.2504	0.91%	1326920	1324970	-0.15%	810042	815879	0.72%

2005—2030年保持在-2‰~3‰的水平上波动;GC的相对误差则由起初的-3.33%下降到-0.15%,但值得注意的是,其符号为负向,即初期对变化的反应较为剧烈,但在未来的发展中趋于平稳。该预测结果说明与BaU的情景相比,没有了金融创新的绿色金融系统的二氧化碳排放量和碳强度将会在未来有所增加,并且金融创新的抑制,会导致其他工具资金支持规模的下降。

4.2.3 直接融资子系统的影响

直接融资的作用主要由绿色债券来实现,考察间接融资系统的作用首先要将其从整个系统中剔除,将绿色债券量设置为零。根据绿色债券发行量(GB)和每年绿债增长量(GBC)的计算公式:

$$GB(t) = GB(0) + \int_0^T GBI(t) \mathrm{d}t \tag{4-8}$$

$$GBI(t) = TB(t) \times (1 + GBIF) \times GBR \times BISF(t) \tag{4-9}$$

TB为债券发行总量,$GBIF$为年绿色债券增长系数,$BISF$为债券贴息影响因子,GBR为绿色债券占比,其中可调节变量为$GBIF$和GBR,但$GBIF$的大小依赖于每年债券增长量(BI)的变化,因此最合理的政策调节因子为GBR,将其从20%设置为零,即代表债券发行中没有任何的绿色债券存在。

在NGB情景下,系统运行后主要的指标变化情况如图4-5所示。图中显示在绿色金融系统不开展直接融资业务之后,二氧化碳排放量(CO_2 Emission)有一定的提高,并且政府低碳支出(GLCE)显著上升。碳强度(CI)和绿色信贷量(GC)的仿真数据变化量在图中并不显著。因此需要对比两个指标在NGB和BaU情景下运行的模拟和预测数据(表4-4)。

表4-4显示,两种情景下,二氧化碳排放量相对误差从2005年的2.17%增加到2030年的6.49%;碳强度的差距从微弱的0.45%逐渐扩大到2030年的0.79%,从上文的介绍可知,1.248 9万吨/亿元的碳

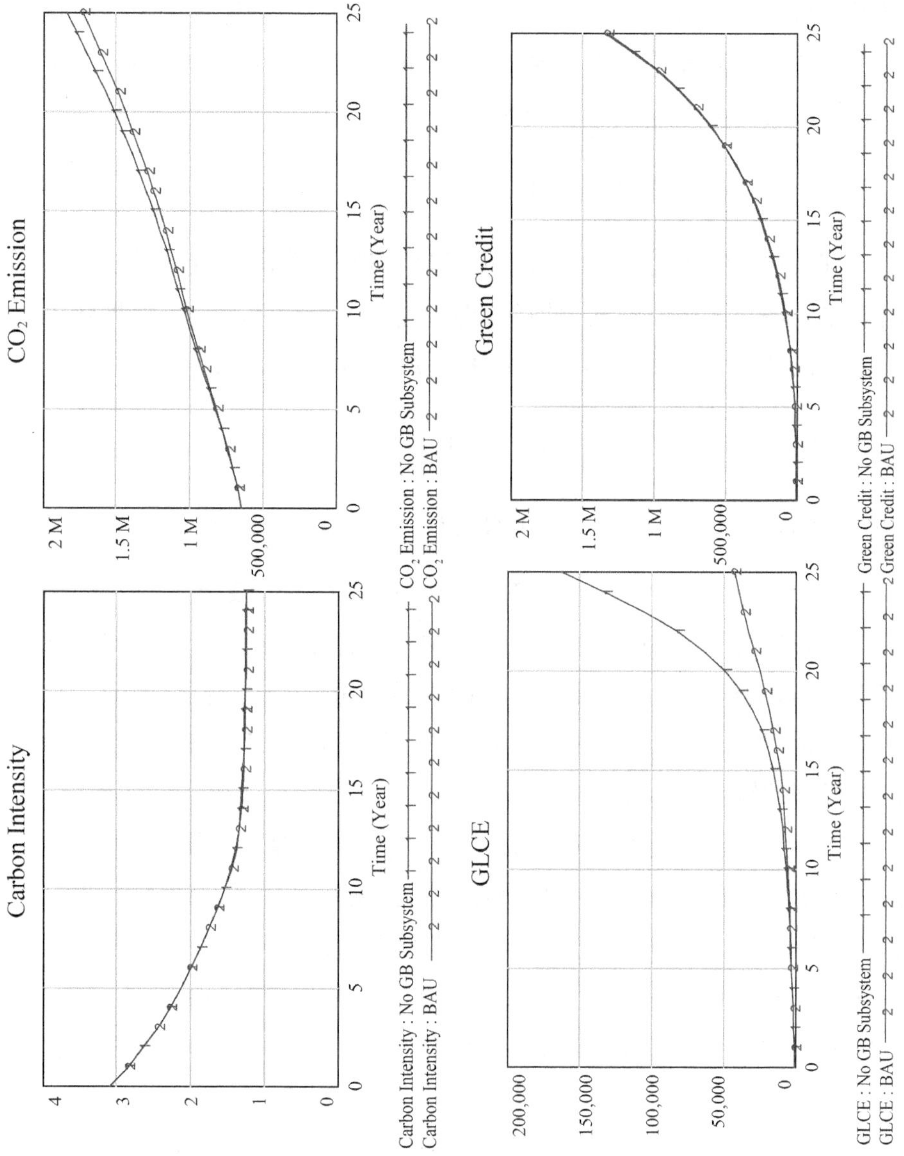

图 4-5 NGB 和 BaU 情景下主要指标运行结果对比

表 4-4　NGB 和 BaU 情景下主要指标仿真结果相对误差分析

Year	CI-BaU	CI-NGB	RE	CO_2-BaU	CO_2-NGB	RE	GC-BaU	GC-NGB	RE
2015	1.5368	1.5437	0.45%	1022030	1044160	2.17%	78411	83932	7.04%
2016	1.4448	1.4528	0.56%	1056860	1082610	2.44%	101635	107301	5.57%
2017	1.3767	1.3855	0.64%	1091150	1120380	2.68%	129785	135718	4.57%
2018	1.3346	1.3439	0.70%	1127630	1159770	2.85%	162560	168631	3.73%
2019	1.3087	1.3183	0.73%	1166200	1201690	3.04%	200661	206752	3.04%
2020	1.2922	1.3019	0.75%	1206530	1246170	3.29%	244789	250910	2.50%
2021	1.2798	1.2896	0.76%	1248330	1293210	3.60%	295901	302065	2.08%
2022	1.2711	1.2809	0.77%	1291460	1342780	3.97%	355106	361335	1.75%
2023	1.2639	1.2738	0.78%	1337200	1394780	4.31%	423690	430024	1.49%
2024	1.2583	1.2681	0.78%	1385490	1449580	4.63%	503148	509653	1.29%
2025	1.2538	1.2637	0.78%	1436260	1507220	4.94%	595209	602002	1.14%
2026	1.2499	1.2598	0.79%	1489430	1567680	5.25%	701878	709160	1.04%
2027	1.2466	1.2564	0.79%	1544850	1630880	5.57%	825480	833587	0.98%
2028	1.2437	1.2535	0.79%	1602290	1696700	5.89%	968705	978174	0.98%
2029	1.2412	1.2510	0.79%	1661480	1764960	6.23%	1134650	1146310	1.03%
2030	1.2391	1.2489	0.79%	1723500	1835420	6.49%	1326920	1341990	1.14%

强度水平依然无法达到其目标值,该运行结果说明按照目前的绿色金融系统,其中绿色债券所提供的资金占比还不足以使其形成对未来绿色金融系统的强大作用,进而导致直接融资发展对碳强度影响较小的情况;同时期,绿色信贷量的相对误差则由起初的 7.04% 下降到 1.14%,说明不开展直接融资对间接融资行为的刺激在起初较为明显,绿色信贷量显著增加,随着时间的推移,对其刺激也渐渐降低,趋于平稳。但无论是从碳强度还是从二氧化碳排放量的变化来看,直接融资系统确实对二者有降低作用,对中国未来的低碳发展起到了积极的影响,只是还需要提高其在整个绿色金融系统中的占比,以便更好地服务减排。

4.2.4 公共财政子系统的影响

公共财政子系统的作用主要由对 PPP 项目、绿色信贷和绿色债券的支持来实现,考察公共财政系统的作用首先要将其从整个系统中剔除,将 PPP 占比(PPPR)、信贷贴息比例(CISR)、债券贴息比例(BISR)设置为零。

在 NGLCE 情景下,系统运行后主要参数预测对比情况如图 4-6 所示。其中二氧化碳排放量(CO_2 Emission)在公共财政不对低碳发展进行资金支持的情景下,产生了一定的提高,相应的碳强度(CI)的预测值在仿真后期有显著增幅,但绿色信贷量(GC)、绿色债券量(GB)相应显著下降。依然采用具体误差值对比碳强度在 NGLCE 和 BaU 情景下的仿真预测数据(表 4-5)。

如表 4-5 所示,两种情景下碳强度的差距从 2005 年 0 逐渐扩大到 2030 年的 1.90%,从上文的介绍可知 1.2626(亿元/万吨)的碳强度水平无法实现其目标值,并且有继续扩大相对误差的趋势,该运行结果说明与 BaU 的情景相比,公共财政不提供资金支持低碳发展的绿色金融系统中,碳强度和二氧化碳排放量将会在未来有所增加,并且会导致其他融资系统的规模下降,这样的结果充分体现了政府在低碳发展中的杠杆和资金引导作用。

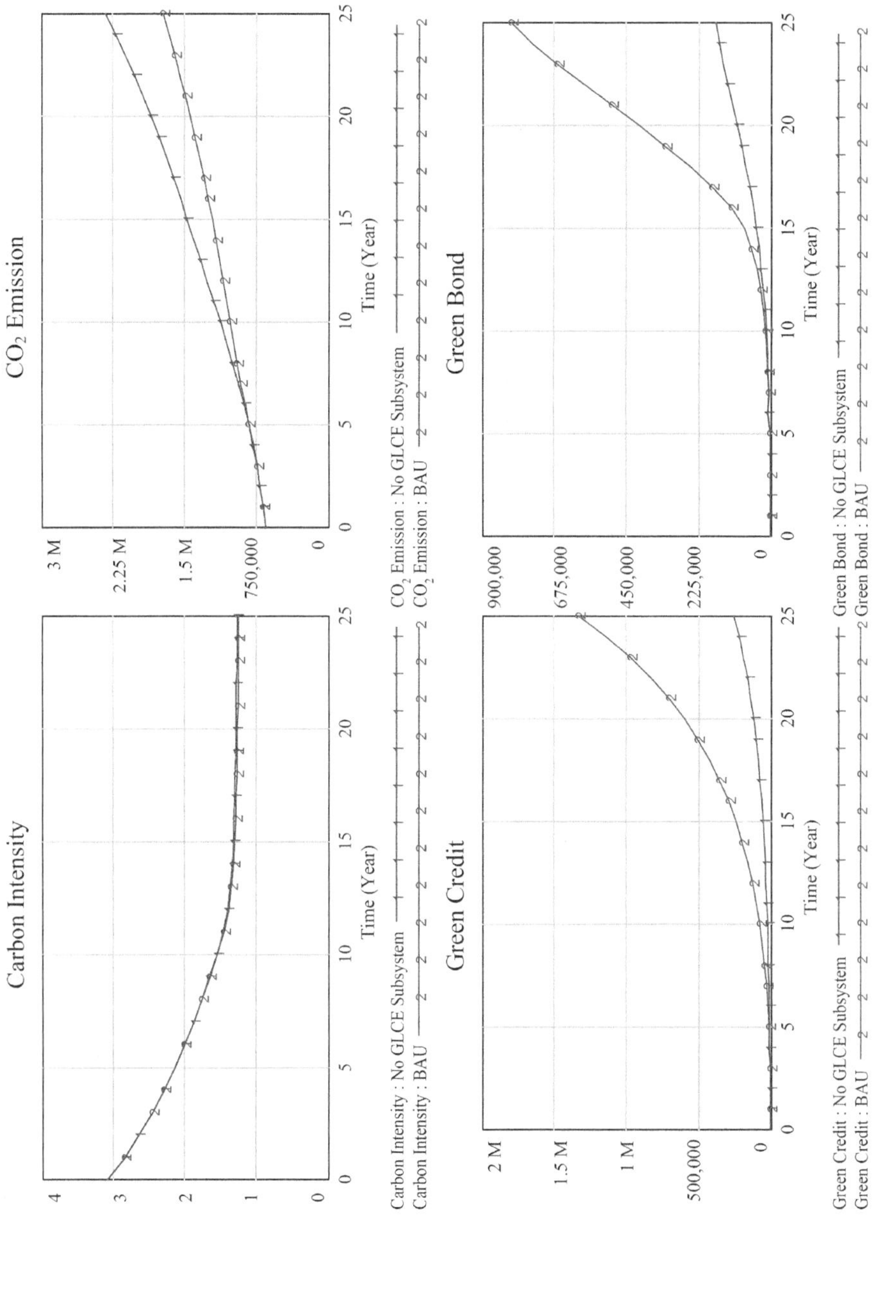

4 不同绿色金融系统模型结构对碳减排的影响

图 4-6 NGLCE 和 BaU 情景下主要指标运行结果对比

表 4-5　NGLCE 和 BaU 情景下碳强度仿真结果相对误差分析

Year	Carbon Intensity-BaU	Carbon Intensity-NGLCE	RE	Year	Carbon Intensity-BaU	Carbon Intensity-NGLCE	RE
2005	3.0900	3.0900	0.00%	2018	1.3346	1.3533	1.40%
2006	2.8475	2.8472	−0.01%	2019	1.3087	1.3289	1.54%
2007	2.6359	2.6355	−0.02%	2020	1.2922	1.3134	1.64%
2008	2.4493	2.4490	−0.01%	2021	1.2798	1.3017	1.71%
2009	2.2829	2.2830	0.00%	2022	1.2711	1.2934	1.76%
2010	2.1320	2.1328	0.04%	2023	1.2639	1.2866	1.79%
2011	1.9941	1.9958	0.08%	2024	1.2583	1.2812	1.82%
2012	1.8678	1.8705	0.15%	2025	1.2538	1.2769	1.84%
2013	1.7501	1.7541	0.23%	2026	1.2499	1.2731	1.86%
2014	1.6399	1.6461	0.38%	2027	1.2466	1.2699	1.87%
2015	1.5368	1.5460	0.60%	2028	1.2437	1.2671	1.88%
2016	1.4448	1.4577	0.90%	2029	1.2412	1.2647	1.89%
2017	1.3767	1.3930	1.18%	2030	1.2391	1.2626	1.90%

在 NGLCE 情景下,绿色信贷量和绿色债券量的变化幅度较为显著,进一步对二者进行讨论。如图 4-7 所示,绿色信贷量和绿色债券量对公共财政支持的敏感程度有较大区别,在无贴息的仿真时限内,绿色债券量增速平稳,为线性增长,绿色信贷量则是指数型增长。因此结论为,在自由市场中,没有政府公共力量的干预,间接融资模式和直接融资模式的规模差距会逐年加大。

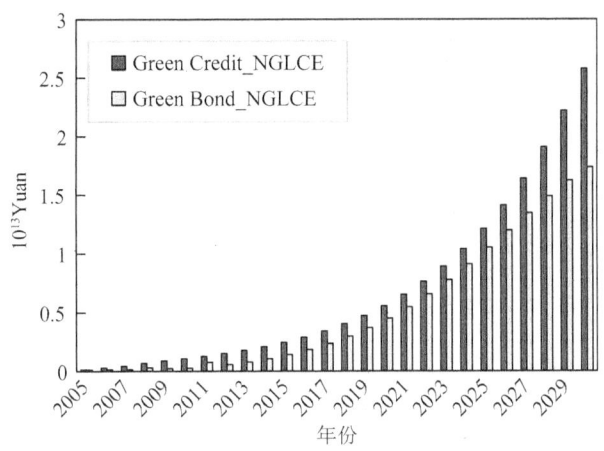

图 4-7 NGLCE 情景下绿色信贷和债券运行结果对比

4.2.5 碳市场子系统的影响

碳市场的影响主要通过交易收入(TR)对企业低碳融资持有量($ELCCH$)和低碳项目额(LCI)产生作用,进而分别对二氧化碳排放量($CO_2\ Emission$)碳强度(CI)和政府低碳支出($GLCE$)等变量产生影响。企业低碳融资持有量和低碳项目额的函数如下:

$$ELCCH(t) = BB(t) - PPPP(t) - BC\&I(t) - CC\&I(t) + GB(t) \times BRR + GC(t) \times CRR + TR(t) \times TRR \qquad (4-10)$$

$$LCI(t) = SPVF(t) + GB(t) \times (1-BRR) + GC(t) \times (1-CRR) + TR(t) \times (1-TRR) \qquad (4-11)$$

其中 BB 为回购额,$PPPP$ 为社会资金量,GB 为绿色债券量,

BRR 为债券自留比例，GC 为绿色信贷量，CRR 为信贷自留比例，TR 为碳交易收入，TRR 为交易收入自留比例，$CC\&I$ 为信贷还本付息，$BC\&I$ 为债券还本付息，可以看出企业低碳融资持有量和低碳项目额受到 SPV 资金量、绿色信贷量、绿色债券量、交易收入的四重影响。交易收入的函数表达如下：

$$CT(t) = FQ(t) \times CTR \tag{4-12}$$

$$TR(t) = CT(t) \times CP(t) \tag{4-13}$$

其中 CT 为碳交易量，CP 为碳价格，因此绿色金融系统中不考虑碳交易的情景需将碳价格设置为 0。NCM 情景下，系统仿真碳排放预测结果如图 4-8 所示，差距并不显著。

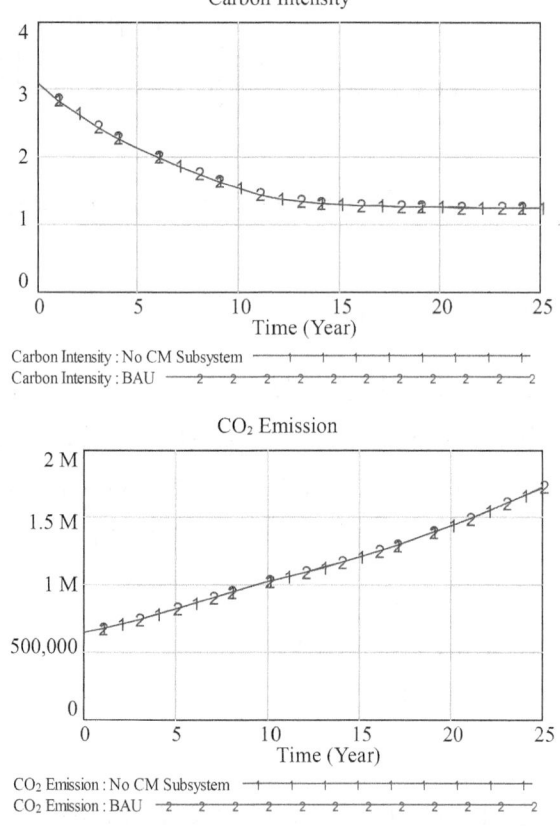

图 4-8　NCM 和 BaU 情景下主要指标运行结果对比

表 4-6 所示为 2030 年部分变量的仿真预测结果对比分析,结果显示碳强度、政府低碳支出、绿色信贷量和绿色债券量在系统不开展碳交易业务后都有所增加。即政府和社会加大了投入的资金量(尤其是政府公共财政低碳支出,增加了 1.38%),但降低碳强度的力度却下降了 0.07%。说明碳交易提高了经济体的低碳发展的资金效率。

表 4-6 NCM 和 BaU 情景下 2030 年部分变量仿真预测结果相对误差分析

变量	BaU	No CM System	RE
碳强度(10^4 Ton/10^8 Yuan)	1.239 1	1.240 0	0.07%
政府低碳支出(10^8 Yuan)	42 694.7	43 285.9	1.38%
绿色信贷量(10^8 Yuan)	1 326 920	1 328 680	0.13%
绿色债券量(10^8 Yuan)	810 042	817 005	0.86%

如图 4-9 所示,按照目前的指标设置,交易收入在所有工具所提供资金中只有 0.45%~8.31% 的占比。由式(4-11)可知,低碳投资受到 SPV 资金量、绿色信贷量、绿色债券量、交易收入的四重影响,交易收入在这四者中的资金占比较小,因此对绿色金融系统的低碳输出无法起到决定性作用。

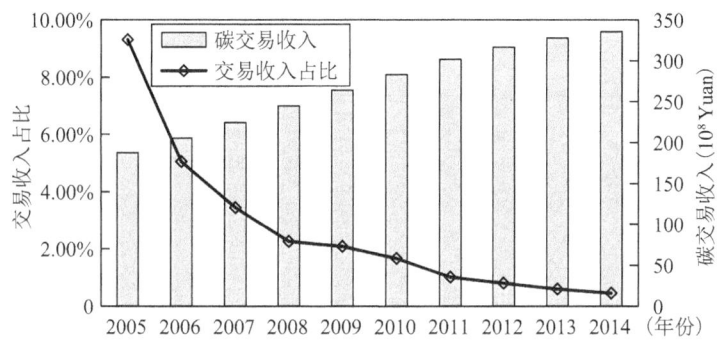

图 4-9 BaU 情景下碳交易收入与其在融资所提供资金中的占比

4.3 模型结构对系统运行效果影响的综合比较

将不同绿色金融系统 SD 模型结构下碳强度和二氧化碳排放量的

预测结果进行综合对比分析。结果发现 BaU 下无法实现 2030 年低碳发展目标 1.168 万吨/亿元，在不开展间接融资（NGC）、直接融资（NGB）、金融创新（NGB）、公共财政支出（NGLCE）和碳交易（NCM）的情景下，也无法实现，并且预测碳强度与目标值的差距会因情景不同而加大。因此可知，各工具对绿色金融系统实现目标碳强度的作用是不同的。

如图 4-10 所示，考虑碳强度时，以银行低碳信贷为代表的绿色金融系统间接融资模式，对低碳发展的作用最为显著；公共财政的激励作用，对绿色金融系统的运行影响仅次于间接融资模式，这得益于公共财政对各工具的贴息和引导机制。金融创新对碳强度的影响次于间接融资和公共财政；直接融资模式对低碳发展作用更弱；影响最小的子系统为碳交易。结合表 4-7 中的数据，BaU 下的碳强度为 1.239 1，其他情景下分别为，NGC 下 1.282 7、NGLCE 下 1.262 6、NPPP 下 1.250 4、NGB 下 1.248 9、NCM 下 1.240 0，与 BaU 情景相比，变化幅度依次为，3.52%、1.90%、0.91%、0.79%和 0.07%。即不同结构对实现目标碳强度作用的强弱程度为：

$$BaU > NCM > NGB > NPPP > NGLCE > NGC$$

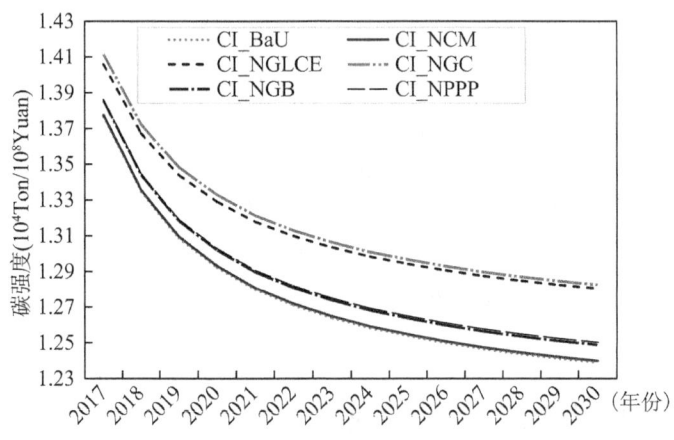

图 4-10 2017—2030 年不同情景的碳强度预测值

表 4-7　不同系统结构下 2030 年低碳目标仿真预测结果相对误差分析

变量	BaU	NCM	NGLCE	NGC	NGB	NPPP
碳强度 (10^4 Ton/10^8 Yuan)	1.239 1	1.240 0	1.262 6	1.282 7	1.248 9	1.250 4
RE	0	0.07%	1.90%	3.52%	0.79%	0.91%
二氧化碳排放量 (10^9 Ton)	17.735 6	17.197 8	23.283 1	20.290 5	18.354 7	17.877 3
RE	0	−0.22%	25.97%	15.06%	6.10%	3.59%

如图 4-11 所示,考虑二氧化碳排放量时,公共财政对降低 CO_2 的激励作用最为显著;以银行低碳信贷为代表的绿色金融系统间接融资模式对 CO_2 的降低能力排在第二位;债券为主体的直接融资对 CO_2 的排放影响仅次于间接融资;以 PPP 项目为核心的金融创新对 CO_2 的影响大于碳交易。结合表 4-7 中的数据,BaU 下的二氧化碳排放量为 17.735 6、其他情景下分别为,NGLCE 下 23.283 1、NGC 下 20.290 5、NGB 下 18.354 7、NPPP 下 17.877 3、NCM 下 17.197 8,与 BaU 情景相比,变化幅度依次为,25.97%、15.06%、6.10%、3.59% 和 −0.22%。即不同结构对降低二氧化碳排放量的强弱程度为:

$$NCM > BaU > NPPP > NGB > NGC > NGLCE$$

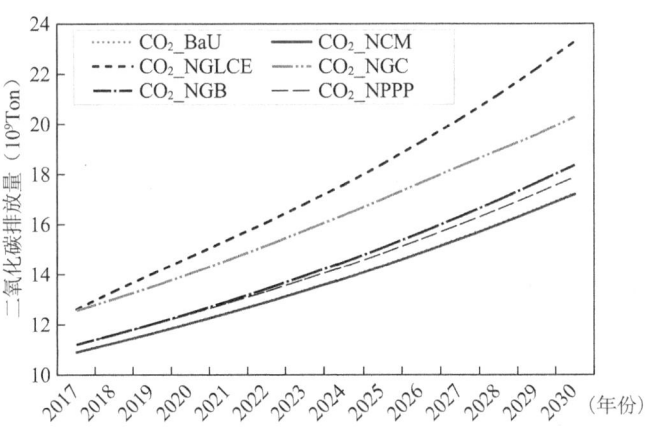

图 4-11　2017—2030 年不同情景的二氧化碳排放量预测值

根据碳强度函数：

$$CI(t) = CI(0) + \int_0^T CID(t)dt \qquad (4-14)$$

$$CID(t) = CDE(t) \div GDP(t) \times CIDR(t) \qquad (4-15)$$

其中碳强度（CI）为二氧化碳排放量（CDE）和 GDP 的比值。从以上针对碳强度和二氧化碳排放量的分析可知，不同情景对二者的作用强弱有所区别。如在不开展间接融资的情景下，碳强度最大，但二氧化碳排放量则不然，说明间接融资不仅降低二氧化碳排放量而且相较其他模式，能够更有助于提高 GDP。同理也适用于直接融资。

根据本节的综合对比，可以针对绿色金融系统结构设计提出以下具体的建议：

（1）将间接融资子系统的建设放在第一位。银行信贷在整个绿色金融系统内占据重要位置，应该将绿色金融系统中以银行信贷为代表的间接融资模式的发展放在建设的首要位置。银行低碳化进程的完善和提高对绿色金融系统和低碳发展至关重要。银行成立专业的低碳信贷部门，开展对银行低碳化的评级工作，对低碳贷款占比较高、环境风险控制流程和方法较为健全的机构实施正向激励，鼓励银行设立内部的低碳信贷目标和绩效激励。鼓励银行开展环境风险的压力测试，对银行资产质量在未来环境标准变化、资源环境价格变化（如碳价格）的情况下面临的风险进行估算，以推动中长期资产配置向低碳化转型。鼓励银行对项目环境成本进行量化分析，在此基础上探索建立内部环境成本定价方法，将其纳入信用风险定价体系之中，以降低低碳贷款的内部成本，提高污染性项目的贷款内部成本。建立公益性的项目环境成本与效益评估系统，较快地提升包括银行在内的整个金融业对低碳项目的识别和评估能力。

（2）将公共财政低碳支出建设放在第二位。与直接补贴相比，贴息可以使财政以少量的贴息资金实现更大的社会效益，并为低碳项目吸引激励更多的社会资金。除此之外，通过引入非银行金融机构和银行的参与,公共财政贴息可以在实现对低碳项目资金支持的同时,减少其部分监管责任。因此,在未来绿色金融系统的发展中,政府支持金融市场,要完善财政对金融市场融资的贴息机制和增信政策,扩大财政贴息资金规模,最为直接的方案就是调整贴息比例,通常是有百分之三的上限政策,因此一是可以出台针对低碳项目贴息规模的政策,基于实际利率全额贴息;二是可以选择针对贴现周期出台延长的政策;三是要对支持贴现的低碳项目类型进行清单式管理,对于符合清单的项目简化其审批程序,并且把部分管理贴息的权利责任转移到提供金融市场工具的机构。必要时甚至可以强化激励措施,利用央行的作用对低碳信贷进行定向降准。

(3) 将金融创新子系统建设放在第三位。以区域环保PPP项目为例,该金融创新可以将银行信贷资金、保险资金、私募股权基金、债券甚至养老基金等各种金融资源吸收到区域环保PPP项目的融资中来,依据不同渠道资金不同的风险收益需求设计差异化的风险承担和收益共享机制。同时也可以进一步创新,将各渠道融资进行组合拆分,在最大限度上吸引多发资金投入低碳领域,也带动了其他工具规模的扩张。

(4) 将直接融资子系统建设放在第四位。截至2014年底,中国的债券市场规模已达到全融资渠道20%的规模。然而,目前中国的低碳项目资金几乎完全来源绿色信贷这一间接融资渠道,提高直接融资对低碳发展的影响,需要将低碳直接融资规模实现质的提升,通过直接融资模式来助力低碳发展还有很长的路。需要从多角度多层次来进一步完善直接融资市场,仅仅利用债权工具不足以满足低碳项目的资金需求,虽然绿色债券中包含短融、中票,甚至ABS等多种工具,但仍需要关注股票市场,例如鼓励低碳企业上市、出台对低碳企业证券二级市场交易的优惠举措等,从根本上改善直接融资规模。

(5) 从SD模型运行结果可以看出,仅有碳市场和碳价格不足以克服节能减排中所有的市场失灵和市场障碍。通过财政激励和金融市场融资共同实现的能源效率和可再生能源发展目标与碳交易计划能够并存和发挥互补作用。

4.4 本章小结

本章阐述了间接融资、金融创新融资、直接融资、碳市场以及公共财政多个子系统运行结构下中国绿色金融系统动力学模型的仿真运行结果分析,以碳强度和二氧化碳排放量等参数为评价指标,得出不同子系统对体系运行结果的作用,并为绿色金融系统建设提供政策建议。

5 不同绿色金融系统模型参数对碳减排的影响及优化方案

上一章研究了模型结构对低碳目标的影响,本章则研究不同绿色金融系统模型参数对减排相关指标的影响,并以实现减排目标为依据,从改变模型参数的角度提出绿色金融系统模型优化方案,以及实施优化方案的政策建议。

5.1 模型参数对减排影响的分析方法:敏感性分析

绿色金融系统的核心作用是保证经济增长的同时降低碳排放。在绿色金融系统 SD 中,若将碳强度视为模型主要输出指标,二氧化碳排放量作为模型辅助输出指标,则改变模型的参数值,就可能造成模型输出结果的变化,从而找出优化方案。敏感性分析就是观察系统中变量对模型输出结果的影响。敏感性分析中我们通常设定一个或几个变量变化,同时剩余变量保持不变形成单一政策。本书采用单因素敏感性分析法,即每次考察单个变量变动给整个 SD 模型输出带来的影响。

敏感性分析首先确定敏感性因素和分析指标。选取间接融资、直接融资、金融创新、公共财政、碳市场和碳排放 5 个系统共 17 个参数作为考察因素;碳强度作为主要敏感性分析指标,二氧化碳排放量作为辅助敏感性分析指标,且二者均作为模型的低碳指标。敏感性分析还需要确定变量的变化幅度,Sterm[187]认为,进行仿真实验时取值比例一般在统计和主观推测的两倍范围内比较合适。以参数的原值(BaU

值)为基准,本书将17个参数值的变动比例设为25％到175％之间,每个参数值分为6档(25％、50％、75％、125％、150％、175％)进行仿真实验,共计102组。每组实验的分析指标为仿真输出的平均值,即碳强度和二氧化碳排放量的仿真结果均值。

敏感性分析的一个重要手段是计算灵敏度系数。高灵敏度说明参数在模型中是具有敏感性的,即系统在该参数设置下对变化具有较大的响应程度。而且通过灵敏度也可以观察模型的鲁棒性。灵敏度的计算公式为:

$$E_i = \frac{\Delta y_i / y_0}{\Delta x_i / x_0} = \frac{(y_i - y_0)/y_0}{(x_i - x_0)/x_0} \tag{5-1}$$

式中,E_i 表示第 i 次运行的灵敏度系数,x_0 为参数(敏感性因素)的初始值,x_i 为第 i 次运行的参数值,y_0 为模型输出值(分析指标)的初始值,y_i 为第 i 次运行的输出值。因参数值按照变动比例从小到大分为6档,所以 $i=6$。

$E_i > 0$ 表示输出值与参数同方向变化,$E_i < 0$ 表示输出值与参数反方向变化。$|E_i|$ 越大,表明输出值对该参数值越灵敏,反之,则越不灵敏。敏感性分析指标碳强度和二氧化碳排放量数值越小,则表示绿色金融系统对减排的支持效果越好。所以,在参数值减少的3档(25％、50％、75％),$E_i > 0$ 表示模型输出值得到优化;而在参数值增加的3档(125％、150％、175％),$E_i < 0$ 表示模型得到优化。

敏感性分析的主要作用是找出参数的优化方案,除了以灵敏度来评价优化方案,还需考虑参数变化后仿真结果的2030年碳强度输出结果是否符合目标值(1.022～1.168万吨/亿元),进而确定系统最优方案。

5.2 模型参数变化对减排相关指标的影响

5.2.1 间接融资子系统参数对减排的影响

考察间接融资子系统主要参数变化对碳强度(CI)和二氧化碳排

放量（CDE）的影响，包括贷款周期、信贷自留比例、利率、绿色信贷占比。图5-1显示了各变量变化对 CI 和 CDE 的影响程度，其中信贷自留比例和绿色信贷占比的影响较为显著。

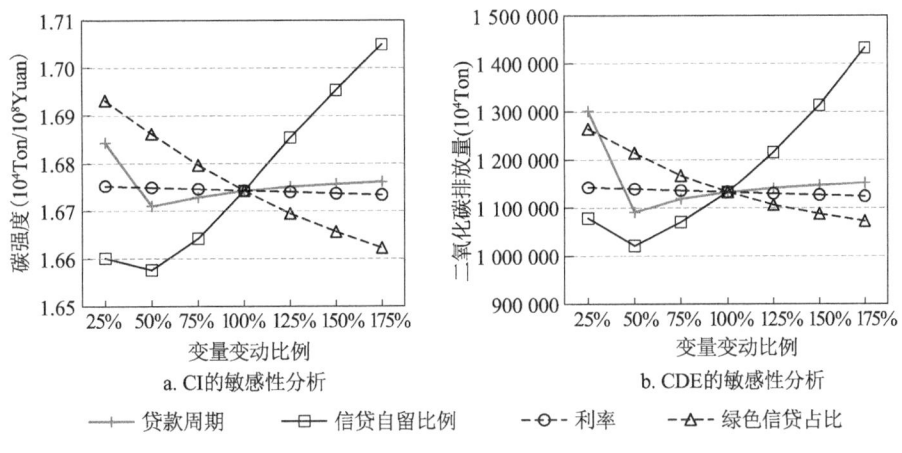

图5-1　CI 和 CDE 对间接融资子系统主要参数的敏感性分析

如表5-1所示，每一组变量运行值都对应于碳强度和二氧化碳排放量的仿真结果均值，及其均值的灵敏度。此外，考虑2030年这一重要时间节点，列出对应年份的碳强度和二氧化碳排放量仿真估计值。

由表5-1可知，碳强度对各变量的灵敏度要低于二氧化碳排放量，表明参数变化对二氧化碳排放量的影响更大。考虑碳强度得到优化的方案中（表6-1中的灰色背景部分），各变量的碳强度灵敏度最大绝对值分别为：贷款周期为初始值（BaU值）50%时的灵敏度0.003 9、信贷自留比例为初始值75%时的灵敏度0.024 0、利率为初始值150%时的灵敏度－0.000 729、绿色信贷占比为初始值125%时的灵敏度－0.011 6。从投入产出角度考虑，灵敏度最大代表实现目标最经济的方案。进一步观察2030年碳强度的仿真值发现，利率的最优方案未能实现2030年的目标值，碳强度均值也高于其他3个方案。而最大灵敏度是信贷自留比例为初始值75%时，不但满足2030年目标值，其二氧化碳排放量也比绿色信贷占比和贷款周期的最优方案低。综上所述，

表 5-1 低碳指标对间接融资子系统主要参数的灵敏度分析

英文缩写	变量	单位	变量运行值	变量变动比例	碳强度(CI)仿真估计值 均值	碳强度(CI)仿真估计值 均值灵敏度	碳强度(CI)仿真估计值 2030年值	二氧化碳排放量(CDE)仿真估计值 均值	二氧化碳排放量(CDE)仿真估计值 均值灵敏度	二氧化碳排放量(CDE)仿真估计值 2030年值
Loan Period, LP	贷款周期	Year	1.25	25%	1.6843	−0.0080	1.2580	1301156	−0.1989	2145310
			2.50	50%	1.6710	0.0039	1.2334	1090749	0.0734	1627410
			3.75	75%	1.6729	0.0033	1.2366	1118436	0.0489	1691380
			6.25	125%	1.6751	0.0021	1.2408	1141294	0.0318	1744440
			7.50	150%	1.6757	0.0017	1.2418	1147081	0.0261	1757860
			8.75	175%	1.6762	0.0015	1.2427	1152148	0.0234	1769520
Credit Retention Ratio, CRR	信贷自留比例	Dmnl	0.125	25%	1.6601	0.0113	1.2178	1077853	0.0641	1581790
			0.250	50%	1.6576	0.0199	1.2119	1020902	0.1967	1468740
			0.375	75%	1.6642	0.0240	1.2224	1069700	0.2211	1579200
			0.625	125%	1.6853	0.0265	1.2579	1215299	0.2932	1920290
			0.750	150%	1.6953	0.0251	1.2749	1312881	0.3190	2160930
			0.875	175%	1.7049	0.0244	1.2913	1432293	0.3533	2466890

（续表）

英文缩写	变量	单位	变量运行值	变量变动比例	碳强度(CI)仿真估计值 均值	均值灵敏度	2030年值	二氧化碳排放量(CDE)仿真估计值 均值	均值灵敏度	2030年值
Interest Rate, IR	利率	Dmnl	0.015	25%	1.6752	−0.000770	1.2409	1142066	−0.0115	1746230
			0.029	50%	1.6749	−0.000779	1.2403	1138874	−0.0116	1738800
			0.044	75%	1.6746	−0.000787	1.2397	1135595	−0.0117	1731150
			0.073	125%	1.6740	−0.000728	1.2386	1129313	−0.0105	1716600
			0.087	150%	1.6736	−0.000729	1.2380	1126424	−0.0104	1709880
			0.102	175%	1.6733	−0.000728	1.2375	1123431	−0.0104	1702930
Green Credit Ration, GCR	绿色信贷占比	Dmnl	0.025	25%	1.6931	−0.0150	1.2710	1264080	−0.1552	2034270
			0.050	50%	1.6862	−0.0142	1.2591	1214019	−0.1444	1920360
			0.075	75%	1.6796	−0.0128	1.2480	1166994	−0.1226	1807080
			0.125	125%	1.6694	−0.0116	1.2312	1105691	−0.0940	1660100
			0.150	150%	1.6656	−0.0103	1.2253	1086981	−0.0800	1614970
			0.175	175%	1.6622	−0.0096	1.2200	1071887	−0.0711	1578990

注：a) 碳强度(CI)均值和2030年值的单位为 $10^4 Ton/10^8 Yuan$，二氧化碳排放量(CDE)均值和2030年值的单位为 $10^4 Ton$。
b) 灰色背景表示该量灵敏度反映了模型输出得到优化，黑体表示各变量中最大的灵敏度系数（且需同时符合2030年目标碳强度，即表示该灵灵敏度反映了模型输出得到最优化（仅限于该变量）。

间接融资子系统实现低碳目标的最优方案是信贷自留比例降低到初始值的75%，其次是绿色信贷占比提高到初始值的125%，再次为贷款周期降低到初始值的50%。

5.2.2 直接融资子系统参数对减排的影响

直接融资子系统参数对碳强度（CI）及二氧化碳排放量（CDE）影响的观测变量包括：绿色债券占比、息票率、债券周期、债券自留比例、免税期。如图5-2所示，从数值上看，各变量变化对CI的影响较小，而对CDE的影响相对更为明显。具体而言，各变量变动对敏感性分析指标的影响程度不一。绿色债券占比对CI和CDE都有一定影响，且为负相关。息票率对CI和CDE的影响都很小。债券周期的数值较小时对CI和CDE有一定影响。债券自留比例对CI和CDE均有一定影响。免税期对于CI和CDE的影响都很小。

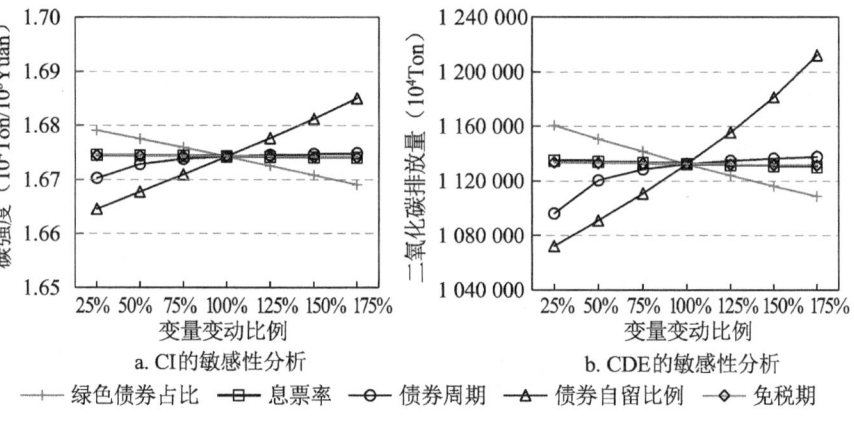

图 5-2　CI 和 CDE 对直接融资子系统主要参数的敏感性分析

如表5-2所示，碳强度（CI）均值对各变量变动的灵敏度总体不高。虽然二氧化碳排放量（CDE）的灵敏度要略高一些，但综合显示模型的鲁棒性较好。碳强度和二氧化碳排放量对于息票率和免税期的灵敏度甚低。

5 不同绿色金融系统模型参数对碳减排的影响及优化方案

表 5-2 低碳指标对直接融资子系统主要参数的灵敏度分析

英文缩写	变量	单位	变量运行值	变量变动比例	碳强度(CI)仿真估计值 均值	碳强度(CI)仿真估计值 均值灵敏度	碳强度(CI)仿真估计值 2030年值	二氧化碳排放量(CDE)仿真估计值 均值	二氧化碳排放量(CDE)仿真估计值 均值灵敏度	二氧化碳排放量(CDE)仿真估计值 2030年值
Green Bond Ratio, GBR	绿色债券占比	Year	0.05	25%	1.6791	−0.00385	1.2466	1160625	−0.0334	1804570
			0.10	50%	1.6775	−0.00392	1.2442	1150656	−0.0324	1775610
			0.15	75%	1.6760	−0.00407	1.2418	1141565	−0.0328	1749290
			0.25	125%	1.6726	−0.00404	1.2365	1124082	−0.0290	1701150
			0.30	150%	1.6708	−0.00408	1.2338	1116183	−0.0284	1679990
			0.35	175%	1.6691	−0.00412	1.2311	1108797	−0.0277	1660860
Coupon Rate, CR	息票率	Dmnl	0.011	25%	1.6745	−0.0002	1.2396	1134691	−0.0028	1729040
			0.023	50%	1.6744	−0.0002	1.2394	1133883	−0.0028	1727170
			0.034	75%	1.6743	−0.0002	1.2393	1133077	−0.0028	1725320
			0.056	125%	1.6742	−0.0002	1.2390	1131496	−0.0028	1721670
			0.068	150%	1.6741	−0.0002	1.2388	1130785	−0.0027	1720020
			0.079	175%	1.6740	−0.0002	1.2387	1130072	−0.0026	1718360

(续表)

英文缩写	变量	单位	变量运行值	变量变动比例	碳强度(CI)仿真估计值 均值	碳强度(CI)仿真估计值 均值灵敏度	碳强度(CI)仿真估计值 2030年值	二氧化碳排放量(CDE)仿真估计值 均值	二氧化碳排放量(CDE)仿真估计值 均值灵敏度	二氧化碳排放量(CDE)仿真估计值 2030年值
Bond Period, BP	债券周期	Year	1.25	25%	1.6703	0.0032	1.2322	1096053	0.0427	1634980
			2.50	50%	1.6728	0.0017	1.2366	1120368	0.0211	1695260
			3.75	75%	1.6738	0.0011	1.2383	1128482	0.0134	1714450
			6.25	125%	1.6745	0.0007	1.2396	1134712	0.0086	1729230
			7.50	150%	1.6747	0.0006	1.2399	1136321	0.0071	1733030
			8.75	175%	1.6748	0.0005	1.2402	1137471	0.0061	1735750
Bond Retention Ratio, BRR	债券自留比例	Dmnl	0.125	25%	1.6646	0.0077	1.2233	1071935	0.0711	1575860
			0.250	50%	1.6677	0.0078	1.2284	1090948	0.0730	1622110
			0.375	75%	1.6709	0.0080	1.2336	1110741	0.0761	1670460
			0.625	125%	1.6776	0.0080	1.2447	1155327	0.0814	1780900
			0.750	150%	1.6812	0.0083	1.2507	1181279	0.0865	1846710
			0.875	175%	1.6850	0.0085	1.2571	1212179	0.0941	1924980

5 不同绿色金融系统模型参数对碳减排的影响及优化方案

（续表）

英文缩写	变量	单位	变量运行值	变量变动比例	碳强度(CI)仿真估计值 均值	碳强度(CI)仿真估计值 均值灵敏度	碳强度(CI)仿真估计值 2030年值	二氧化碳排放量(CDE)仿真估计值 均值	二氧化碳排放量(CDE)仿真估计值 均值灵敏度	二氧化碳排放量(CDE)仿真估计值 2030年值
Exemption Period, EP	免税期	Year	0.75	25%	1.6745	−0.0002	1.2394	1133353	−0.0013	1726490
			1.50	50%	1.6744	−0.0002	1.2393	1132998	−0.0013	1725490
			2.25	75%	1.6743	−0.0002	1.2392	1132643	−0.0012	1724490
			3.75	125%	1.6742	−0.0002	1.2390	1131934	−0.0013	1722500
			4.50	150%	1.6741	−0.0002	1.2389	1131580	−0.0013	1721510
			5.25	175%	1.6740	−0.0002	1.2388	1131226	−0.0013	1720520

注：a) 碳强度(CI)均值和2030年值的单位为 $10^4 Ton/10^8 Yuan$，二氧化碳排放量(CDE)均值和2030年值的单位为 $10^4 Ton$，黑体表示该变量对应的灵敏度系数（且需同时符合2030年目标碳强度，即表示灵敏度反映了模型输出得到最优化（仅限于该变量）。
b) 灰色背景表示该灵敏度反映了模型输出得到输出符合优化方案中最大的灵敏度系数（且需同时符合2030年目标碳强度），即表示灵敏度反映了模型输出各变量对应变量对应该变量。

167

由表 5-2 可知,考虑碳强度得到优化的方案中,碳强度对各变量的灵敏度最大绝对值分别为:绿色债券占比为初始值 175% 时的灵敏度 -0.004 12、债券周期为初始值 25% 时的灵敏度 0.003 2、债券自留比例为初始值 75% 时的灵敏度 0.008 0,为各变量变动的最优方案(因息票率和免税期的灵敏度太低,此处不予考虑)。绿色债券占比、债券周期和债券自留比例的最优方案都符合 2030 年目标碳强度,且 CDE 均值及灵敏度表现也较好。所以,直接融资子系统实现低碳目标的最优方案是债券自留比例降低到 75%,其次是绿色债券占比提高到 175%,再次为债券周期降低到 25%。

5.2.3　金融创新子系统参数对减排的影响

考察金融创新子系统主要参数变化对碳强度(CI)和二氧化碳排放量(CDE)的影响,包括:政府资金比例、特许期、PPP 占比。如图 5-3 所示,PPP 占比对碳强度和二氧化碳排放量的影响呈现相对较为明显的负相关。政府资金比例对低碳指标呈现较低的正相关,而特许期的影响则很小。

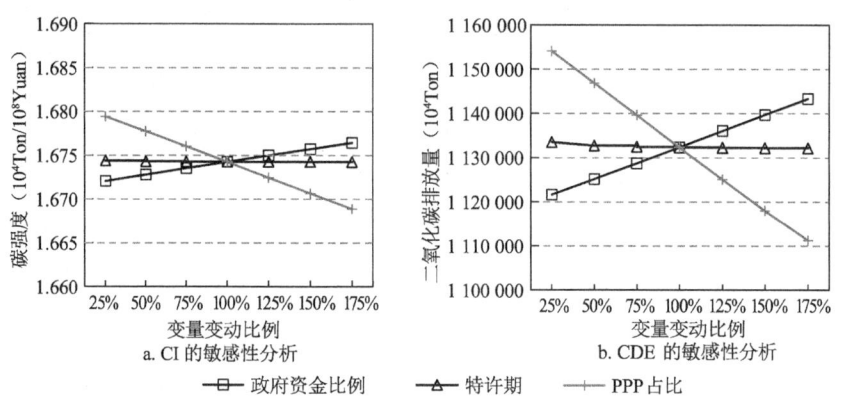

图 5-3　CI 和 CDE 对金融创新子系统主要参数的敏感性分析

如表 5-3 所示,碳强度(CI)和二氧化碳排放量(CDE)对 PPP 占比的灵敏度相对较高,政府资金比例次之,而对特许期的灵敏度很低。

表 5-3 金融创新子系统主要参数对低碳指标的灵敏度分析

英文缩写	变量	单位	变量运行值	变量变动比例	碳强度 (CI) 仿真估计值			二氧化碳排放量 (CDE) 仿真估计值		
					均值	均值灵敏度	2030年值	均值	均值灵敏度	2030年值
Government Ratio, GR	政府资金比例	Dmnl	0.125	25%	1.6720	0.00176	1.2365	1121612	0.0126	1700100
			0.250	50%	1.6728	0.00175	1.2377	1125119	0.0127	1707780
			0.375	75%	1.6735	0.00175	1.2389	1128679	0.0128	1715580
			0.625	125%	1.6750	0.00175	1.2403	1135985	0.0131	1731610
			0.750	150%	1.6757	0.00173	1.2415	1139656	0.0130	1739670
			0.875	175%	1.6764	0.00171	1.2427	1143267	0.0129	1747600
Concession Period, CP	特许期	Year	5	25%	1.6744	−0.00011	1.2394	1133478	−0.0014	1726180
			10	50%	1.6743	−0.00005	1.2392	1132685	−0.0007	1724390
			15	75%	1.6743	−0.00004	1.2392	1132421	−0.0005	1723800
			25	125%	1.6742	−0.00002	1.2391	1132209	−0.0003	1723320
			30	150%	1.6742	−0.00002	1.2391	1132155	−0.0002	1723200
			35	175%	1.6742	−0.00002	1.2391	1132119	−0.0002	1723110

(续表)

英文缩写	变量	单位	变量运行值	变量变动比例	碳强度(CI)仿真估计值			二氧化碳排放量(CDE)仿真估计值		
					均值	均值灵敏度	2030年值	均值	均值灵敏度	2030年值
PPP Ratio, PPPR	PPP 占比	Dmnl	0.075	25%	1.6794	−0.00411	1.2474	1154124	−0.0257	1770820
			0.150	50%	1.6777	−0.00416	1.2447	1146892	−0.0258	1755110
			0.225	75%	1.6760	−0.00421	1.2420	1139604	−0.0258	1739320
			0.375	125%	1.6725	−0.00429	1.2362	1125034	−0.0256	1707830
			0.450	150%	1.6707	−0.00428	1.2334	1118017	−0.0252	1692720
			0.525	175%	1.6689	−0.00427	1.2305	1111255	−0.0248	1678210

注：a) 碳强度(CI)均值和 2030 年值的单位为 $10^4 Ton/10^8 Yuan$，二氧化碳排放量(CDE)均值和 2030 年值的单位为 $10^4 Ton$。
b) 灰色背景表示该灵敏度反映了模型输出得到优化，黑体表示各变量中最大的灵敏度系数（且需同时符合 2030 年目标碳强度），即表示该灵敏度灵敏度反映了模型输出得到最优化（仅限于该变量）。

由表 5-3 可知,所有变量的变动对于模型输出结果的影响都不算显著,表明模型的鲁棒性较好。考虑碳强度降低的方案中,碳强度对各变量的灵敏度绝对值最大方案为:政府资金比例为初始值 25% 时的灵敏度 0.001 76、PPP 占比为初始值 125% 时的灵敏度 -0.004 29,为各变量变动的最优方案(因特许期的灵敏度太低,故不考虑)。对比政府资金比例和 PPP 占比的优化方案,CI 对 PPP 占比的灵敏度更大,且只有 PPP 占比的方案可以实现 2030 年的目标碳强度值。但政府资金比例最优方案的碳强度 1.236 5 仅略微高于 2030 年的目标碳强度值,所以,可以考虑突破敏感性分析的参数变化范围,进一步探寻满足目标的优化方案。

图 5-4 为不同政府资金比例下的碳强度运行模拟值,可以看出,将政府资金比例降低到初始值的 10% 以下,系统能够于 2030 年实现目标强度值,达到 1.235 万吨/亿元的水平。政府资金比例的大小体现了 PPP 项目资金中政府的出资占比,政府出资越多,说明企业的配套资金越少,即私有部门参与低碳发展的空间没有得到充分释放。同时 PPP 项目在模型构建中代表金融创新融资子系统,通过调节政府资金比例改变其子系统的输出,从系统视域可以理解为,整体绿色金融系统的运行结果是随金融创新子系统输出的增加而得到优化。

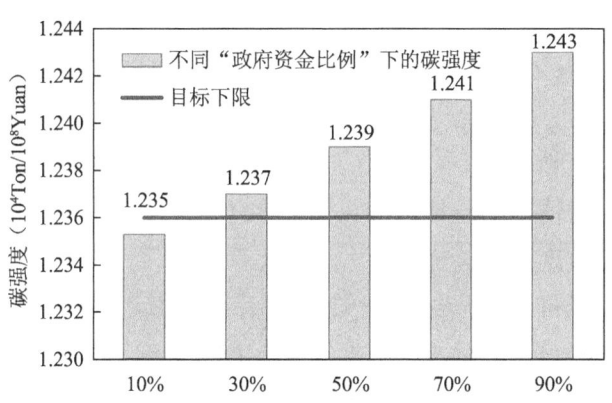

图 5-4 不同"政府资金比例"下的碳强度对比

综上所示,在敏感性分析框架下,符合低碳目标的金融创新子系统减排的最优方案是 PPP 占比提高到初始值的 125％。此外,扩展分析发现,政府资金比例降低到初始值的 10％ 以下也可以实现低碳目标。

5.2.4 公共财政子系统参数对减排的影响

公共财政子系统参数分析考察两个变量:债券贴息比例和信贷贴息比例。如图 5-5 所示,碳强度(CI)和二氧化碳排放量(CDE)随信贷贴息比例的增大而变小,而债券贴息比例对减排指标的影响较弱。

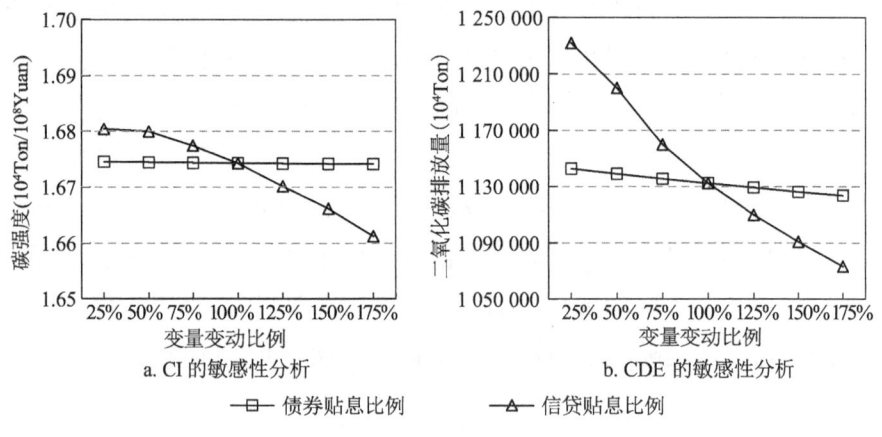

图 5-5　CI 和 CDE 对公共财政子系统主要参数的敏感性分析

如表 5-4 所示,碳强度(CI)对债券贴息比例的灵敏度很低,二氧化碳排放量对债券贴息比例的灵敏度也不大,而 CI 和 CDE 对信贷贴息比例的灵敏度则较为显著。

由表 5-4 可知,考虑碳强度得到优化的方案中,碳强度对各变量的灵敏度最大绝对值分别为:债券贴息比例为初始值 125％ 时的灵敏度 -0.00013、信贷贴息比例为初始值 175％ 时的灵敏度 -0.01004。考虑到债券贴息比例变化对 CI 和 CDE 变化甚微,舍弃其优化方案。且在信贷贴息比例的最优方案下,2030 年 CI 值符合预期目标,该方案下

5 不同绿色金融系统模型参数对碳减排的影响及优化方案

表 5-4 公共财政子系统主要参数对低碳指标的灵敏度分析

英文缩写	变量	单位	变量运行值	变量变动比例	碳强度(CI)仿真估计值 均值	碳强度(CI)仿真估计值 均值敏感度	碳强度(CI)仿真估计值 2030年值	二氧化碳排放量(CDE)仿真估计值 均值	二氧化碳排放量(CDE)仿真估计值 均值敏感度	二氧化碳排放量(CDE)仿真估计值 2030年值
Bond Interest Subsidy Ratio, BISR	债券贴息比例	Dmnl	0.0875	25%	1.6745	−0.00020	1.2394	1142558	−0.0121	1760700
			0.1750	50%	1.6744	−0.00019	1.2393	1138879	−0.0116	1744160
			0.2625	75%	1.6743	−0.00016	1.2392	1135442	−0.0111	1732700
			0.4375	125%	1.6742	−0.00013	1.2391	1129213	−0.0109	1715450
			0.5250	150%	1.6742	−0.00012	1.2390	1126114	−0.0109	1707900
			0.6125	175%	1.6741	−0.00010	1.2390	1123535	−0.0103	1701840
Credit Interest Subsidy Ratio, CISR	信贷贴息比例	Dmnl	0.0875	25%	1.6804	−0.0049	1.2515	1231792	−0.1172	1952450
			0.1750	50%	1.6800	−0.0068	1.2502	1199957	−0.1195	1874980
			0.2625	75%	1.6774	−0.0075	1.2451	1159667	−0.0967	1782990
			0.4375	125%	1.6702	−0.0098	1.2318	1109702	−0.0798	1676430
			0.5250	150%	1.6661	−0.0097	1.2248	1090824	−0.0732	1637880
			0.6125	175%	1.6612	−0.0104	1.2166	1073198	−0.0696	1603080

注：a) 碳强度(CI)均值和2030年值的单位为 $10^4 Ton/10^8 Yuan$，二氧化碳排放量(CDE)均值和2030年值的单位为 $10^4 Ton$。

b) 灰色背景表示该灵敏度反映了模型输出得到优化的灵敏度系数（日常同时符合2030年目标碳强度，即表示该灵敏度反映了模型输出得到最优化（仅限于该变量）。黑体表示各变量对应的优化方案中最大的灵敏度系数（日常同时符合2030年目标碳强度）。

CDE 均值及灵敏度也表现也较好,故公共财政子系统减排的最优方案是信贷贴息比例提高到初始值的 175%。

5.2.5 碳市场子系统参数对减排的影响

1) 碳市场子系统参数对减排影响的总体分析

考察碳市场子系统主要参数变化对碳强度(CI)和二氧化碳排放量(CDE)的影响,包括:碳交易量占比配额、碳交易价格、碳交易自留比例。如图 5-6 所示,CI 和 CDE 与碳交易自留比例总体上呈较弱的正相关。而 CI 随碳交易量占比配额或碳交易价格的增大而变小,但变化幅度甚微。

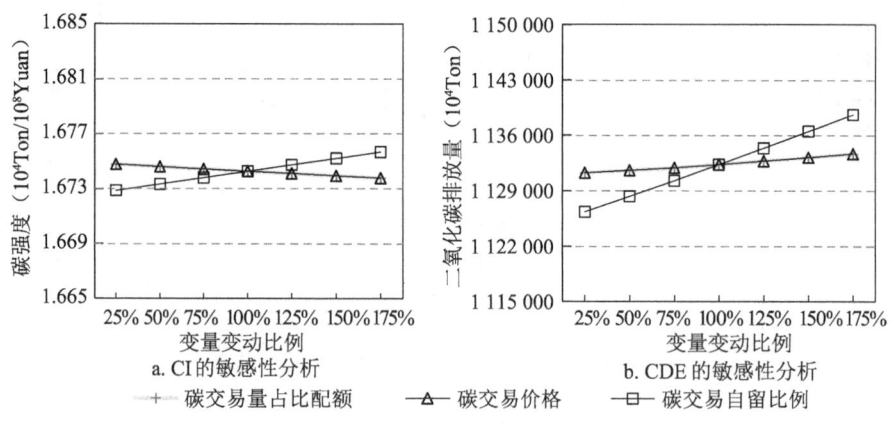

图 5-6 CI 和 CDE 对碳市场子系统主要参数的敏感性分析

如表 5-5 所示,碳强度和二氧化碳排放量对碳交易量占比配额或碳交易价格的敏感度都很低,而对碳交易自留比例的敏感度相对较高。由表 5-5 可知,所有变量的变动对于模型输出结果的影响都不显著。碳交易自留比例降低到初始值的 75%,是基于敏感性分析的碳市场子系统减排相对最优方案,但对应的灵敏度仍然较低,且 2030 年的碳强度值也未能达到目标值。中国的碳市场由于成立较晚,对于绿色金融系统的影响近些年才显露出来,所以从仿真结果来看,其主要参数对于模型输出影响较低是符合实情的。但从发展的眼光来看,其未

表 5-5 碳市场子系统主要参数对低碳指标的灵敏度分析

英文缩写	变量	单位	变量运行值	变量变动比例	碳强度(CI)仿真估计值 均值	碳强度(CI)仿真估计值 均值敏感度	碳强度(CI)仿真估计值 2030年值	二氧化碳排放量(CDE)仿真估计值 均值	二氧化碳排放量(CDE)仿真估计值 均值敏感度	二氧化碳排放量(CDE)仿真估计值 2030年值
Carbon Trade Ration, CTR	碳交易量占比配额	Dmnl	0.125	25%	1.6748	−0.0004	1.2398	1131246	0.0012	1720660
			0.250	50%	1.6746	−0.0004	1.2396	1131563	0.0013	1721540
			0.375	75%	1.6744	−0.0004	1.2393	1131887	0.0014	1722430
			0.625	125%	1.6741	−0.0004	1.2389	1132729	0.0016	1724650
			0.750	150%	1.6739	−0.0004	1.2387	1133191	0.0016	1725850
			0.875	175%	1.6738	−0.0004	1.2385	1133646	0.0016	1727030
Carbon Emission Price, CEP	碳交易价格	10⁸ Yuan /10⁴ Ton	0.015	25%	1.6748	−0.0004	1.2398	1131246	0.0012	1720660
			0.029	50%	1.6746	−0.0004	1.2396	1131563	0.0013	1721540
			0.044	75%	1.6744	−0.0004	1.2393	1131887	0.0014	1722430
			0.073	125%	1.6741	−0.0004	1.2389	1132729	0.0016	1724650
			0.087	150%	1.6739	−0.0004	1.2387	1133191	0.0016	1725850
			0.102	175%	1.6738	−0.0004	1.2385	1133646	0.0016	1727030

（续表）

英文缩写	变量	单位	变量运行值	变量变动比例	碳强度(CI)仿真估计值			二氧化碳排放量(CDE)仿真估计值		
					均值	均值敏感度	2030年值	均值	均值敏感度	2030年值
Trade Revenu Ratio, TRR	碳交易自留比例	Dmnl	0.025	25%	1.6729	0.00111	1.2369	1126332	0.0070	1710700
			0.050	50%	1.6733	0.00111	1.2376	1128283	0.0071	1714890
			0.075	75%	1.6738	0.00112	1.2384	1130243	0.0072	1719100
			0.125	125%	1.6747	0.00113	1.2399	1134370	0.0074	1727970
			0.150	150%	1.6752	0.00112	1.2406	1136483	0.0074	1732520
			0.175	175%	1.6757	0.00112	1.2414	1138597	0.0074	1737070

注：a) 碳强度(CI)均值和2030年值的单位为$10^4 Ton/10^8 Yuan$，二氧化碳排放量(CDE)均值和2030年值的单位为$10^4 Ton$。

b) 灰色背景表示该表灵敏度反映了模型输出得到输出变量对应的优化方案中最大的灵敏度系数（且需同时符合2030年目标碳强度），即表示该灵敏度灵敏度反映了模型输出得到输出最最优化（仅限于该变量）。

来对于绿色金融系统的作用不容小觑。虽然从市场子系统中我们没有找到符合本书敏感性分析框架的最优方案,但可以考虑突破敏感性分析的参数变化范围,探寻参数变化对模型输出结果的影响。

从现实角度来看,碳交易量占比配额、碳交易价格、碳交易自留比例3个参数的可变幅度大为不同。碳交易自留比例的最大变动范围为0~1,所以通过该参数值变化无法实现目标碳强度。而碳交易量占比配额的情况则完全不同,随着中国碳市场的快速发展,可以预见未来碳交易额将呈现指数型增长,碳交易量占比配额数值在未来数年内就存在几何级增长的可能,因而扩大碳交易量占比配额数值探寻符合目标碳强度的方案。此外,考虑当前的现实情况,碳交易价格在书中为定值,而随着中国碳市场的全面推行,以及与国际市场接轨,将来碳价格必然会呈现出随机波动的态势,所以有必要从随机碳价格的角度考虑其对实现低碳目标的影响。

2) 碳交易量占比配额对低碳目标的影响

碳交易量占比配额(CTR)为调节碳市场规模的参数,之所以选择其作为优化系统输出的指标,主要考虑中国碳市场进行全国推广后会有很大的发展空间,尤其体现在碳交易量上,因此调节其大小能反映出在政府大力推行碳交易的过程中,对2030年目标碳强度的影响。

从图 5-7 中可以发现,BaU 情景为占比 0.081 的情况下,除此之外分别测试了碳交易量占比分别为配额 1 倍、5 倍和 8 倍的情景,结果显示在 BaU 情景下,2030 年 CI 为 1.239,当占比为 1 倍时,CI 为 1.228;当占比达到 8 倍时,CI 下降为 1.085,接近目标上限,即中国碳强度

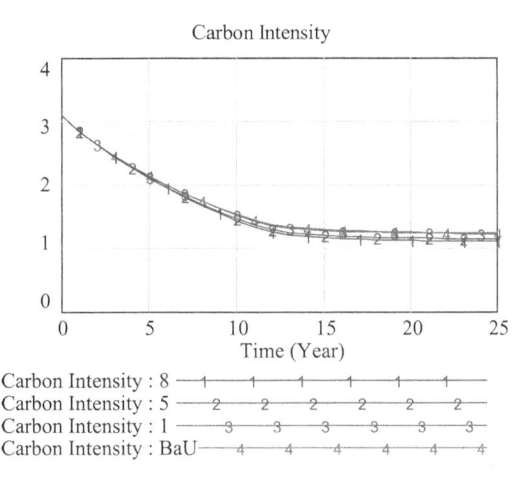

图 5-7 不同 CTR 对应 2030 年碳强度

在 2030 年将相较 2005 年下降约 65%。从图 5-8 中能看出四种情况下 CI 的变化趋势,时间序列均呈现一种"寻找目标"的稳态趋势。所以,碳交易融资子系统中交易量越大,越易于实现低碳发展,本模型中当碳交易量占比配额达到 1 倍时即可实现低碳目标。

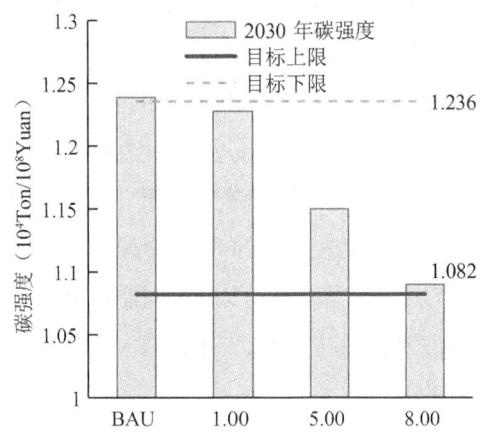

图 5-8 不同 CTR 对应碳强度趋势图

目前中国碳交易的规模仅为配额的 0.081 倍,范围也仅限于北京等几个试点的碳交易平台、CDM 减排量交易以及自愿减排企业核准额(CCER)的交易,并没有覆盖全国范围,相较于股票市场年成交量占比发行量大概在 100 倍的规模,目前的碳交易在中国确实是处于起步阶段。但在 2017 年中国全面推行碳交易平台和制度之后,其规模将会实现较大增长,因此有助于目标碳强度的实现。

3)随机碳价格对低碳目标的影响

在前文的 SD 模型中,将碳价格设置为外生常数变量 0.008 亿元/万吨。碳价格在不同的试点市场中各不相同,交易类型的不同也会影响到碳价格。比如在国际 CDM 市场中,一般按照中国的 CDM 政府指导价格来交易,而在国内碳交易市场中则没有指导价格,指导价格由市场供需来决定,因此在模拟中我们选择了 CDM 的指导价格为 80 元人民币/吨,符合现实情况。但未来的碳价格一定是波动的,本节假设其为随机波动的走势,进而来研究其对 SD 模型系统输出结果的影响。

有效市场里,金融价格显示出随机游走的模式。假设价格遵循 Markov 过程,即未来价格的分布仅仅依赖于当前价格,与过去的历史信息没有任何关系,因此本节假设成熟市场的碳价格遵循 Markov 过程,并对其进行推导[188]。已知:

Wiener Process: $\Delta\omega \sim N(0, \Delta t)$ (5-11)

$\therefore \exists \varepsilon \sim N(0,1) \Rightarrow \Delta\omega = \varepsilon\sqrt{\Delta t}$

Generalized Wiener Process: $\Delta x = a\Delta t + b\Delta\omega$

即由 Wiener Process 建立的随机变量 Δx 具有单位时间漂移率 a 和波动率 b。假设 a 和 b 依赖于标的变量的当前价值和时间,即遵循 Markov 过程,则产生了:

Ito Process:
$$\Delta x = a(x, t)\Delta t + b(x, t)\Delta\omega$$
$$= a(x, t)\Delta t + b(x, t)\varepsilon\sqrt{\Delta t} \quad (5\text{-}12)$$
$$\Rightarrow dx = a(x, t)dt + b(x, t)d\omega$$

其中 $a(x, t)$ 为漂移率、$b(x, t)$ 为波动率,设 $f(x, t)$ 是 x, t 的函数,则有:

$$df = \left(\frac{\partial f}{\partial x}a + \frac{\partial f}{\partial t} + \frac{1}{2}\frac{\partial^2 f}{\partial x^2}b^2\right)dt + \left(\frac{\partial f}{\partial x}b\right)d\omega \quad (5\text{-}13)$$

因为 Wiener Process 的轨迹是连续不可导的,复合函数 $f(x, t)$ 的微分公式无法像常微分方程一样展开,因此将其按照 x, t 进行泰勒展开:

$$\Delta f = \frac{\partial f}{\partial x}\Delta x + \frac{\partial f}{\partial t}\Delta t + \frac{1}{2}\frac{\partial^2 f}{\partial x^2}\Delta x^2 + \frac{\partial^2 f}{2\partial x\partial t}\Delta x\Delta t + \frac{1}{2}\frac{\partial^2 f}{\partial t^2}\Delta t^2 + \cdots$$
(5-14)

将式(5-12)代入 Δx^2,得到: $\lim_{t\to 0}\Delta x^2 = b^2\varepsilon^2\Delta t + o(\Delta t)$,其中 $o(\Delta t)$ 表示 Δt 高阶无穷小量。

$\because \varepsilon \sim N(0,1)$

$\therefore \text{Var}(\varepsilon) = E(\varepsilon^2) - [E(\varepsilon)]^2 = E(\varepsilon^2) - 0 = 1$

$$\therefore E(\varepsilon^2)=1,\ E(\varepsilon^2\Delta t)=\Delta t,\ \mathrm{Var}(\varepsilon^2\Delta t)=\Delta t^2\mathrm{Var}(\varepsilon^2)$$

其中 $\mathrm{Var}(\varepsilon^2\Delta t)$ 是 Δt 高阶无穷小量。即：

$$\forall \Delta t \to 0,\ \varepsilon^2\Delta t \to \Delta t,\ \mathrm{Var}(\varepsilon^2\Delta t)\to 0$$

$$\Rightarrow \Delta x^2 = b^2\varepsilon^2\Delta t + o(\Delta t) = b^2\Delta t$$

$$\Rightarrow \Delta f \approx \frac{\partial f}{\partial x}\Delta x + \frac{\partial f}{\partial t}\Delta t + \frac{1}{2}\frac{\partial^2 f}{\partial x^2}b^2\Delta t$$

$$\Rightarrow \mathrm{d}f = \left(\frac{\partial f}{\partial x}a + \frac{\partial f}{\partial t} + \frac{1}{2}\frac{\partial^2 f}{\partial x^2}b^2\right)\mathrm{d}t \tag{5-15}$$

Ito Process 的一个特殊例子就是几何布朗运动（GBM），利用 Ito Process 推导碳价格自然对数 $\ln S$ 所遵循的 Markov 过程如下：

假设碳价格服从 Wiener Process，由式(5-12)可得：

$$\mathrm{d}S = \mu S\mathrm{d}t + \sigma S\mathrm{d}\omega \tag{5-16}$$

设 $f=\ln S$，则 $\frac{\partial f}{\partial S}=\frac{1}{S}$，$\frac{\partial^2 f}{\partial S^2}=-\frac{1}{S^2}$，$\frac{\partial f}{\partial t}=0$，将其代入式(6-13)可得：

$$\mathrm{d}f = d\ln S = \frac{1}{S}\mathrm{d}S + 0\times\mathrm{d}t + \frac{1}{2}\left(-\frac{1}{S^2}\right)\sigma^2 S^2\mathrm{d}t$$

$$= \left(\mu - \frac{1}{2}\sigma^2\right)\mathrm{d}t + \sigma^2\mathrm{d}\omega$$

f 为 Generalized Wiener Process，其漂移率为 $\left(\mu-\frac{1}{2}\sigma^2\right)$，波动率为 σ^2，且服从正态分布，则碳价格服从对数正态分布：

$$\ln S_T \sim N\left[\ln S_0 + \left(\mu - \frac{1}{2}\sigma^2\right)T,\ \sigma\sqrt{T}\right] \tag{5-17}$$

由式(6-16)得 $\frac{\mathrm{d}S}{S}=\mu\mathrm{d}t+\sigma\mathrm{d}\omega$，其中 $\frac{\mathrm{d}S}{S}$ 为碳价格的瞬时收益率，因此，μ 为年收益率均值，σ 为收益率年标准差。

本节的碳价格采用 Bloomingberg New Energy Finance Database 的 CER 周线价格进行收益率的均值和标准差分析，数据走势如图 5-9

所示,接近对数正态分布的图形。

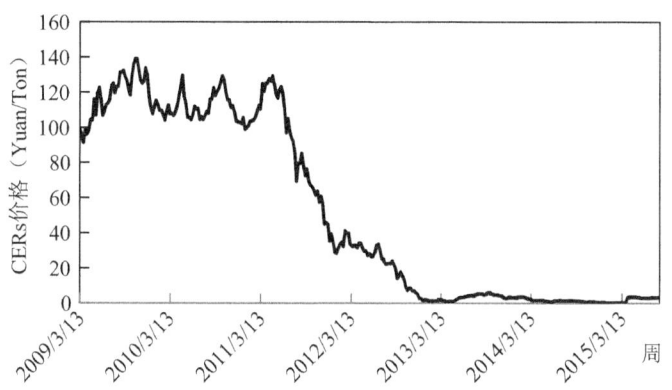

图 5-9 CERs 周线价格走势

数据来源:Bloomingberg New Energy Finance Database。

由数据计算得到碳价格的历史收益率均值 μ 为 -0.2902,标准差 σ 为 0.6335,设碳价格初始值为 80 元/吨,代入式(5-17)得:

$$\ln S_T \sim N[3.8912, 0.6335]$$

因此在 SD 模型中设定碳价格的价格对数为:

$$LnPrice = RANDOM\ NORMAL(-1.87, 4.93, 3.89, 0.63, 4.38)$$
$$CarbonPrice = 10^{(-4)} \times EXP(LnPrice) \tag{5-18}$$

运行结果图 5-10 所示,$a \sim b$ 为 Time Step 与 BaU 下的步长相同,均为 1 的时候,随机碳价格与相应的碳强度;$c \sim d$ 是 Time Step 为 0.062 5 时的随机碳价格与相应碳强度。BaU 下的碳强度为 1.239 6,而 0.062 5 Time Step 下的碳强度为 1.358 7,三种情况下碳强度均大于碳价格为常数时的输出结果。因此可以判断,在中国碳市场逐渐成熟、价格形成稳定的随机走势的进程中,需要注意减少碳价格的波动幅度和调节其他可控政策和策略参数的频率,使碳强度能够实现目标值。

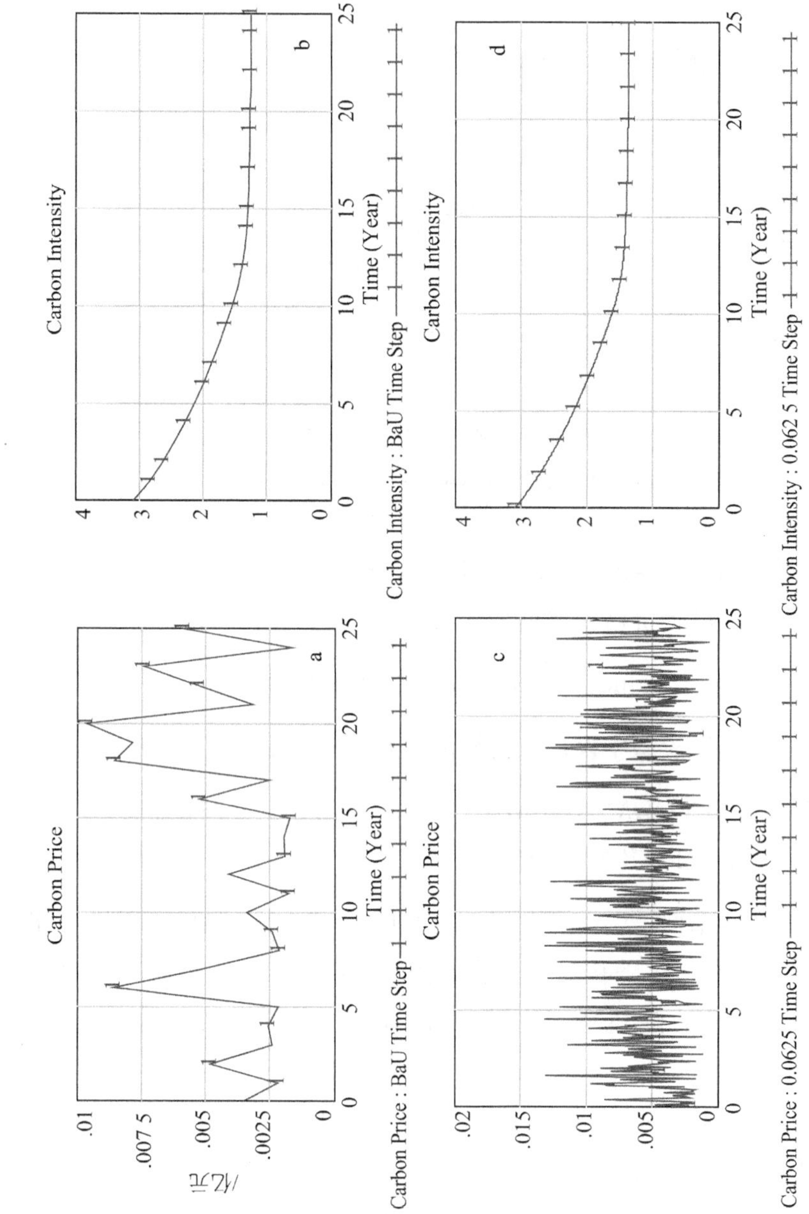

图 5-10 不同步长下随机对数正态分布碳交易价格与对应的碳强度

5.3 实现低碳目标的模型参数优化方案

前文对不同子系统模型参数对减排指标的影响进行了综合分析，得到了四组基于灵敏度的最优方案。敏感性分析除了讨论灵敏度，还可以分析不同参数取值对系统关键变量的影响。值得注意的是，按照原有的设置运行，到 2030 年中国的碳强度无法达到目标值。因此在本节中探讨基于低碳目标的模型参数优化。

5.3.1 基于灵敏度分析的优化方案综合比较

上一节根据分析指标碳强度(CI)和二氧化碳排放量(CDE)对 SD 模型各子系统主要变量的敏感性分析，找出了 8 组灵敏度较高，且符合 2030 年碳强度目标的减排方案，如表 5-6。

优化方案分别为贷款周期降低到 BaU 值的 50%、信贷自留比例降低到 BaU 值的 75%、绿色信贷占比提高到 BaU 值的 125%、绿色债券占比提高到 BaU 值的 175%、债券周期降低到 BaU 值的 25%、债券自留比例降低到 BaU 值的 75%、PPP 占比提高到 BaU 值的 125%、信贷贴息比例提高到 BaU 值的 175%。所以，只要在绿色金融系统中，通过合理的政策引导降低贷款周期、信贷自留比例、债券周期、债券自留比例，或者提高绿色信贷占比、绿色债券占比、PPP 占比、信贷贴息比例，就可以凭借相对较低的投入，实现减排，达成低碳发展目标，这是较为理想的政策优化方案。

如图 5-11 所示，8 组优化方案中，信贷自留比例降低 75% 的灵敏度系数绝对值最大为 0.024 0，碳强度均值及 2030 年值较低，并且二氧化碳排放量的仿真估计均值及 2030 年值也最低(图 5-12)，为 8 组优化方案中的最佳方案。

基于低碳目标的次优方案为绿色信贷占比提高 125%，达到社会信贷总量 12.5% 的时候实现低碳目标，达到优化。目前的占比约在 10%，因此较小幅度的提高能实现较大的作用，是相对经济的优化方案。

表 5-6 基于敏感性分析和低碳目标的绿色金融各子系统优化方案汇总

主题分类	变量	单位	变量运行值	变量变动比例	碳强度(CI)仿真估计值 均值	碳强度(CI)仿真估计值 均值灵敏度	碳强度(CI)仿真估计值 2030年值	二氧化碳排放量(CDE)仿真估计值 均值	二氧化碳排放量(CDE)仿真估计值 均值灵敏度	二氧化碳排放量(CDE)仿真估计值 2030年值
间接融资子系统	贷款周期(LP)	Year	2.500	50%	1.6710	0.0039	1.2334	1090749	0.0734	1627410
间接融资子系统	信贷自留比例(CRR)	Dmnl	0.375	75%	1.6642	0.0240	1.2224	1069700	0.2211	1579200
间接融资子系统	绿色信贷占比(GCR)	Dmnl	0.125	125%	1.6694	−0.0116	1.2312	1105691	−0.0940	1660100
直接融资子系统	绿色债券占比(GBR)	Year	0.350	175%	1.6691	−0.0041	1.2311	1108797	−0.0277	1660860
直接融资子系统	债券周期(BP)	Year	1.250	25%	1.6703	0.0032	1.2322	1096053	0.0427	1634980
直接融资子系统	债券自留比例(BRR)	Dmnl	0.375	75%	1.6709	0.0080	1.2336	1110741	0.0761	1670460
金融创新子系统	PPP占比(PPPR)	Dmnl	0.375	125%	1.6725	−0.0043	1.2362	1125034	−0.0256	1707830
公共财政子系统	信贷贴息比例(CISR)	Dmnl	0.613	175%	1.6612	−0.0104	1.2166	1073198	−0.0696	1603080

注：碳强度(CI)均值和 2030 年值的单位为 $10^4 Ton/10^8 Yuan$，二氧化碳排放量(CDE)均值和 2030 年值的单位为 $10^4 Ton$。

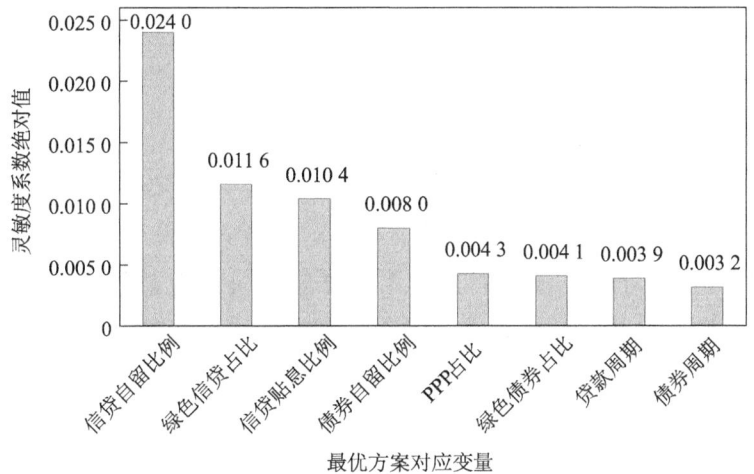

图 5-11 对应碳强度的参数优化方案灵敏度

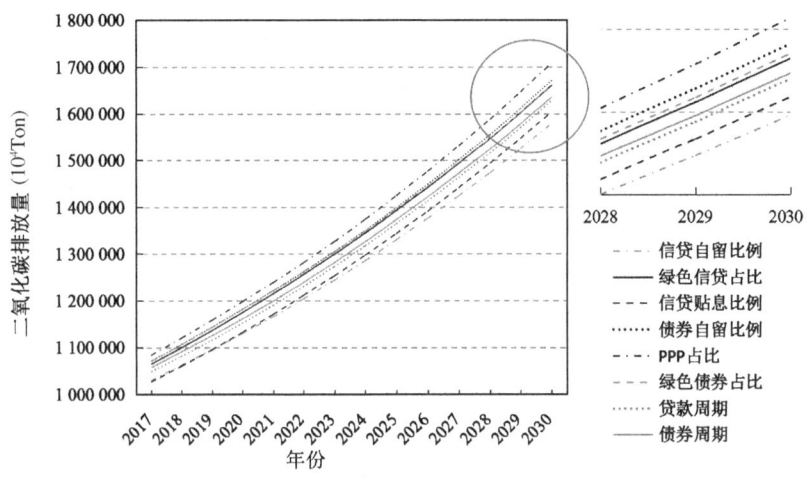

图 5-12 各参数优化方案下二氧化碳排放量仿真输出值

再次的参数为信贷贴息比例提高到 BaU 值 175% 时,其对应减排变量低于最佳方案。政府对于低碳项目间接融资的贴息越多,便会刺激企业对绿色信贷的需求,对低碳项目的开展具有激励和杠杆作用,转移了银行等金融机构的信用风险,进而降低二氧化碳排放量,实现减少碳强度的目标。

剩余优化方案按照碳强度由小到大排序依次为：债券自留比例降低到75%、PPP占比提高到125%、绿色债券占比提高到175%、贷款周期降低到50%、债券周期降低到25%。

基于现实情况进一步分析各优化方案的实施。

考虑最优方案的信贷自留比例值为37.5%，与之作用相似的参数债券自留比例，其最优方案值为37.5%，二者对降低碳强度的效果较为相近，企业对于项目融资真实用于低碳投资的金额越高，有助于能源效率的提高和清洁能源的使用，进而降低二氧化碳排放量，实现减少碳强度的目标。中国现行绿色债权自留比例约为50%，而普通的债权融资自留惯例是30%左右，因此信贷自留比例和债券自留比例的最优参数值较易实现。

绿色信贷占比的初始值为10%，最优值为12.5%，较易实现。与之相比，绿色债券占比达到社会债券总量35%（现行为20%）的时候才能实现低碳目标。相比绿色信贷规模的提高幅度，实现绿色债券占比最优难度更大。目前绿色信贷是低碳资金的首要来源，参照全国债市融资占社会融资规模的比例，绿色债券市场将来则最有可能成为第二大低碳融资渠道（20%~30%的资金比例），因此应该关注引导丰富直接融资模式的层次，将股市债市都吸引其中，提高其规模。

公共财政激励中，信贷贴息比例最优方案值为61.3%，与之对应的债券贴息比例却无法通过调节来实现优化方案，说明公共财政贴息和利用杠杆资金参与减排，对间接融资的贴息政策效果显著，可以很好地实现低碳目标，但61.3%对于公共财政低碳支出的总体占比过大，并不容易实现。并且从近期来看，在直接融资没有实现质的飞跃之前，无需加大贴息力度，以保证有限财政资金的优化配置。

金融创新中的PPP占比的灵敏度相对略低，并且其规模要达到37.5%才能实现优化方案，这对于财政支持规模是一个较大的考验，虽然政府近年来大力推行PPP项目的投资，但短时间其还无法实现质的飞跃。

贷款周期和债券周期结果显示，二者的下降对碳强度的降低具有促进作用,即信贷周期降低到2.5年、债券周期降低到1.25年的时候,实现最优方案。说明降低融资周期可以促进低碳目标实现,但现实中低碳项目往往对应周期较长,有的为5~10年,甚至长达20年,长周期也正是金融机构或社会资本对其望而却步的原因。本书的研究结论证明,较短的融资周期有利于吸引资金,提高金融市场融资规模,促进低碳发展。

5.3.2 优化方案外部分参数对碳强度影响

本章在5.2的分析中,利用灵敏度系统性研究参数影响并总结8个最优方案参数的同时,也对优化方案外有调节空间,且对碳强度指标具有显著影响的3个参数:政府资金比例、碳交易量占比配额、碳价格进行了分析,得出以下结论。

其中PPP项目中政府资金比例降低到10%以下,可以有效减少碳强度,实现低碳目标。建议政府通过投资参股的方式参与SPV公司中,政府只有参与SPV公司,才能对这部分管理权进行控制以实现环保公共服务目标,防止SPV公司完全服从社会资本的利益追求,而且提高了融资项目的信用度,更有利于项目获得银行贷款、发行债券、组建基金等,但若政府出资占比较大,又会挤占社会资金的参与空间,也与PPP项目设立时希望政府起到资金引导作用的初衷不符。将关于创新PPP项目的结论扩展到更广泛的金融创新领域,金融创新服务的增加,可以带动其他融资规模的上升,应建议鼓励低碳绿色金融服务创新,尤其是能够吸引大量社会资本参与的创新产品和服务,因为定量分析的结果显示,投资总量相同的情况下,社会资本占比加大,比提高政府资金更有利于减少碳排放。

关于碳交易量占比配额,将其提高到1,可实现低碳目标,并且随着参数的增大,碳强度显著降低。目前中国碳市场还存在很多不足,对低碳发展的作用也较为有限。尤其是碳交易量占比配额参数的敏感性分析结果表明,满足GDP增长目标的配额产生机制存在问题,导致配额发放数量过大,所有试点市场都表现出市场流动性低、交易量小和碳交易价格走低的现象也可以证明这个结论的可信度。除了要完善和修改目前的配额确定制度，也可以在绝对碳交易量上找寻突破口，与直接融资和间接融资模式相配合，加大碳权的流动性，使交易量有所改善。以绿色信贷为例，企业可以通过与银行开展碳额度抵质押业务，以加强资产的流动性。

将碳价格由常数设置为随机函数，运行结果发现，由于碳价格波动在其他条件不变的情况下，会对碳强度的降低产生抑制作用。因此在建设碳市场的过程中，我们应该注意对碳价格的调整，使其减少波动幅度和频率，如可以建立备用配额储备制度，当碳市场价格过分偏离均值时进行政策干预，保证价格机制发挥积极作用。

从 SD 模型运行结果可以看出，受到碳交易不统一和规模限制，目前的碳市场和碳价格不足以克服节能减排中所有的市场失灵和市场障碍。因此，通过财政激励和金融市场融资共同实现的能源效率和可再生能源发展目标与碳交易计划能够并存并发挥互补作用。

5.4 本章小结

本章对模型参数进行调节，为实现低碳目标提供建议。此外，本章分别对各子系统中的可调节变量进行敏感性分析，以低碳目标为参考，提出最优参数设置方案。

6　总结和展望

当今世界正面临着严峻的气候变化和环境污染问题,合理有效地解决环境问题已经成为全球关注的议题。解决环境和气候问题的根本是要调节能源结构,减少对化石能源的依赖,加大清洁能源的开发以及使用效率,实现经济增长的同时,降低二氧化碳排放,减少环境污染。

全球的低碳经济发展至今,面临的最大问题就是投资的严重不足,据联合国环境署计算,2010—2050年,要实现遏制全球变暖的低碳经济目标,需要每年的额外投资是全球年GDP的约2%,据G20工作组测算,2016—2030年的全球低碳资金需求为123万亿元。导致投资严重不足的原因来自两个方面,一是全球宏观经济环境的恶化,二是低碳投资周期长、规模大、流动性差等特点降低了资本的回报率,让投资者望而却步。

低碳经济发展和转型是一个系统性的工程,需要生产、科研、金融和政府多部门多领域的协调与相互配合。其中为低碳发展提供资金融通的金融业发挥着核心作用,用金融手段来解决环境问题,也已经成为全球公认的有效途径,"绿色金融"正是在这样的背景下受到了越来越多的关注。构建和运用绿色金融系统不仅可以通过政策引导资金填补低碳投资缺口,还能利用外部性原理使问题内生化,降低成本,为经济的稳定增长提供支持。

在构建绿色金融系统方面,国际上已有初步的经验以及实践的积累,其中最具代表性的是为了解决环境问题的负外部性,而推出的碳交易制度,以期通过碳价格来带动更多的资金进入低碳领域,将外部问题内部化。但多年的经验表明，单纯依靠自由市场和交易机制无法解决金融市场失灵的问题，在全球避险情绪泛滥的大环境下，资金并没有受到碳价格的吸引，而是倾向于流动性强、风险低的领域。至此，市场问题交给市场解决的模式，在低碳经济发展中宣告失败。人们又将目光投向了公共财政领域，希望能通过政府的力量，引导资金填补低碳投资缺口，实现低碳发展的目标。利用公共资金的杠杆作用，引导大量的社会资本投入低碳项目中，这个过程不仅需要末端项目对低碳的有效执行，更为重要的是必须采用一系列财政手段改变资源配置的方式。政府需要引导现有金融市场中能够对低碳发展产生作用的绿色金融工具，才能有效地使低碳项目从不同的工具中获得资金的投入。实现中国的短期碳强度目标以及长期的低碳经济发展道路，也是构建绿色金融系统的基础和首要研究问题。如何描述和确定影响低碳发展的多种融资模式，促进价格和激励机制的有效实施，从学术上解决这样一个问题，需要由浅入深、循序渐进。首先，建立基于多种融资模式的绿色金融系统模型框架，甄别绿色金融系统中的工具类型，并根据理论和实践参考梳理其表征指标；其次，针对最核心但仍未能形成系统性结论的金融市场对低碳发展的长期作用机制进行验证；再次，以上基础为如何依托多种融资模式共同协作构建绿色金融系统模型的问题提供了依据；最后，依托多种融资模式共同协作下的绿色金融系统模型，讨论不同结构和参数下模型运行对实现低碳目标的影响，即如何应用绿色金融系统实现对低碳发展的促进问题。

6.1　研究总结

本书以"现实问题—解决方案—科学问题"为研究范式，围绕"实践和理论—技术和方法—指导和应用"的思路展开，在绿色金融相关理论和文献分析的基础上，结合目前低碳发展资金缺乏的现实问题，提出建设以碳市场纠正负外部性和以财政引导金融市场资金投资的绿色金融系统解决方案。在模型框架部分，本书从实践角度分析中国目前低碳发展资金渠道,界定了什么是"绿色金融系统",并以其构成分析为什么着眼于多种融资模式来研究绿色金融系统的问题。资金主要来源有碳市场、公共财政和金融市场,其中金融市场提供的资金有银行信贷、股市/债券、风投/私募等,并且金融市场融资在所有资金来源中占比最大。本书介绍了绿色金融系统中公认会对低碳发展产生积极作用的碳市场价格机制和公共财政激励机制,同时对金融市场在绿色金融系统中的核心地位进行分析,提出二者关系的假设,即金融市场与低碳发展的长期机制。进而利用灰色系统理论对金融市场的核心表征指标进行选取和甄别。本书首先根据由灰色关联度甄别的金融市场核心指标,验证金融市场与低碳发展的长期机制;其次以模型框架中的分析为设计系统内部结构和动态假设的依据,完成系统模型构建;最后讨论各系统结构对实现低碳目标的作用以及减排变量对不同参数的敏感性,总结实现低碳目标的经济机制和内在规律,提出考虑低碳目标的绿色金融系统模型优化的方案。在研究科学问题的同时,形成考虑低碳目标的绿色金融系统模型研究的完整理论和研究体系。

1) 基于ARDL-ECM的金融市场融资模式对低碳发展的长期机制分析

本书在该部分中采用自回归分布滞后模型(ARDL)研究方法,模型中加入了前期误差项修正因子(ECM),可同时分析变量之间长期与短期关系。为了得到正确的长期均衡和短期动态关系,本书采用中国1991—2014年碳强度、FDI、金融中介效率、金融创新度和股市流动性的时间序列对数数据展开研究。首先,本书统计性地描述了时间序列对数的特征,并进行数据自相关系数(ACF)衰减图绘制,发现金融中介效率、金融创新度和碳强度均具有自相关性,FDI和股市流动性虽不是自相关序列但存在明显的断点,因此一方面无法采用简单的线性方程来检验变量间的长期关系,另一方面必须要对数据进行多样化的平稳性和断点单位根的检验,以确保计量模型方法的适用性;其次,本书运用单位根检验和断点单位根检验判断数据的平稳性,四种检验方法得出的结论不尽相同,因此检验结果说明对数时间序列既有 $I(0)$ 又有 $I(1)$;再次,为了同时解决本书的小样本以及时间序列自相关的问题,本书使用 ARDL 边界测试方法测试变量之间协整的关系;最后,在数据具有协整关系的情况下,本书依据选取的 ARDL 模型来估计相关系数,并加入 ECM 进行变量间长期关系和短期动态的分析,通过分析得到了以下主要结论:

(1) 碳强度与金融中介效率、金融创新度以及股市流动性三个变量之间存在长期协整的关系,同时短期也存在动态调节的效果。即间接融资、直接融资、金融创新增加 1 单位,会使碳强度分别降低 0.91、0.3 和 0.75 单位,且一旦碳强度受到外部冲击,偏离其长期水平,金融创新和直接融资的共同作用将会在下一年度对碳强度的偏离产生 53% 的调整。

(2) 中国的间接融资模式被证明可以有效地降低每单位产出的碳排放量。0.91 的系数也说明间接融资模式依然是中国低碳发展融资的依赖形式,效果最强。这与现实情况十分吻合。

(3) 中国的金融创新程度可以降低每单位 GDP 产生的碳排放,即金融创新引发了低碳发展的积极结果。0.75 的系数说明各种金融产品创新对碳强度的降低也起到了关键作用,虽然效果没有间接融资表现得强势。

(4) 中国的直接融资模式表现为股市流动性对碳强度的影响,与其他因素相比相对较弱。这主要与中国直接融资市场尤其是股市发展不成熟的特性密切相关。中国的直接融资对低碳发展的作用还并不强,资本能真正运用到提高能源使用效率、改善能源结构的规模还需大大提高。在未来,围绕如何使直接资本更有效地为低碳经济转型服务,还有很多工作要做。0.3 的长期相关系数,说明中国的直接融资模式对低碳发展的助力相较间接融资和金融创新都略显弱势,这可能与其融资规模小有很大关系,在未来是可以重点关注提高的领域。

(5) 中国的 FDI 与碳强度的计量结果显示,二者并不存在显著的相关性,说明 FDI 这种融资模式对低碳发展不具有长期作用机制。分析其原因,由于 FDI 规模限制,其变化对碳强度下降的驱动是有限的。中国在发展绿色金融的道路中,政策导向还是应依靠国内融资,将国外资金视为辅助的资金渠道。即使如此,外国直接投资依然集中在碳密集型产业中,但近年来该比例已经显著下降,而与此同时,与低碳投资相关的领域利用 FDI 比例则逐年显著增加。因此,应该密切注意外国直接投资流入的质量,使它对中国政府和有关企业带来的积极作用得到充分发挥,推动中国加快低碳发展的步伐。

至此,本书的研究结论为绿色金融系统模型如何构建提供了理论和实践基础。

2) 考虑碳排放的绿色金融系统动力学模型构建及仿真

间接融资、直接融资和金融创新均对低碳发展有着长期机制,应作为未来公共财政激励和引导的主要领域。结合目前绿色金融开展的实践经验和发展方向来看,碳市场可以通过引入价格机制为企业参与低碳投资提供降低成本、减少风险等作用;公共财政支持对于解决金融市场参与低碳发展资金不足、市场失灵等问题具有重要的激励作用。因此在中国实现 2030 年碳强度目标的过程中,以及在构建和推进绿色金融系统的进程中,均要将金融市场的长期作用机制、碳市场的价格机制以及公共财政的激励机制相结合进行系统性的考量。

为了解决该系统性工程,探索以加强融资和实现减排为目的的中国绿色金融系统模型,本书从 5 个子系统出发,建立绿色金融的系统动力学模型;以碳强度为系统动力学模型的主要评价指标、以二氧化碳排放量为辅助指标;结合中国目前对绿色金融系统构建的研究和实践,确定各个子系统主题的具体化表现形式,包括银行低碳(绿色)信贷、绿色债券、PPP 项目、碳交易、政府低碳支出;可调节的变量也较为全面,包括政府贴息、参与金融创新、免税、碳价格、碳交易占比,以及企业自留融资比例等等相关参数。通过边界适合性测试、结构评价测试、参数估计测试以及极端情况测试等一系列仿真检验证明了有效性,此外利用真实性检验验证模型的真伪,确保了正确性,通过对比二氧化碳排放量、GDP、碳强度和政府低碳支出四个存量的仿真和现实数据的 MAPE 值,MAPE_GDP=2.31%,MAPE_CO_2=4.80%,MAPE_GLCE=10.08%,MAPE_CI=4.92%,均在 10%~15%的误差上限之内,本书认为模型的行为重复性良好,可以用于现实的情况的仿真和预测。

3) 不同绿色金融系统模型结构碳减排的影响分析

探讨 SD 模型各子系统结构变化对实现低碳目标的影响。首先,基于基准情景(BaU)对碳强度和二氧化碳排放量进行预测,2030 年未能实现低碳目标,主要由于低碳投资额不足,导致化石能源消耗占比能源消耗总量没有得到显著降低。其次,将模型中不包含各工具子系统的 5 种情景进行预测,并分别与 BaU 结果对比,发现各子系统对模型运行效果以及对模型变量的影响不尽相同:

(1) 间接融资子系统对整体作用最强,预计在未来一段时间内,以信贷为主的间接融资模式都会是绿色金融系统的主要力量;金融创新子系统对整体的作用要强于直接融资子系统,此三类指标对碳强度的作用结果与 ARDL 模型得出的结果一致;不开展金融创新的绿色金融系统,不仅碳强度会增大,而且还会抑制其他融资活动的规模,在金融市场中有牵一发而动全身的效果。

(2) 公共财政子系统对碳强度的降低能力仅次于间接融资,并且若没有政府的政策支持,会导致其他融资系统的规模下降,充分体现了政府在低碳发展中的杠杆和资金引导作用,应当优先考虑;碳市场子系统,由于其交易规模较小,对碳强度的影响没有其他几种模式显著。

4) 不同绿色金融系统模型参数对碳减排的影响及优化方案

在 BaU 情景下,考察模型参数变化对实现低碳目标的影响。本书选取模型 5 个子系统中 17 个参数作为敏感性分析的考察因素,碳强度作为主要敏感性分析指标,二氧化碳排放量作为辅助敏感性分析指标,进行单因素敏感性分析。将每个参数值分为 6 档(25%~175%),共进行了 102 组仿真实验。通过综合性比较和深层挖掘,得到 8 组可实现低碳目标的参数优化方案,并对优化方案外 3 个对低碳目标实现具有显著影响的参数进行了探讨。研究有以下发现：

（1）根据碳强度和二氧化碳排放量对SD模型各子系统主要变量的灵敏度分析，本书找出了8组灵敏度较高，且符合2030年碳强度目标的减排方案，分别为信贷自留比例降低到基准值的75%、绿色信贷占比提高到基准值的125%、贷款周期降低到基准值的50%、债券自留比例降低到基准值的75%、绿色债券占比提高到基准值的175%、债券周期下降至基准值的25%、信贷贴息比例提高到基准值的175%、PPP占比提高到基准值的125%。其中信贷自留比例、贷款周期、债券自留比例、债券周期与碳强度均为正相关作用，即碳强度随该参数的减小而降低，该参数越小，越有利于实现低碳目标；而绿色信贷占比、绿色债券占比、信贷贴息比例、PPP占比与碳强度均为负相关作用。

（2）除8组优化方案外，本书发现金融创新子系统中的PPP项目政府资金比例，以及碳市场子系统中碳交易占比配额能够通过优化实现低碳目标。结果显示在当政府出资比例达到10%以下，或碳交易占比配额达到1倍的时候，系统的目标碳强度可以得到实现，而其余7个参数无法实现优化，其中政府资金比例与碳强度均为正相关作用，碳交易占比配额与碳强度均为负相关作用。

（3）将碳价格设置为随机对数正态分布函数，本书采用不同步长来进行系统模拟，发现在随机价格的情况下，碳强度显著增大，因此未来在中国全面推行统一碳交易平台后，应关注减少碳价格的波动幅度和频率。

5）中国绿色金融系统建设的相关政策建议

（1）金融市场子系统建设。将绿色金融系统中以银行信贷为代表的间接融资模式的发展放在建设的首要位置，银行低碳化进程的完善和提高对绿色金融系统和低碳发展至关重要；较短的融资周期有利于吸引资金，低碳经济发展的瓶颈之一是投资周期长，较短的融资周期有利于吸引资金，提高金融市场融资规模，促进低碳发展；适度降低信贷自留比例或债券自留比例，即提高企业用于低碳投资的资金比例，将有助于能源效率的提高和清洁能源的使用，进而降低二氧化碳排放量,实现减少碳强度的目标;适度提高绿色信贷占比即可实现低碳目标,政策层面易于实现,而实现低碳目标要求绿色债券占比提高幅度较大,可以量力而为;金融创新融资对低碳目标实现的效果不及间接融资,但其业务开展对其他工具规模的提高具有积极带动作用,以创新环保PPP项目为例,应该提高其在绿色金融系统中的地位和规模,尤其是要加强对大量社会资本的吸引,降低政府参资比例,因为定量分析的结果显示,总量相同时,社会资本占比量加大,比提高政府资金更有利于减少碳排放。

(2) 碳市场子系统建设。提高碳市场的运作效率可以从两方面考虑,一是在目前基础上适当减少发放碳配额,二是通过开展配额质押等业务加强流动性,使交易量进一步提升。此外,建议通过设立配额储备制度,加强碳价格的政策干预,避免其过度波动给低碳发展带来的负面影响。

(3) 公共财政子系统建设。从整体结构来看,公共财政的作用优于金融创新融资、仅次于间接融资的地位,主要由于其贴息和利用杠杆资金参与减排,对间接融资的贴息政策效果显著,可以很好地实现低碳目标,而对直接融资的贴息仅对其整体规模影响巨大。因此从近期来看,在直接融资没有实现质的飞跃之前,无需加大贴息力度以保证有限财政资金的优化配置。

6.2 研究的特色及创新

(1) 本书以预测与优化为创新视角研究绿色金融系统的构建和运行问题。全球对低碳资金不足的问题尤为重视,各国政府在实践中的大刀阔斧与学术研究的匮乏形成鲜明对比,本书通过文献回顾了解到,学术界关于低碳发展的融资问题仍未能形成系统性和妥善性的解决方案及可操作性措施建议,从绿色金融的功能——融资的角度定量探讨绿色金融系统的相关研究结论甚少,因此本书的迫切性和必要性使其成了绿色金融领域研究中全新的方向。本书从作用机制出发,构建基于金融市场长期机制、碳交易价格机制、公共财政激励机制多种工具协作下的绿色金融系统动力学模型,采用系统科学的方法全面分析绿色金融系统的运行和各子系统对低碳发展的作用,形成完整的理论体系,实现研究内容创新性的同时,充实和拓展了基于多学科交叉融合的绿色金融理论体系和管理方法。

(2) 本书系统地验证了金融市场对低碳发展的长期显著关系。现有文献对于二者相关性的研究较为分散,并未形成系统的研究结论。综合现有成果,形成了本书金融市场的指标体系,并提出了金融创新度这个变量,既实现了研究的传承,又形成了本书的独特性。同时,与现有研究多采用二氧化碳排放量作为低碳发展表征指标不同,本书考虑环境和经济的双重改善,因此则采用碳强度指标表征低碳发展。此外,与传统直觉不同,本书实证中得出国外资金对碳强度不具有显著长期作用机制的结论。虽然中国在国际上过去一直受外国直接投资的青睐,但现如今早已成为了依靠自身经济体制实现各项发展的强大经济体。即使是作为发展中国家,中国实现低碳发展也主要依赖国内资金的推动。通过定量研究得到不同于传统直觉的新结论。

(3) 本书采用随机函数对比分析碳价格变化对低碳发展的影响。现有研究多关注碳价格波动的主要原因以及碳价格的预测。而本书更多地关注绿色金融引入价格是服务于低碳发展的本质,在系统动力学模型中将服从随机对数正态分布的碳价格与其为常数的情景进行对比,分析价格变动幅度和频率对碳强度的影响,形成了碳价格领域全新的研究方法和视角。

6.3 研究的局限与展望

本书以多种融资模式为构建绿色金融系统模型的基础,开展考虑低碳目标的模型运行结构和参数的分析讨论,以求通过敏感性的方法来找到优化整个绿色金融系统模型的运行效率的方案。但由于这一研究刚刚起步,取得的研究成果也只是局部和阶段性的。一方面对本书的内容和结论进行了总结,另一方面提出本书的不足之处,并指出未来研究可行的方向,以期为后续研究打下基础。

6.3.1 研究的不足

1) 可以研究得更为深入

前提和假设是本书建模的基础,因此使得模型具有一定程度的局限性。另外,在分析模型的敏感性以及如何实现碳强度目标时,只考虑了单个变量变化对系统的影响,可以采用政策组合的方式,研究两个或多个变量同时变化时给系统带来的影响。

2) 模型解释问题的多样性有待丰富

本书系统动力学研究部分将部分参数设置为常量,但实际运行中,许多变量的取值可能都是随机函数,例如碳交易价格的随机对数正态分布,甚至可能面临其他形式的函数。本书构建的绿色金融模型虽然从理论上解释了系统的运行,但数理模型不可能与现实完全相符,因此在实际应用以及决策者管理时会有一定的局限性。

3) 统计资料有所缺失

本书部分内容在中国乃至世界刚刚起步,对数据的统计时限相对较短、甚至有少量缺失,虽然书中对理论和实践的阐述和借鉴较为详尽,但由于数据统计的不完善,例如对股票市场的统计从1991年才开始、债券市场从2005年开始、政府低碳支出始于2005年,所获样本量较小,种类也不是很丰富,考虑到许多金融业务的数据是不对外公布的,样本量还略显不足。

6.3.2 进一步研究方向

无论是实践领域还是学术研究领域,从融资角度来探索绿色金融系统运行的成果有限。为低碳发展提供资金融通才是绿色金融的本质,本书追本溯源,通过总结前人工作的积累,加以深入探索创新,取得了一定成果,但仍存在可以改进的方向,根据研究不足,将未来基于本书的扩展做一总结:

（1）关于金融市场对碳强度长短期作用的计量研究,可以将时间序列的时间单位从年缩短到季、月,增加数据的样本量,吸收更多的自变量,强化对问题的探索。

（2）关于绿色金融系统动力学运行的问题,可以将部分变量设置成随机函数的形式来研究其对整个体系的影响,力求体现模型的有效性。

（3）关于敏感性分析,调节多个变量联动,依此考察系统的变化情况,也可以跟踪政策的变化,如税收、监管的不同,将其体现在模型当中,进行政策组合分析和管理优化。

附录 1 整体流图变量

分类	序号	变量	英文及缩写	单位	类型
间接融资子系统	1	银行总可贷款额	Total Credit, TC	10^8 Yuan	L
	2	银行每年贷款增长额	Total Credit Increment, TCI	10^8 Yuan	A
	3	银行年贷款增长系数	Total Credit Increment Factor, TCIF	Dmnl	C
	4	银行低碳贷款	Green Credit, GC	10^8 Yuan	L
	5	每年新增低碳贷款	Green Credit Creation, GCC	10^8 Yuan	R
	6	绿色信贷占比	Green Credit Ration, GCR	Dmnl	C
	7	年低碳贷款增长系数	Green Credit Increment Factor, GCIF	Dmnl	C
	8	贷款周期	Loan Period, LP	Year	C
	9	利率	Interest Rate, IR	Dmnl	C
	10	利息	Interest, I	10^8 Yuan	A
	11	还本付息	Credit Cost and Interest, CC&I	10^8 Yuan	A
	12	信贷自留比例	Credit Retention Ratio, CRR	Dmnl	C
	13	信贷贴息比例	Credit Interest Subsidy Ratio, CISR	Dmnl	C
	14	信贷财政贴息额	Credit Interest Subsidy, CIS	10^8 Yuan	A
	15	信贷贴息影响因子	Credit Interest Subsidy Factor, CISF	Dmnl	A
	16	信贷贴息 lookup	Credit Interest Subsidy Lookup, CIS LOOKUP	Dmnl	LOOKUP

（续表）

分类	序号	变量	英文及缩写	单位	类型
直接融资子系统	17	债券总发行量	Total Bond, TB	10^8Yuan	L
	18	每年债券增长量	Bond Increment, BI	10^8Yuan	A
	19	年债券增长系数	Bond Increment Factor, BIF	Dmnl	C
	20	年绿色债券增长系数	Green Bond Increment Factor, GBIF	Dmnl	A
	21	绿色债券占比	Green Bond Ratio, GBR	Dmnl	C
	22	绿色债券发行量	Green Bond, GB	10^8Yuan	A
	23	每年绿债增长量	Green Bond Increment, GBI	10^8Yuan	A
	24	所得税减免税率	Tax Exemption Ratio, TER	Dmnl	A
	25	发债成本	Bond Cost, BC	10^8Yuan	A
	26	免税比例	Tax Exemption, TE	Dmnl	C
	27	免税期	Exemption Period, EP	Year	C
	28	息票率	Coupon Rate, CR	Dmnl	C
	29	债券周期	Bond Period, BP	Year	C
	30	债券还本付息	Bond Cost and Interest, BC&I	10^8Yuan	A
	31	债券自留比例	Bond Retention Ratio, BRR	Dmnl	C
	32	债券贴息比例	Bond Interest Subsidy Ratio, BISR	Dmnl	C

(续表)

分类	序号	变量	英文及缩写	单位	类型
直接融资子系统	33	债券财政贴息额	Bond Interest Subsidy, BIS	10^8 Yuan	A
	34	债券贴息 lookup	Bond Interest Subsidy Lookup, BIS LOOKUP	Dmnl	LOOKUP
	36	债券贴息影响因子	Bond Interest Subsidy Factor, BISF	Dmnl	A
	37	政府低碳支出	Government Low Carbon Expenditures, GLCE	10^8 Yuan	L
	38	每年政府低碳投入增加额	Government Low Carbon Expenditures Increment, GLCEI	10^8 Yuan	R
	39	政府低碳投入系数	Government Low Carbon Expenditures Factor, GLCEF	Dmnl	A
	40	PPP 占比	PPP Ratio, PPPR	Dmnl	C
	41	政府提供 PPP 资金额	PPP from Government, PPPG	10^8 Yuan	A
	42	政府资金比例	Government Ratio, GR	Dmnl	C
	43	社会投资金额	PPP from Private, PPPP	10^8 Yuan	A
金融创新和公共财政子系统	44	SPV 资金额	SPV Funds, SPVF	10^8 Yuan	A
	45	特许期	Concession Period, CP	Year	C
	46	回购额	Buy Back, BB	10^8 Yuan	A
	47	企业持有量影响因子	Enterprises Holdings Factor, EHF	Dmnl	LOOKUP
	48	财政收入 lookup	Fiscal Revenue Lookup, FR LOOKUP	Dmnl	LOOKUP
	49	财政收入影响因子	Fiscal Revenue Factor, FRF	Dmnl	A
	50	财政收入额	Fiscal Revenue, FR	10^8 Yuan	A
	51	财政收入 GDP lookup	Fiscal Revenue GDP Lookup, FRGDP LOOKUP	Dmnl	LOOKUP

(续表)

分类	序号	变量	英文及缩写	单位	类型
	52	GDP总量	GDP	10^8 Yuan	L
	53	GDP增长量	GDP Increment, GDPI	Dmnl	R
	54	GDP增速	GDP Growth Rate, GDPGR	Dmnl	A
	55	二氧化碳排放量	Carbon Dioxide Emission, CDE	10^4 Ton	A
	56	碳强度	Carbon Intensity, CI	10^4 Ton/10^8 Yuan	L
	57	碳强度减少量	Carbon Intensity Decrement, CID	10^4 Ton/10^8 Yuan	R
碳市场子系统	58	碳强度减少率	Carbon Intensity Decrement Rate, CIDR	Dmnl	C
	59	免费配额	Free Quota, FQ	10^4 Ton	A
	60	控排量占比	Emission Control Ratio, ECR	Dmnl	C
	61	碳交易量占比配额	Carbon Trade Ration, CTR	Dmnl	C
	62	碳交易量	Carbon Trade, CT	10^4 Ton	A
	63	碳交易价格	Carbon Emission Price, CEP	10^8 Yuan/10^4 Ton	A
	64	交易收入	Trade Revenu, TR	10^8 Yuan	A
	65	交易收入自留比例	Trade Revenu Ratio, TRR	Dmnl	C

(续表)

分类	序号	变量	英文及缩写	单位	类型
碳市场子系统	66	综合排放系数	Comprehensive Emission Factor, CEF	Dmnl	C
	67	能源消费总量	Energy Consumption, EC	10^4 Ton	A
	68	化石能源消费总量	Fossil Fuel Consumption, FFC	10^4 Ton	A
	69	清洁能源消费总量	Clean Energy Consumption, CEC	10^4 Ton	A
	70	能源效率	Energy Efficiency, EE	Dmnl	A
企业低碳策略	71	企业低碳融资持有量	Enterprises Low Carbon Capital Holdings, ELCCH	10^8 Yuan	A
	72	低碳项目额	Low Carbon Investment, LCI	10^8 Yuan	A

注：a) A 表示辅助变量，C 表示常量，L 表示存量，R 表示速率变量。
b) Dmnl 为系统动力学语言中无量纲的表达。

附录2 SD 模型运行文件

(01) INITIAL TIME = 0

Units: Year

The initial time for the simulation.

(02) FINAL TIME = 25

Units: Year

The final time for the simulation.

(03) TIME STEP = 1

Units: Year

The time step for the simulation.

(04) SAVEPER = TIME STEP

Units: Year [0,?]

The frequency with which output is stored.

(05) Bond Cost=

　　Green Bond * Coupon Rate

Units: 100M Yuan

(06) Bond Cost and Interest=

　　Green Bond/Bond Period+Bond Cost

Units: 100M Yuan

(07) Bond Increment=

　　Total Bond * Bond Increment Factor

Units: 100M Yuan

(08) Bond Increment Factor = WITH LOOKUP (

　　Time,

　　　　([(0,−1)−(26,3)],(0,0.62705),(1,0.735083),(2,0.768882),
(3,−0.193339),(4,0.146624),(5,1.54937),(6,−0.239005),(7,0.351003),

(13.0398,0.236842),(18.844,0.157895),(22.8196,0.0921053),(25.9205, 0.0394737)))

Units: Dmnl

(09) Bond Interest Subsidy=

Government Low Carbon Expenditures * Bond Interest Subsidy Ratio

Units: 100M Yuan

(10) Bond Interest Subsidy Factor=

Bond Interest Subsidy Lookup(Bond Interest Subsidy)

Units: Dmnl

(11) Bond Interest Subsidy Lookup(

[(0,1)-(500000,12)],(0,1.70175),(1486.24,2.18421),(2568.81, 3.52632),(3522.94,6.21053),(4275.23,9.28947),(5981.65,9.8421),(16880.7, 9.96053),(141896,10.4737),(489297,11.4211))

Units: Dmnl

(12) Bond Interest Subsidy Ratio=

0.35

Units: Dmnl [0,1]

(13) Bond Period=

6.59

Units: Year

(14) Bond Retention Ratio=

0.5

Units: Dmnl [0,1]

(15) Buy Back=

PPP from Private/Concession Period

Units: 100M Yuan

(16) Carbon Intensity= INTEG (

Carbon Intensity Decrement,

3.09)

Units: Ton/10K Yuan

(17) Carbon Intensity Decrement=

CO_2 Emission/GDP * Carbon Intensity Decrement Rate

Units: Ton/10K Yuan

(18) Carbon Intensity Decrement Rate = WITH LOOKUP (

　　Time,

　　　　([(0,−0.08)−(26,0)],(−0.0795107,
−0.0701754),(5.00917,−0.0691228),(7.79205,
−0.0677193),(9.38226,−0.065614),(10.3364,
−0.0589474),(11.7676,−0.0329825),(12.6422,
−0.0214035),(13.9144,−0.0126316),(15.9021,
−0.00701754),(18.7645,−0.00385965),(22.263,
−0.00245614),(25.9205,−0.00140351)))

　　Units: Dmnl

(19) Carbon Price=

　　0.008

　　Units: 10K Yuan/Ton

(20) Carbon Trade=

　　Free Quota * Carbon Trade Ration

　　Units: 10K Ton

(21) Carbon Trade Ration=

　　0.081

　　Units: Dmnl [0,100]

(22) Clean Energy Consumption=

　　2894.5 * Low Carbon Investment^0.2612

　　Units: 10K Ton

(23) CO2 Emission=

　　Fossil Fuel Consumption * Energy Efficiency * Comprehensive Emission Factor

　　Units: 10K Ton

(24) Comprehensive Emission Factor=

　　3.5

　　Units: Ton/Ton

(25) Concession Period=

　　20

Units: Year

(26) Coupon Rate=

0.045

Units: Dmnl

(27) Credit Cost and Interest=

Green Credit/Loan Period+Interest

Units: 100M Yuan

(28) Credit Interest Subsidy=

Government Low Carbon Expenditures * Credit Interest Subsidy Ratio

Units: 100M Yuan

(29) Credit Interest Subsidy Factor=

Credit Interest Subsidy Lookup(Credit Interest Subsidy)

Units: Dmnl

(30) Credit Interest Subsidy Lookup(

[(0,1)-(500000,7)],(-9.17431,1.07895),(100.917,1.02632),(266.055,1.05263),(385.321,1.10526),(504.587,1.13158),(614.679,1.31579),(779.817,3.28947),(908.257,4.15789),(1045.87,4.92105),(1174.31,5.26316),(1385.32,5.55263),(1587.16,5.65789),(2036.7,5.68421),(2532.11,5.73684),(296330,6.65789),(399083,6.92105),(493884,7.07895))

Units: Dmnl

(31) Credit Interest Subsidy Ratio=

0.35

Units: Dmnl [0,1]

(32) Credit Retention Ratio=

0.5

Units: Dmnl [0,1]

(33) Emission Control Ratio=

0.5

Units: Dmnl [0,1]

(34) Energy Consumption=

0.3338 * GDP + 218379

Units: 万吨

(35) Energy Efficiency=

   0.0084 * LN(Low Carbon Investment) + 0.645

Units: Dmnl

([(0, 0.7) − (5e + 006, 1)], (305.81, 0.711842), (1834.86, 0.715789), (3211.01, 0.719737), (5749.12, 0.724), (8103.98, 0.728947), (10550.5, 0.73421), (16584.1, 0.748684), (27522.9, 0.769737), (39660.6, 0.790789), (48201.8, 0.803947), (91743.1, 0.827632), (143731, 0.843421), (292049, 0.856579), (489297, 0.875), (856269, 0.892105), (1.2844e + 006, 0.9), (2.17125e+ 006, 0.909211), (3.44037e+006, 0.914474), (4.90826e+006, 0.918421))

(36) Enterprises Holdings Factor = WITH LOOKUP (

   Enterprises Low Carbon Capital Holdings,

([(− 150000, 0) − (1000, 10)], (− 144920, 0.0877193), (−48752.3, 0.175439), (− 33633, 0.307018), (− 19587.2, 0.394737), (− 8669.72, 0.482456), (− 2899.08, 0.526316), (−247.706, 0.657895), (76.4526, 4.42982), (2247.71, 2.41228), (4724.77, 1.09649), (13920.5, 0.701754), (35455.7, 0.482456), (64682, 0.438596), (129287, 0.350877), (183125, 0.263158), (396303, 0.0877193), (795089, 0.0877193), (894477, 0.0877193), (993865, 0.0877193)))

Units: Dmnl

(37) Enterprises Low Carbon Capital Holdings=

   Trade Revenu * Trade Revenu Ratio+Buy Back+Credit Retention Ratio * Green Credit+Bond Retention Ratio * Green Bond-PPP from Private − Credit Cost and Interest -Bond Cost and Interest

Units: 100M Yuan

(38) Exemption Period=

   3

Units: Year

(39) Fiscal Revenue=

   0.232 * GDP - 10261

Units: 100M Yuan

(40) Fiscal Revenue Factor=

Fiscal Revenue Lookup(Fiscal Revenue)

Units: Dmnl

(41) Fiscal Revenue Lookup(

[(30000,0.1)－(691172,0.4)],(27179.4,0.298684),(107567,0.302632),(135773,0.305263),(252829,0.356579),(327576,0.371053),(398091,0.378947),(457325,0.381579),(488351,0.382895),(677019,0.385526))

Units: Dmnl

(42) Fossil Fuel Consumption=

Energy Consumption-Clean Energy Consumption

Units: 10K Ton

(43) Free Quota=

Carbon Intensity * GDP * Emission Control Ratio

Units: 10K Ton

(44) GDP= INTEG (

GDP Increment,

187319)

Units: 100M Yuan

(45) GDP Growth Rate = WITH LOOKUP (

Low Carbon Investment,

([(0,0)－(100000,0.3)],(0,0.196053),(7951.07,0.142105),(21406.7,0.102632),(40978.6,0.0736842),(60692.7,0.0644737),(196625,0.0605263),(468490,0.0565789),(847267,0.0513158),(3.02831e+006,0.0421053),(8.96036e+006,0.0421053)))

Units: Dmnl

(46) GDP Increment=

GDP * GDP Growth Rate

Units: 100M Yuan

(47) Government Low Carbon Expenditures= INTEG (

Government Low Carbon Expenditures Increment,

555.96)

Units: 100M Yuan

(48) Government Low Carbon Expenditures Factor = WITH LOOKUP (CO2

Emission,

([(500000,0)-(4e+006,10)],(504587,0.307018),(834862, 0.429825),(944954,0.583333),(1.08257e+006,0.982456),(1.23395e+006, 1.44298),(1.40826e+006,2.10526),(1.58716e+006,2.80702),(1.72936e+ 006,3.07018),(1.99083e+006,3.11404),(3.50765e+006,3.37719)))

Units: Dmnl

(49) Government Low Carbon Expenditures Increment=

Government Low Carbon Expenditures * Government Low Carbon Expenditures Factor * Fiscal Revenue Factor * Enterprises Holdings Factor

Units: 100M Yuan

(50) Government Ratio=

0.5

Units: Dmnl [0,1]

(51) Green Bond= INTEG (

Green Bond Increment,

1268 * 0.2)

Units: 100M Yuan

(52) Green Bond Increment=

Bond Increment * Green Bond Ratio * Green Bond Increment Factor * Bond Interest Subsidy Factor

Units: 100M Yuan

(53) Green Bond Increment Factor = WITH LOOKUP (

Tax Exemption Ratio,

([(0,1)-(1,3)],(0.00611621,1.53509),(0.98471,2.9386)))

Units: Dmnl

(54) Green Bond Ratio=

0.2

Units: Dmnl [0,1]

(55) Green Credit= INTEG (

Green Credit Creation,

1323.06)

Units: 100M Yuan

(56) Green Credit Creation=

　　Total Credit Increment * Green Credit Increment Factor * Credit Interest Subsidy Factor * Green Credit Ration

　　Units: 100M Yuan

(57) Green Credit Increment Factor=

　　0.159

　　Units: Dmnl

(58) Green Credit Ration=

　　0.1

　　Units: Dmnl

(59) Interest=

　　Green Credit * Interest Rate

　　Units: 100M Yuan

(60) Interest Rate=

　　0.058075

　　Units: Dmnl

(61) Loan Period=

　　5

　　Units: Year

(62) Low Carbon Investment=

　　SPV Funds+Green Bond * (1−Bond Retention Ratio)+Green Credit * (1−Credit Retention Ratio)+Trade Revenu * (1−Trade Revenu Ratio)

　　Units: 100M Yuan

(63) PPP from Government=

　　Government Low Carbon Expenditures * PPP Ratio

　　Units: 100M Yuan

(64) PPP from Private=

　　PPP from Government * (1−Government Ratio)

　　Units: 100M Yuan

(65) PPP Ratio=

　　0.3

　　Units: Dmnl [0,1]

(66) SPV Funds=

   PPP from Government+PPP from Private

   Units: 100M Yuan

(67) Tax Exemption=

   0.1

   Units: Dmnl [0,0.25]

(68) Tax Exemption Ratio=

   Exemption Period/Bond Period * Tax Exemption

   Units: Dmnl

(69) Total Bond= INTEG (

   Bond Increment,

   1268)

   Units: 100M Yuan

(70) Total Credit= INTEG (

   Total Credit Increment,

   365168)

   Units: 100M Yuan

(71) Total Credit Increment=

   Total Credit Increment Factor * Total Credit

   Units: {100M Yuan}

(72) Total Credit Increment Factor = WITH LOOKUP (

   Time,

   ([(0,0)-(26,1)],(0,0.243996),(1,0.185216),(2,0.26647),(3,0.181858),

   (4,0.133205),(5,0.121373),(6,0.147059),(7,0.126663),(10.9725,

   0.157895),(25.9205,0.1579)))

   Units: Dmnl

(73) Trade Revenu=

   Carbon Trade * Carbon Price

   Units: 100M Yuan

(74) Trade Revenu Ratio=

   0.5

   Units: Dmnl [0,1]

参 考 文 献

[1] Fulton M, Capalino R. Investing in the clean trillion: closing the clean energy investment gap[R]. Boston: Ceres, 2014.

[2] IEA. World Energy Outlook[R]. Paris, 2015.

[3] McCollum D, Nagai Y U, Riahi K, et al. Energy investments under climate policy: a comparison of global models[J]. Climate Change Economics, 2013, 4(4): 1-34.

[4] 张晨, 杨玉, 张涛. 基于 Copula 模型的商业银行碳金融市场风险整合度量[J]. 中国管理科学, 2015, 23(4): 61-69.

[5] Koo R C. It is private, not public finances that are out of whack [J]. German Economic Review, 2014, 15(1): 166-190.

[6] Zenghelis D. A strategy for restoring confidence and economic growth through green investment and innovation [R]. Policy Brief, 2012.

[7] Urom C, Mzoughi H, Ndubuisi G, et al. Dynamic dependence between clean investments and economic policy uncertainty [W]. 2022.

[8] Taghizadeh-Hesary F, Yoshino N. Sustainable solutions for green financing and investment in renewable energy projects [J]. Energies, 2020, 13(4): 788.

[9] Nelson D, Shrimali G. Finance mechanisms for lowering the cost of renewable energy in rapidly developing countries[R]. Climate Policy Initiative, 2014.

[10] Zhou K, Li Y. Carbon finance and carbon market in China:

Progress and challenges[J]. Journal of Cleaner Production, 2019, 214: 536-549.

[11] 田原,陈炜. 金融创新系统结构模型及实证研究[J]. 技术经济与管理研究, 2015(4): 82-88.

[12] 新华社. 七部委发布《关于构建绿色金融体系的指导意见》. [EB/OL]. (2016-08-31) http://www.pbc.gov.cn/goutongjiaoliu/113456/113469/3131687/index.html.

[13] 王喜平,王雪萍. 基于时变Copula-CoVaR的欧盟与国内碳市场风险溢出效应研究[J]. 分布式能源, 2022, 7(2): 8-17.

[14] 许传华,林江鹏,徐慧玲. 碳金融产品设计与创新研究[M]. 北京: 中国金融出版社, 2016.

[15] Kreibich N, Hermwille L. Caught in between: credibility and feasibility of the voluntary carbon market post-2020[J]. Climate Policy, 2021, 21(7): 939-957.

[16] Fleischman F, Basant S, Fischer H, et al. How politics shapes the outcomes of forest carbon finance[J]. Current Opinion in Environmental Sustainability, 2021, 51: 7-14.

[17] 张晴. 碳金融市场运行效率的测算及政策模拟研究[D]. 长沙: 湖南大学, 2020.

[18] 郑宇花. 碳金融市场的定价与价格运行机制研究[D]. 北京: 中国矿业大学, 2016.

[19] Grossman G M, Krueger A B. Environmental impacts of a North American free trade agreement[R]. National Bureau of Economic Research, 1991.

[20] Panayotou T. Empirical tests and policy analysis of environmental degradation at different stages of economic development[R]. International Labour Organization, 1993.

[21] Salazar J. Environmental finance: Linking two world[R]. Presented at a Workshop on Financial Innovations for Biodiversity Bratislava. Slovakia, 1998.

[22] 赵志君. 新古典生产者理论的缺陷, 引致问题及其解决方案[J]. 经济学动态, 2019 (11): 84-96.

[23] 樊威, 陈维韬. 碳金融市场风险形成机理与防范机制研究[J]. 福建论坛(人文社会科学版), 2019, 5: 54-64.

[24] 纪玉山, 纪明. 低碳经济的发展趋势及中国的对策研究[J]. 社会科学辑刊, 2018(2): 83-89.

[25] 潘冬阳, 陈川祺. 金融政策与经济低碳转型——基于增长视角的研究[J]. 金融研究, 2021, 498(12): 1-19.

[26] Ji C J, Hu Y J, Tang B J. Research on carbon market price mechanism and influencing factors: a literature review[J]. Natural Hazards, 2018, 92(2): 761-782.

[27] Lin B, Huang C. Analysis of emission reduction effects of carbon trading: Market mechanism or government intervention?[J]. Sustainable Production and Consumption, 2022, 33: 28-37.

[28] Darvas Z M, Wolff G B. A green fiscal pact: climate investment in times of budget consolidation[R]. Bruegel Policy Contribution, 2021.

[29] World Bank. State and trends of carbon pricing 2021[M]. Washington D. C: World Bank Publications, 2021.

[30] Chichilnisky G, Heal G M. Environmental markets: Equity and efficiency[M]. Columbia University Press, 2013.

[31] Chichilnisky G. Economic theory and the global environment[J]. Economic Theory, 2012, 49(2): 217-225.

[32] Van den Berg N J, van Soest H L, Hof A F, *et al*. Implications of various effort-sharing approaches for national carbon budgets and emission pathways[J]. Climatic Change, 2020, 162(4): 1805-1822.

[33] 郭日生, 彭斯震. 碳市场[M]. 北京: 科学出版社, 2010.

[34] 苏健, 梁英波, 丁麟, 等. 碳中和目标下我国能源发展战略探讨[J]. 中国科学院院刊, 2021, 36(9): 1001-1009.

[35] 张梓太,张叶东.实现"双碳"目标的立法维度研究[J].南京工业大学学报(社会科学版),2022,21(04):14-32+115.

[36] Boroumand R H, Goutte S, Porcher T, et al. A fair and progressive carbon price for a sustainable economy[J]. Journal of environmental management, 2022, 303: 113935.

[37] Ahmed N, Sheikh A A, Hamid Z, et al. Exploring the Causal Relationship among Green Taxes, Energy Intensity, and Energy Consumption in Nordic Countries: Dumitrescu and Hurlin Causality Approach[J]. Energies, 2022, 15(14): 5199.

[38] Ramstein C, Dominioni G, Ettehad S, et al. State and trends of carbon pricing 2019[M]. The World Bank, 2019.

[39] Friedrich M, Mauer E M, Pahle M, et al. From fundamentals to financial assets: the evolution of understanding price formation in the EU ETS[J]. 2020.

[40] Lovcha Y, Perez-Laborda A, Sikora I. The determinants of CO_2 prices in the EU emission trading system[J]. Applied Energy, 2022, 305: 117903.

[41] Haites E. Carbon taxes and greenhouse gas emissions trading systems: what have we learned? [J]. Climate policy, 2018, 18(8): 955-966.

[42] Jiang W, Chen Y. The time-frequency connectedness among carbon, traditional/new energy and material markets of China in pre-and post-COVID–19 outbreak periods[J]. Energy, 2022, 246: 123320.

[43] Sato M, Rafaty R, Calel R, et al. Allocation, allocation, allocation! The political economy of the development of the European Union Emissions Trading System [J]. Wiley Interdisciplinary Reviews: Climate Change, 2022, 13(5): e796.

[44] Hintermann B, Peterson S, Rickels W. Price and Market Behavior in Phase II of the EU ETS: A Review of the Literature

[J]. Review of Environmental Economics and Policy, 2020.

[45] Wu X, Yin X, Mei X. Forecasting the Volatility of European Union Allowance Futures with Climate Policy Uncertainty Using the EGARCH-MIDAS Model [J]. Sustainability, 2022, 14 (7): 4306.

[46] Rittler D. Price discovery and volatility spillovers in the European Union emissions trading scheme: A high-frequency analysis[J]. Journal of Banking & Finance, 2012, 36(3): 774-785.

[47] Arouri M E H, Jawadi F, Nguyen D K. Nonlinearities in carbon spot-futures price relationships during Phase II of the EU ETS [J]. Economic Modelling, 2012, 29(3): 884-892.

[48] Friedrich M, Mauer E M, Pahle M, et al. From fundamentals to financial assets: the evolution of understanding price formation in the EU ETS[J]. 2020.

[49] Zhang J, Li D, Hao Y, et al. A hybrid model using signal processing technology, econometric models and neural network for carbon spot price forecasting [J]. Journal of Cleaner Production, 2018, 204: 958-964.

[50] Nazifi F. Modelling the price spread between EUA and CER carbon prices[J]. Energy Policy, 2013, 56: 434-445.

[51] Gifford L. "You can't value what you can't measure": a critical look at forest carbon accounting[J]. Climatic Change, 2020, 161 (2): 291-306.

[52] Kim W, Yu J. The effect of the penalty system on market prices in the Korea ETS [J]. Carbon Management, 2018, 9 (2): 145-154.

[53] Ma C, Hailu A, You C. A critical review of distance function based economic research on China's marginal abatement cost of carbon dioxide emissions [J]. Energy Economics, 2019, 84: 104533.

[54] Feng T, Li R, Zhang H, et al. Induction mechanism and optimization of tradable green certificates and carbon emission trading acting on electricity market in China[J]. Resources, Conservation and Recycling, 2021, 169: 105487.

[55] Green J F. Does carbon pricing reduce emissions? A review of ex-post analyses[J]. Environmental Research Letters, 2021, 16(4): 043004.

[56] Chai Q, Xiao Z, Lai K, et al. Can carbon cap and trade mechanism be beneficial for remanufacturing?[J]. International Journal of Production Economics, 2018, 203: 311-321.

[57] Bruninx K, Ovaere M, Gillingham K, et al. The unintended consequences of the EU ETS cancellation policy[J]. 2019.

[58] Zhao X, Yao J, Sun C, et al. Impacts of carbon tax and tradable permits on wind power investment in China[J]. Renewable Energy, 2019, 135: 1386-1399.

[59] Zhang Q. Price Forecasting Algorithm of Carbon Finance Market Based on Kalman Regression. Rev[J]. Téc. Ing. Univ. Zulia., 2016, 39(10): 376-383.

[60] Chevallier J, Sévi B. On the realized volatility of the ECX CO_2 emissions 2008 futures contract: distribution, dynamics and forecasting[J]. Annals of Finance, 2011, 7(1): 1-29.

[61] Koop G, Tole L. Forecasting the European carbon market[J]. Journal of the Royal Statistical Society: Series A (Statistics in Society), 2013, 176(3): 723-741.

[62] Byun S J, Cho H. Forecasting carbon futures volatility using GARCH models with energy volatilities[J]. Energy Economics, 2013, 40: 207-221.

[63] García-Martos C, Rodríguez J, Sánchez M J. Modelling and forecasting fossil fuels, CO_2 and electricity prices and their volatilities[J]. Applied Energy, 2013, 101: 363-375.

[64] Zhu B, Wei Y. Carbon price forecasting with a novel hybrid ARIMA and least squares support vector machines methodology[J]. Omega, 2013, 41(3): 517-524.

[65] 杨青清. 我国碳金融交易价格监管机制设计[J]. 山西财经大学学报, 2022, 44(S1): 58-60.

[66] Zeng S, Jia J, Su B, et al. The volatility spillover effect of the European Union (EU) carbon financial market[J]. Journal of Cleaner Production, 2021, 282: 124394.

[67] Fowlie M, Walker R, Wooley D. Climate policy, environmental justice, and local air pollution[J]. Brookings Economic Studies, 2020.

[68] Michaelowa A, Shishlov I, Brescia D. Evolution of international carbon markets: lessons for the Paris Agreement[J]. Wiley Interdisciplinary Reviews: Climate Change, 2019, 10(6): e613.

[69] Zhang W, Li J, Li G, et al. Emission reduction effect and carbon market efficiency of carbon emissions trading policy in China[J]. Energy, 2020, 196: 117117.

[70] Zhang S, Andrews-Speed P. State versus market in China's low-carbon energy transition: An institutional perspective[J]. Energy Research & Social Science, 2020, 66: 101503.

[71] 李永平, 王中和. 我国绿色金融运行机制建设:现状、问题与对策[J]. 浙江金融, 2019(08): 13-20+27.

[72] 窦晓铭, 庄贵阳. 碳排放权交易政策评估及机制研究综述[J]. 生态经济, 2022, 38(10): 45-52.

[73] Verde S F, Borghesi S. The International Dimension of the EU Emissions Trading System: Bringing the Pieces Together[J]. Environmental and Resource Economics, 2022: 1-24.

[74] Ibikunle G, Gregoriou A. Carbon markets: microstructure, pricing and policy[M]. Springer, 2018.

[75] Acheampong T, Menyeh B O. COVID-19 and the 'great reset':

responding to energy transition and sustainable development challenges in Sub-Saharan Africa[J]. Oil, gas and energy law (OGEL), 2021, 19(5).

[76] Mercure J F, Knobloch F, Pollitt H, et al. Modelling innovation and the macroeconomics of low-carbon transitions: theory, perspectives and practical use[J]. Climate Policy, 2019, 19(8): 1019-1037.

[77] Minsky H P. The financial instability hypothesis[W]. The Levy Economics Institute, 1992.

[78] BIS/NIESR. Evaluating Changes in Bank Lending to UK SMEs Over 2001 – 12-Ongoing Tight Credit? [W] Department for Business, Innovation and Skills, London, 2013.

[79] Feyen E., Gonzalez del Mazo I. European bank deleveraging and global credit conditions[W]. Policy Research Working Paper. World Bank, Washington DC, 2013.

[80] Heine D, Semmler W, Mazzucato M, et al. Financing low-carbon transitions through carbon pricing and green bonds[J]. World Bank Policy Research Working Paper, 2019 (8991).

[81] Richter B, Schularick M, Shim I. The costs of macroprudential policy[J]. Journal of International Economics, 2019, 118: 263-282.

[82] McLeay M, Radia A, Thomas R. Money creation in the modern economy[J]. Bank of England. Quarterly Bulletin, 2014, 54(1): 14.

[83] Rozenberg J, Hallegatte S, Perrissin-Fabert B, et al. Funding low-carbon investments in the absence of a carbon tax[J]. Climate Policy, 2013, 13(1): 134-141.

[84] Berensmann K, Lindenberg N. Green Finance: Across the Universe [M]//Corporate social responsibility, ethics and sustainable prosperity. 2019: 305-332.

[85] Mastini R, Kallis G, Hickel J. A green new deal without growth? [J]. Ecological Economics, 2021, 179: 106832.

[86] Boneva L, Ferrucci G, Mongelli F P. To be or not to be "green": how can monetary policy react to climate change? [J]. ECB Occasional Paper, 2021 (2021285).

[87] 武俊松. 低碳经济背景下碳金融监管研究[D]. 吉林: 吉林大学, 2016.

[88] 李阳. 低碳经济框架下碳金融体系运行的机制设计与制度安排[D]. 吉林: 吉林大学, 2013.

[89] McCauley D, Ramasar V, Heffron R J, et al. Energy justice in the transition to low carbon energy systems: Exploring key themes in interdisciplinary research[J]. Applied Energy, 2019, 233: 916-921.

[90] Parry I W H, Black S, Zhunussova K. Carbon Taxes or Emissions Trading Systems?: Instrument Choice and Design[J]. Staff Climate Notes, 2022, 2022(006).

[91] Verde S F, Pazienza M G. Energy and climate hand-in-hand: Financing RES-E support with carbon revenues[J]. Energy Policy, 2016, 88: 234-244.

[92] Owen R, Brennan G, Lyon F. Enabling investment for the transition to a low carbon economy: Government policy to finance early stage green innovation[J]. Current opinion in environmental sustainability, 2018, 31: 137-145.

[93] Wang C, Li X, Wen H, et al. Order financing for promoting green transition[J]. Journal of Cleaner Production, 2021, 283: 125415.

[94] Polzin F, Egli F, Steffen B, et al. How do policies mobilize private finance for renewable energy? —A systematic review with an investor perspective[J]. Applied Energy, 2019, 236: 1249-1268.

[95] Pörtner H O, Roberts D C, Adams H, et al. Climate change 2022: Impacts, adaptation and vulnerability[J]. IPCC Sixth Assessment Report, 2022.

[96] Rentschler J. Fossil fuel subsidy reforms: A guide to economic and political complexity[M]. Routledge, 2018.

[97] Suh S, Johnson J A, Tambjerg L, et al. Closing yield gap is crucial to avoid potential surge in global carbon emissions[J]. Global Environmental Change, 2020, 63: 102100.

[98] Matsuo T. The role of policy in steering technological change for low-carbon development: Case studies from the energy sector[D]. ETH Zurich, 2018.

[99] Trinks A, Mulder M, Scholtens B. External carbon costs and internal carbon pricing[J]. Renewable and Sustainable Energy Reviews, 2022, 168: 112780.

[100] Li K, Liu C. Construction of carbon finance system and promotion of environmental finance innovation in China[J]. Energy Procedia, 2011, 5: 1065-1072.

[101] Zeqiraj V, Sohag K, Soytas U. Stock market development and low-carbon economy: The role of innovation and renewable energy[J]. Energy Economics, 2020, 91: 104908.

[102] Shem C, Simsek Y, Hutfilter U F, et al. Potentials and opportunities for low carbon energy transition in Vietnam: A policy analysis[J]. Energy Policy, 2019, 134: 110818.

[103] Zebra E I C, van der Windt H J, Nhumaio G, et al. A review of hybrid renewable energy systems in mini-grids for off-grid electrification in developing countries[J]. Renewable and Sustainable Energy Reviews, 2021, 144: 111036.

[104] FS-UNEP, BNEF. Global Trends in Renewable Energy Investment 2014. Frankfurt School-UNEP Centre/BNEF, Frankfurt, 2014.

[105] IPCC. 5th Assessment Report-Climate Change 2014: Mitigation of Climate Change, Intergovernmental Panel on Climate Change, 2014.

[106] Buchner B, Abramskiehn D, Stadelmann M, et al. The global landscape of climate finance 2014 [R]. Climate Policy Initiative, 2014.

[107] CPI, The Global Landscape of Climate Finance2014 [R]. Climate Policy Initiative, Venice, 2014

[108] Stern N H. The economics of climate change: the Stern review [M]. New York: Cambridge University press, 2007.

[109] Wasser N M, Ruhstorfer P, Kurzrock B M. Advancing revolving funds for the sustainable development of rural regions [J]. Sustainability, 2020, 12(20): 8455.

[110] Tang A, Chiara N, Taylor J E. Financing renewable energy infrastructure: Formulation, pricing and impact of a carbon revenue bond[J]. Energy Policy, 2012, 45: 691-703.

[111] Aglietta M, Hourcade J C, Jaeger C, et al. Financing transition in an adverse context: climate finance beyond carbon finance[J]. International environmental agreements: Politics, law and economics, 2015, 15(4): 403-420.

[112] Tian Y, Chen W, Zhu S. Does financial macroenvironment impact on carbon intensity: evidence from ARDL-ECM model in China[J]. Natural Hazards, 2017, 88(2): 759-777.

[113] Dogan E, Turkekul B. CO_2 emissions, real output, energy consumption, trade, urbanization and financial development: testing the EKC hypothesis for the USA [J]. Environmental Science and Pollution Research, 2016, 23(2): 1203-1213.

[114] Saud S, Chen S, Haseeb A. Impact of financial development and economic growth on environmental quality: an empirical analysis from Belt and Road Initiative (BRI) countries[J]. Environmental

Science and Pollution Research, 2019, 26(3): 2253-2269.

[115] Rafique M Z, Li Y, Larik A R, et al. The effects of FDI, technological innovation, and financial development on CO_2 emissions: evidence from the BRICS countries[J]. Environmental Science and Pollution Research, 2020, 27(19): 23899-23913.

[116] Usman M, Jahanger A, Makhdum M S A, et al. How do financial development, energy consumption, natural resources, and globalization affect Arctic countries' economic growth and environmental quality? An advanced panel data simulation[J]. Energy, 2022, 241: 122515.

[117] Acheampong A O, Amponsah M, Boateng E. Does financial development mitigate carbon emissions? Evidence from heterogeneous financial economies[J]. Energy Economics, 2020, 88: 104768.

[118] Pedroni P. Critical values for cointegration tests in heterogeneous panels with multiple regressors[J]. Oxford Bulletin of Economics and statistics, 1999, 61(s1):653-70.

[119] Adams S, Klobodu E K M. Financial development and environmental degradation: does political regime matter? [J]. Journal of Cleaner Production, 2018, 197: 1472-1479.

[120] Fatima T, Shahzad U, Cui L. Renewable and nonrenewable energy consumption, trade and CO_2 emissions in high emitter countries: does the income level matter? [J]. Journal of Environmental Planning and Management, 2021, 64 (7): 1227-1251.

[121] Khan M, Ozturk I. Examining the direct and indirect effects of financial development on CO_2 emissions for 88 developing countries [J]. Journal of environmental management, 2021, 293: 112812.

[122] Mahmood H, Maalel N, Zarrad O. Trade openness and CO_2

emissions: Evidence from Tunisia[J]. Sustainability, 2019, 11 (12): 3295.

[123] Jiang C, Ma X. The impact of financial development on carbon emissions: a global perspective[J]. Sustainability, 2019, 11(19): 5241.

[124] Khan S, Khan M K, Muhammad B. Impact of financial development and energy consumption on environmental degradation in 184 countries using a dynamic panel model[J]. Environmental Science and Pollution Research, 2021, 28(8): 9542-9557.

[125] Fatima T, Meo M S, Bekun F V, et al. The impact of energy consumption to environmental sustainability: an extension of foreign direct investment induce pollution in Vietnam[J]. International Journal of Energy Sector Management, 2021.

[126] Khan A, Chenggang Y, Hussain J, et al. Impact of technological innovation, financial development and foreign direct investment on renewable energy, non-renewable energy and the environment in belt & Road Initiative countries[J]. Renewable Energy, 2021, 171: 479-491.

[127] Blundell R, Bond S. Initial conditions and moment restrictions in dynamic panel data models[J]. Journal of econometrics, 1998, 87 (1): 115-143.

[128] Mahadevan R, Sun Y. Effects of foreign direct investment on carbon emissions: Evidence from China and its Belt and Road countries[J]. Journal of Environmental Management, 2020, 276: 111321.

[129] Xie Q, Wang X, Cong X. How does foreign direct investment affect CO_2 emissions in emerging countries? New findings from a nonlinear panel analysis[J]. Journal of Cleaner Production, 2020, 249: 119422.

[130] Halkos G E, Paizanos E A. The effect of government expenditure on the environment: An empirical investigation[J]. Ecological Economics, 2013, 91: 48-56.

[131] Rana R, Sharma M. Dynamic causality among FDI, economic growth and CO_2 emissions in India with open markets and technology gap[J]. International Journal of Asian Business and Information Management (IJABIM), 2020, 11(3): 15-31.

[132] Yu M, Liu F, Shu M, et al. Quantitative analysis and scenario prediction of energy-consumption carbon emissions in urban agglomerations in China: Case of Beijing-Tianjin-Hebei region[C]//IOP Conference Series: Earth and Environmental Science. IOP Publishing, 2019, 227(6): 062042.

[133] Rahman M M, Alam K. CO_2 Emissions in Asia–Pacific Region: Do Energy Use, Economic Growth, Financial Development, and International Trade Have Detrimental Effects?[J]. Sustainability, 2022, 14(9): 5420.

[134] Khandaker S, Al Farooque O. Institutional quality, macroeconomic factors and stock market volatility: A cross-country analysis for pre, during and post global financial crisis[J]. The Journal of Developing Areas, 2021, 55(1).

[135] Jones C M, Lamont O, Lumsdaine R L. Macroeconomic news and bond market volatility[J]. Journal of Financial Economics, 1998, 47(3): 315-337.

[136] Andersen T G, Bollerslev T. Answering the skeptics: Yes, standard volatility models do provide accurate forecasts[J]. International economic review, 1998: 885-905.

[137] King R G, Levine R. Financial indicators and growth in a cross section of countries[J]. World Bank Publications, 1992, 819.

[138] 石晓军,杜宝瑞. 金融支持实体经济:一个以中国经验为主的文献综述[J]. 深圳社会科学,2022,5(2):26-41.

[139] 毛瑶瑶,曲智卓,朱家明.商业银行人民币贷款规模分配及盈利问题[J].哈尔滨师范大学自然科学学报,2019,35(03):6-12.

[140] 苏永波.基于灰色系统理论的物业服务满意度影响因素分析——以安阳市为例[J].系统科学学报,2021,29(04):131-136.

[141] 曾波,刘思峰,白云,周猛.基于灰色系统建模技术的人体疾病早期预测预警研究[J].中国管理科学,2020,28(01):144-152.

[142] 王冬梅,王向宁.基于灰色系统的行业特色高校科技分类评价探索[J].科研管理,2019,40(03):126-132.

[143] 沈映春,吴佩珍,张旭辉.新发展理念下北京市创新主体投入结构产出效率动态分析——基于DEA-malquist指数与灰色系统理论的专利产出分析[J].科技管理研究,2019,39(02):71-79.

[144] 吴华安,曾波,彭友,周猛.基于多维灰色系统模型的城市人口密度预测[J].统计与信息论坛,2018,33(08):60-67.

[145] 刘思峰,蔡华,杨英杰,等.灰色关联分析模型研究进展[J].系统工程理论实践,2013,33(8):2041-2046.

[146] Yin M S. Fifteen years of grey system theory research: a historical review and bibliometric analysis[J]. Expert Systems with Applications,2013,40(7):2767-2775.

[147] 郭莉,董军,陈正鹏,包阿茹汗,王媛媛,吴晨,吴垠,薛贵元.基于熵权-TOPSIS-灰色关联法的能源大数据增值服务商业模式评价研究[J].科技管理研究,2022,42(04):73-80.

[148] 王英.基于灰色关联理论的FDI和中国区域经济发展差距研究[J].系统工程理论与实践,2010,30(3):426-430.

[149] 齐志强,张干,齐建国.进入WTO前后中国制造业部门结构演变研究——基于制造业部门与工业整体经济增长的灰色关联度分析[J].数量经济技术经济研究,2011,28(2):52-63.

[150] 崔立志,刘思峰.面板数据的灰色矩阵相似关联模型及其应用[J].中国管理科学,2015,23(11):171-176.

[151] 田原,朱淑珍,陈炜.中国金融宏观环境要素对碳市场影响及创新结构研究[J].科技管理研究,2017,12:232-239.

[152] 余顺坤,宋宇晴.GRA-RF 组合算法在农信金融企业工资要素优选及测算中的应用[J].中国管理科学,2022,30(04):86-95.

[153] Sims C A. Money, income, and causality[J]. The American economic review, 1972, 62(4): 540-552.

[154] Engle R F, Granger C W. Co-integration and error correction: representation, estimation, and testing[J]. Econometrica: journal of the Econometric Society, 1987: 251-276.

[155] Félix R M, Nunes L C. Forecasting euro area aggregates with Bayesian VAR and VECM models[M]. Banco De Portugal, Economic Research Department, 2003.

[156] Pesaran M H, Shin Y, Smith R P. Pooled mean group estimation of dynamic heterogeneous panels[J]. Journal of the American Statistical Association. 1999, 94(446): 621-634.

[157] Pesaran M H, Shin Y, Smith R J. Bounds testing approaches to the analysis of level relationships[J]. Journal of applied econometrics, 2001, 16(3): 289-326.

[158] Dickey D A, Fuller W A. Distribution of the estimators for autoregressive time series with a unit root[J]. Journal of the American statistical association, 1979, 74(366a): 427-431.

[159] Said S E, Dickey D A. Testing for unit roots in autoregressive-moving average models of unknown order[J]. Biometrika. 1984, 71(3): 599-607.

[160] Elliot B E, Rothenberg T J, Stock J H. Efficient tests of the unit root hypothesis[J]. Econometrica, 1996, 64(8): 13-36.

[161] Perron P. The great crash, the oil price shock, and the unit root hypothesis[J]. Econometrica: Journal of the Econometric Society, 1989: 1361-1401.

[162] Hansen B E. The new econometrics of structural change: Dating breaks in US labor productivity[J]. The Journal of Economic Perspectives, 2001, 15(4): 117-128.

[163] Vogelsang T J, Perron P. Additional tests for a unit root allowing for a break in the trend function at an unknown time[J]. International Economic Review, 1998: 1073-1100.

[164] Toda H Y, Yamamoto T. Statistical inference in vector autoregressions with possibly integrated processes[J]. Journal of econometrics, 1995, 66(1): 225-250.

[165] MacKinnon J G. Critical values for cointegration tests, Chapter 13 in Long-Run Economic Relationships: Readings in Cointegration, ed. RF Engle and CW J. Granger[M]. Oxford University Press, Oxford, 1991.

[166] Kwiatkowski D, Phillips P C B, Schmidt P, et al. Testing the null hypothesis of stationarity against the alternative of a unit root: How sure are we that economic time series have a unit root? [J]. Journal of econometrics, 1992, 54(1-3): 159-178.

[167] Brockwell P J, Davis R A. Introduction to time series and forecasting[M]. Springer, 2016.

[168] Narayan P K. The saving and investment nexus for China: evidence from cointegration tests[J]. Applied economics, 2005, 37(17): 1979-1990.

[169] Anton S G, Nucu A E A. The effect of financial development on renewable energy consumption. A panel data approach[J]. Renewable Energy, 2020, 147: 330-338.

[170] Brown R L, Durbin J, Evans J M. Techniques for testing the constancy of regression relationships over time[J]. Journal of the Royal Statistical Society. Series B (Methodological), 1975: 149-192.

[171] Toda H Y, Phillips P C B. Vector autoregressions and causality [J]. Econometrica: Journal of the Econometric Society, 1993: 1367-1393.

[172] Jokar Z, Mokhtar A. Policy making in the cement industry for

CO_2 mitigation on the pathway of sustainable development-A system dynamics approach[J]. Journal of Cleaner Production, 2018, 201: 142-155.

[173] Liu D, Zhao W, Li Z, et al. Can hydropower develop as expected in China? A scenario analysis based on system dynamics model [J]. Energy, 2018, 161: 118-129.

[174] Hu W, Dong J, Hwang B, et al. Using system dynamics to analyze the development of urban freight transportation system based on rail transit: A case study of Beijing[J]. Sustainable Cities and Society, 2020, 53: 101923.

[175] Wen L, Wang A. System dynamics model of Beijing urban public transport carbon emissions based on carbon neutrality target[J]. Environment, Development and Sustainability, 2022: 1-26.

[176] Liu D, Xiao B. Can China achieve its carbon emission peaking? A scenario analysis based on STIRPAT and system dynamics model [J]. Ecological indicators, 2018, 93: 647-657.

[177] Rebs T, Brandenburg M, Seuring S. System dynamics modeling for sustainable supply chain management: A literature review and systems thinking approach[J]. Journal of cleaner production, 2019, 208: 1265-1280.

[178] Knai C, Petticrew M, Mays N, et al. Systems thinking as a framework for analyzing commercial determinants of health[J]. The Milbank Quarterly, 2018, 96(3): 472-498.

[179] 王火根,肖丽香,廖冰.基于系统动力学的中国碳减排路径模拟[J]. 自然资源学报,2022,37(05):1352-1369.

[180] Lane D C. Social theory and system dynamics practice[J]. European Journal of Operational Research, 1999, 113(3): 501-527.

[181] Oliva R. Model calibration as a testing strategy for system dynamics models[J]. European Journal of Operational Research,

2003,151(3):552-568.

[182] 朱帮助,唐隽捷,江民星,王平.基于系统动力学的碳市场风险模拟与调控研究[J].系统工程理论与实践,2022,42(07):1859-1872.

[183] Barlas Y. Formal aspects of model validity and validation in system dynamics[J]. System dynamics review, 1996, 12(3):183-210.

[184] Qudrat-Ullah H, Seong B S. How to do structural validity of a system dynamics type simulation model: the case of an energy policy model[J]. Energy Policy, 2010, 38(5):2216-2224.

[185] 段玮,齐舆,巩芳,徐德生.系统动力学与经济管理理论及方法结合研究综述[J].统计与决策,2022,38(02):41-46.

[186] Egilmez G, Tatari O. A dynamic modeling approach to highway sustainability: Strategies to reduce overall impact [J]. Transportation Research Part A: Policy and Practice, 2012, 46(7):1086-1096.

[187] 斯特曼.商务动态分析方法——对复杂世界的系统思考与建模[M].朱岩,钟永光等,译.北京:清华大学出版社,2008.

[188] Abadie L M, Goicoechea N, Galarraga I. Carbon risk and optimal retrofitting in cement plants: An application of stochastic modelling, MonteCarlo simulation and Real Options Analysis[J]. Journal of Cleaner Production, 2017, 142:3117-3130.